D1668984

Wolfgang Kleinebrink

Abmahnung

Arbeitsrecht für
Personal-Praktiker

Herausgeber:
Prof. Dr. Wolfgang Leinemann,
Vorsitzender Richter
am Bundesarbeitsgericht

Abmahnung

Bedeutung – Verfahren – Muster

von
Dr. Wolfgang Kleinebrink

Luchterhand

Die Deutsche Bibliothek – CIP-Einheitsaufnahme

Kleinebrink, Wolfgang:
Abmahnung : Bedeutung, Verfahren, Muster /
Wolfgang Kleinebrink. –
Neuwied; Kriftel: Luchterhand, 1999
(Arbeitsrecht für Personalpraktiker)
ISBN 3-472-03449-1

Umschlaggestaltung: Ute Weber GrafikDesign, München.
Satz: LHF, Düsseldorf.
Druck: Druckerei Plump OHG, Rheinbreitbach.
Papier: Permaplan von Arjo Wiggins Spezialpapiere, Ettlingen.
Printed in Germany, Dezember 1998

♾ Gedruckt auf säurefreiem, alterungsbeständigem und chlorfreiem Papier.

Vorwort des Herausgebers

Die Abmahnung ist als Voraussetzung für die Wirksamkeit von Kündigungen inzwischen zu einer der wichtigsten und umstrittesten Instrumente des Kündigungsrechts geworden. Für das Arbeitsrecht gibt es dazu im Gesetz keine Vorgaben. Ihre Merkmale sind vielmehr ausschließlich auf richterliche Erkenntnisse gegründet. Dies führt in der betrieblichen Praxis oftmals zu Unsicherheiten und nicht selten zu Rechtsverlusten, wenn die von der Rechtsprechung des Bundesarbeitsgerichts und der Landesarbeitsgerichte entwickelten Anforderungen nicht beachtet werden.

Diese Anforderungen arbeitet der Verfasser in diesem Buch heraus, bringt sie in systematische Zusammenhänge zueinander und zeigt mit vielen Beispielen im Text sowie mit Mustern und einer sorgfältig aufgebauten Checkliste, was zu beachten ist, um einer Abmahnung zum Erfolg zu verhelfen, aber auch um die Schwachstellen von nicht hinreichend überlegten Abmahnungen zu erkennen.

Das Buch ist aufgrund zahlloser Beratungen des Verfassers in der Personalpraxis entstanden. Er zeigt, in welchen Fällen eine Abmahnung erforderlich und in welchen sie entbehrlich ist, auf welche Tatsachen sie gestützt werden muß, und welche Pflichtverstöße eine Abmahnung rechtfertigen können. Die Funktionen der Abmahnung für die Parteien des Arbeitsverhältnisses werden ebenso erläutert, wie ihre Abgrenzung von anderen Disziplinarmaßnahmen, wie etwa der Betriebsbuße.

Weitere Schwerpunkte sind die Erörterungen des Verfassers zur Abmahnungsbefugnis, zur Unterscheidung der Voraussetzungen einer Abmahnung bei ordentlichen und außerordentlichen Kündigungen, sowie zu prozessualen und außerprozessualen Rechtsbehelfen gegen eine erteilte Abmahnung.

Das Buch ist für den betrieblichen Praktiker, aber auch für den erfahrenen Rechtsanwalt, den Berater in den Verbänden der Sozialpartner und den Richter der Arbeitsgerichtsbarkeit ein unentbehrliches Werkzeug.

Kassel, November 1998   Wolfgang Leinemann

Inhalt

Abkürzungen und Schrifttum

A

a.A.	anderer Ansicht
a.a.O.	am angegebenen Ort
abl.	ablehnend
Abs.	Absatz
abw.	abweichend
AG	Amtsgericht (mit Ortsnamen)
AiB	Arbeitsrecht im Betrieb (Zeitschrift)
AktG	Aktiengesetz
allg.	allgemein
Anh.	Anhang
Anm.	Anmerkung
AP *	Arbeitsrechtliche Praxis, Nachschlagewerk des Bundesarbeitsgerichts
AR-Blattei SD	Arbeitsrecht-Blattei, Systematische Darstellung, hrsg. von Oehmann und Dieterich, Loseblattwerk
ArbG	Arbeitsgericht (mit Ortsnamen)
ArbGG	Arbeitsgerichtsgesetz
ArbStättV	Verordnung über Arbeitsstätten (Arbeitsstättenverordnung)
ArbuR	Arbeit und Recht (Zeitschrift)
ARST	Arbeitsrecht in Stichworten
Art.	Artikel
Ascheid	Urteils- und Beschlußverfahren im Arbeitsrecht, 1995
Aufl.	Auflage
AuA	Arbeit und Arbeitsrecht (Zeitschrift)
AÜG	Arbeitnehmerüberlassungsgesetz
ausf.	ausführlich

B

BAG	Bundesarbeitsgericht
BAT	Bundes-Angestelltentarifvertrag
Baumbach/Hefermehl	Wettbewerbsrecht, 19. Aufl. 1996
BB	Betriebs-Berater (Zeitschrift)
BBiG	Berufsbildungsgesetz
Bd.	Band
BDSG	Bundesdatenschutzgesetz

BDO	Bundesdisziplinarordnung
Bearb.; bearb.	Bearbeitung/Bearbeiter; bearbeitet
Beckerle/Schuster	Die Abmahnung, 5. Aufl. 1995
Beil.	Beilage
BerzGG	Gesetz über die Gewährung von Erziehungsgeld und Erziehungsurlaub (Bundeserziehungsgeldgesetz)
BetrVG	Betriebsverfassungsgesetz
bestr.	bestritten
BGB	Bürgerliches Gesetzbuch
BGBl.	Bundesgesetzblatt
BGH	Bundesgerichtshof
BGHZ	Entscheidungen des Bundesgerichtshofs in Zivilsachen
BRZG	Gesetz über das Zentralregister und das Erziehungsregister
BSchG	Beschäftigtenschutzgesetz
BuW	Betrieb und Wirtschaft (Zeitschrift)
BVerfG	Bundesverfassungsgericht
BVerfGE	Entscheidungen des Bundesverfassungsgerichts

C

CR	Computer und Recht (Zeitschrift)

D

DB	Der Betrieb (Zeitschrift)
ders.	derselbe
d.h.	das heißt
D/R	Dietz/Richardi, Betriebsverfassungsgesetz, 7. Aufl. 1998
diff.	differenzierend
Dütz	Arbeitsrecht, 3. Aufl. 1997
Dütz, »Krankfeiern«	in Hromadka (Hrsg.), Krankheit im Arbeitsverhältnis, 1993, S. 75 ff.

E

EDV	Elektronische Datenverarbeitung
EEK	Entscheidungssammlung zur Entgeltfortzahlung an Arbeiter und Angestellte bei Krankheit, Kur, Mutterschaft

EFZG	Entgeltfortzahlungsgesetz
Einl.	Einleitung
etc.	et cetera
Etzel	Betriebsverfassungsrecht, 6. Aufl. 1998
evt.	eventuell(e)
EzA	Entscheidungen zum Arbeitsrecht
	(Entscheidungssammlung), hrsg. von Stahlhacke
EzAÜG	Entscheidungssammlung zum
	Arbeitnehmerüberlassungsgesetz
EzB	Entscheidungssammlung zum
	Berufsbildungsrecht

F

f., ff.	folgend(e)
FA	Fachanwalt Arbeitsrecht (Zeitschrift)
FG	Festgabe
Fn.	Fußnote

G

Germelmann/Matthes/	Arbeitsgerichtsgesetz, 2. Aufl. 1995
Prütting	
GewO	Gewerbeordnung
GG	Grundgesetz für die Bundesrepublik
	Deutschland
ggf.	gegebenenfalls
GK-Bearbeiter	Fabricius/Kraft/Wiese/Kreutz/Oetker,
	Gemeinschaftskommentar zum
	Betriebsverfassungsgesetz, Bd. 1, 6. Aufl. 1997;
	Bd. 2, 5. Aufl. 1995
GmbH	Gesellschaft mit beschränkter Haftung
GmbHG	Gesetz betreffend die Gesellschaften mit
	beschränkter Haftung (GmbH-Gesetz)
grds.	grundsätzlich(e)
Grunsky	Arbeitsgerichtsgesetz, 7. Aufl. 1995
GS	Großer Senat

H

| h.A. | herrschende Ansicht |
| Hauck | Arbeitsgerichtsgesetz, 1996 |

Heinze	Die arbeitsvertragliche Abmahnung, FG Söllner 1990
HGB	Handelsgesetzbuch
h.L.	herrschende Lehre
h.M.	herrschende Meinung
Hrsg., hrsg	Herausgeber, herausgegeben
H/S/G	Hess/Schlochauer/Glaubitz, Betriebsverfassungsgesetz, 5. Aufl. 1997
Hueck/ v. Hoyningen-Huene	Kündigungsschutzgesetz, 12. Aufl. 1997

I

i.d.F.	in der Fassung
i.d.R.	in der Regel
i.Erg.	im Ergebnis
i.S.d.	im Sinne des
i.S.v.	im Sinne von
insbes.	insbesondere
i.V.m.	in Verbindung mit

J

JurBüro	Juristisches Büro (Zeitschrift)
JuS	Juristische Schulung (Zeitschrift)

K

Kammerer	Die Abmahnung, AR-Blattei, SD, Ordnungsnr. 20
Kasseler HB/Bearbeiter	Kasseler Handbuch zum Arbeitsrecht, hrsg. von Leinemann, 1997
Kittner/Trittin	KSchR, 3. Aufl. 1997
KPK-Bearbeiter	Kölner Praxis Kommentar, 1996
KR/Bearbeiter	Gemeinschaftskommentar zum Kündigungsschutzgesetz und sonstigen kündigungsschutzrechtllichen Vorschriften, 4. Aufl. 1996
krit.	kritisch
KSchG	Kündigungsschutzgesetz
KSchR	Kündigungsschutzrecht

L

LAG	Landesarbeitsgericht (mit Ortsnamen)
LAGE	Entscheidungen der Landesarbeitsgerichte
	(Entscheidungssammlung)
Larenz/Canaris	Lehrbuch des Schuldrechts, Bd. II/2, 13. Aufl.
	1994
Larenz/Wolf	Allgemeiner Teil des Bürgerlichen Rechts,
	8. Aufl. 1997
Löwisch/Rieble	Tarifvertragsgesetz, 1992
LohnFG	Lohnfortzahlungsgesetz

M

m.	mit
MMR	Multimedia und Recht (Zeitschrift)
MTV	Manteltarifvertrag
MünchArb/Bearbeiter	Münchener Handbuch zum Arbeitsrecht,
	1992 – 1993
MünchKomm/	Münchener Kommentar zum Bürgerlichen
Bearbeiter	Gesetzbuch, 3. Aufl. 1993 – 1998
MuSchG	Mutterschutzgesetz
m.w.N.	mit weiteren Nachweisen

N

NdsRpfl.	Niedersächsische Rechtspflege (Zeitschrift)
NJ	Neue Justiz (Zeitschrift)
NJW	Neue Juristische Wochenschrift (Zeitschrift)
NJW-CoR	Computerreport der NJW
NJW-RR	NJW-Rechtsprechungs-Report Zivilrecht
Nr.	Nummer(n)
n.v.	nicht veröffentlicht
n.F.	neue Fassung
NZA	Neue Zeitschrift für Arbeits- und Sozialrecht
NZA-RR	NZA-Rechtsprechungsreport Arbeitsrecht

O

o.	oben

P

Palandt/Bearbeiter	Bürgerliches Gesetzbuch, Kommentar, 57. Aufl. 1998
Pieroth/Schlink	Grundrechte Staatsrecht II, 13. Aufl. 1997
pVV	positive Vertragsverletzung

R

RdA	Recht der Arbeit (Zeitschrift)
Rz.	Randziffer(-zahl)
RzK	Rechtsprechung zum Kündigungsrecht, Loseblattwerk, hrsg. von Etzel

S

S.	Seite
s.	siehe
SAE	Sammlung arbeitsrechtlicher Entscheidungen (Zeitschrift)
Schaub	Arbeitsrechts-Handbuch, 8. Aufl. 1996
Schiefer	Abmahnung, 1998
Schleßmann	Das Arbeitszeugnis, 14. Aufl. 1994
Schüren	Arbeitnehmerüberlassungsgesetz 1994
SchwbG	Gesetz zur Sicherung der Eingliederung Schwerbehinderter in Arbeit, Beruf und Gesellschaft (Schwerbehindertengesetz)
sog.	sogenannte(s); sogenannter
st.	ständig
Stahlhacke/Preis	Kündigung und Kündigungsschutz im Arbeitsverhältnis, 6. Aufl. 1995
Staudinger/Bearbeiter	Bürgerliches Gesetzbuch, Kommentar, Zweites Buch, Mietrecht 1, 13. Aufl. 1995 Bürgerliches Gesetzbuch, Kommentar, Zweites Buch, Recht der Schuldverhältnisse (§§ 620–630 BGB); 13. Aufl. 1995
str.	streitig
st.Rspr.	ständige Rechtsprechung

T

TVK	Tarifvertrag für Musiker in Kulturorchestern

U

u.	unten
u.a.	unter anderem, und andere
unstr.	unstreitig
umstr.	umstritten
u.U.	unter Umständen
UWG	Gesetz gegen den unlauteren Wettbewerb

V

v.	vom, von
VersR	Versicherungsrecht (Zeitschrift)
vgl.	vergleiche
Vorbem.	Vorbemerkung
Vossen	Entgeltfortzahlung bei Krankheit und an Feiertagen
VRS	Verkehrsrechtssammlung

W

Wohlgemuth	Datenschutz für Arbeitnehmer, 2. Aufl. 1988

Z

z.B.	zum Beispiel
ZfA	Zeitschrift für Arbeitsrecht
ZIP	Zeitschrift für Wirtschaftsrecht
ZPO	Zivilprozeßordnung
ZTR	Zeitschrift für Tarifrecht
zust.	zustimmend
zutr.	zutreffend

Teil 1
Einleitung

Die arbeitsrechtliche Abmahnung hat eine Doppelfunktion (BAG 18.10.1990 EzA III 1 zu §3 18). Der Arbeitgeber bringt durch sie zum Ausdruck, daß er die vom Arbeitnehmer erbrachte Arbeitsleistung oder ein bestimmtes Verhalten des Arbeitnehmers für nicht ordnungsgemäß hält. Zugleich bereitet er mit ihr weitergehende individualrechtliche Maßnahmen v

A Abmahnung im Zivilrecht

I. Abmahnung im Arbeitsrecht

Die arbeitsrechtliche Abmahnung ist eine »Erfindung« der Arbeitsgerichts- **1** barkeit *(Beckerle/Schuster Rz. 1; Walker NZA 1995, 601)*. Der Gesetzgeber hat im Arbeitsrecht nicht geregelt, wann eine Abmahnung erforderlich ist. Ebenso fehlen gesetzliche Regelungen, welche die Anforderungen an eine ordnungsgemäße Abmahnung festlegen. In § 4 Abs. 1 Nr. 1 BSchG (BGBl. 1994 I S. 1406, 1412) wird sie allerdings als Institut vom Gesetzgeber anerkannt. Sie wird als eine der möglichen angemessenen Maßnahmen erwähnt, mit denen der Arbeitgeber im Einzelfall auf eine sexuelle Belästigung von Mitarbeitern reagieren kann *(vgl. zum BeschG auch LAG Hamm 22.10.1996 LAGE § 4 BSchG Nr. 1)*.

Die fehlenden gesetzlichen Vorgaben und die Vielzahl der zu beachtenden **2** gerichtlichen Entscheidungen führen in der betrieblichen Praxis oftmals zu großen Unsicherheiten im Umgang mit der Abmahnung *(Sander AuA 1995, 296)*. So ist z.b. unter Arbeitgebern und Arbeitnehmern immer wieder die falsche Auffassung anzutreffen, der Arbeitgeber müsse dreimal abmahnen, bevor er zu schärferen Maßnahmen greifen dürfe *(Sander AuA 1995, 297 spricht zu Recht von einer »Legende«; vgl. ausf. Rz. 477 ff.)*.

Das Richterrecht zur Abmahnung hat sich über mehr als vier Jahrzehnte **3** entwickelt. Begründet hat das BAG das Erfordernis der Abmahnung erstmals in einer Entscheidung aus dem Jahre 1967 *(BAG 19.06.1967 AP Nr. 1 zu § 124 GewO; Heinze S. 63)*. Erwähnt wurde die Abmahnung vereinzelt bereits in früheren Entscheidungen *(so z.b. BAG 02.05.1958 RdA 1958, 439; zur geschichtlichen Entwicklung im einzelnen Heinze S. 63, 64 ff.)*

Die arbeitsrechtliche Abmahnung hat eine »Doppelfunktion« *(BAG* **4** *18.10.1990 RzK III 2 a Nr.18)*. Der Arbeitgeber bringt durch sie zum Ausdruck, daß er die vom Arbeitnehmer erbrachte Arbeitsleistung oder ein bestimmtes Verhalten des Arbeitnehmers für nicht ordnungsgemäß hält. Zugleich bereitet er mit ihr weitergehende individualrechtliche Maßnahmen vor, wie z.b. eine Kündigung, indem er für die Zukunft vertragsgerechtes Verhalten fordert und für den Fall Konsequenzen androht, daß der Arbeitnehmer sich weiter vertragswidrig verhält *(BAG 07.12.1988 EzA § 1 KSchG Verhaltensbedingte Kündigung Nr. 26; BAG 18.01.1980 AP Nr. 3 zu § 1 KSchG Verhaltensbedingte Kündigung).*

5 Die Abmahnung ist nicht nur ein Instrument des Arbeitgebers. Auch der **Arbeitnehmer kann** gehalten sein, gegenüber dem Arbeitgeber (!) eine **Abmahnung auszusprechen,** wenn er eine – fristlose – Kündigung vorbereiten will *(vgl. nur BAG 02.05.1958 RdA 1958, 439; BAG 19.06.1967 AP Nr. 1 zu § 124 GewO; BAG 09.09.1992 RzK I 10e Nr. 13).*

6 Da die Abmahnung eine Vorstufe zur Kündigung darstellt, wird sie auch mit der »gelben Karte« im sportlichen Bereich verglichen, welcher die »rote Karte« bei Fortsetzung der Pflichtwidrigkeiten folgen kann *(MünchKomm/Schwerdtner § 622 BGB Anh. Rz. 113).* Es wird ferner angenommen, die Abmahnung führe zu einem Arbeitsverhältnis auf »Bewährung« *(MünchKomm/Schwerdtner § 622 BGB Anh. Rz. 113).* Legt man die Rechtsprechung des BAG zugrunde, werden diese Vergleiche, darauf sei bereits an dieser Stelle hingewiesen *(ausf. Rz. 469 ff.),* der Abmahnung nicht in jedem Fall gerecht *(Walker NZA 1995, 601).*

II. Abmahnung außerhalb des Arbeitsrechts

7 Im Arbeitsrecht fehlt zwar eine gesetzliche Grundlage für die **Abmahnung** *(s. Rz. 1).* In anderen Bereichen des **Zivilrechts** hat der Gesetzgeber sie indes **ausdrücklich geregelt.** Die Kenntnis dieser Regelungen ist für das Verständnis der Abmahnung unerläßlich. Zum einen begründet das BAG mit ihnen teilweise das Erfordernis der Abmahnung *(z.b. § 326 BGB, vgl. BAG 30.04.1987 RzK I 11b Nr. 5; BAG 09.04.1984 EzA § 1 KSchG Verhaltensbedingte Kündigung Nr. 11)*; zum anderen wird sich nur mit ihrer Hilfe entscheiden lassen, ob überhaupt, unter welchen Voraussetzungen und mit welchem Inhalt eine Abmahnung als ordnungsgemäße Voraussetzung einer Kündigung angesehen werden kann *(Walker NZA 1995, 601, 602).*

1. Mietrecht

8 Macht ein Mieter von einer gemieteten Sache einen vertragswidrigen Gebrauch, muß der **Vermieter** ihn nach dem ausdrücklichen Wortlaut des § 550 BGB erst vergeblich **abmahnen, bevor** er erfolgreich auf **Unterlassung** des vertragswidrigen Gebrauchs klagen kann. Der Mieter soll grds. durch die Abmahnung des Vermieters eine letzte Gelegenheit zu einem vertragstreuen Verhalten bekommen, bevor der Vermieter zu schwerwiegenden Rechtsbehelfen greift *(Staudinger/Emmerich § 550 BGB Rz. 3).*

Nach § 553 BGB kann der Vermieter ohne Einhaltung einer Kündigungs- **9**
frist kündigen, wenn der Mieter oder derjenige, welchem der Mieter den
Gebrauch der gemieteten Sache überlassen hat, ungeachtet einer Abmahnung des Vermieters einen vertragswidrigen Gebrauch der gemieteten
Sache fortsetzt. Als Beispiele für einen derartigen vertragswidrigen Gebrauch nennt das Gesetz:

Die unbefugte Überlassung der gemieteten Sache durch den Mieter an **10**
einen Dritten;

die Gefährdung der gemieteten Sache durch Vernachlässigung der dem **11**
Mieter obliegenden Sorgfalt.

Damit führt nicht jeder vertragswidrige Gebrauch der Mietsache allein zu **12**
einer berechtigten fristlosen Kündigung. Der Mieter muß außerdem den
vertragswidrigen Gebrauch trotz der Abmahnung des Vermieters fortset-
zen. Ferner müssen hierdurch die Rechte des Vermieters in erheblichem
Maße verletzt sein *(s. im einzelnen Staudinger/Emmerich § 550 BGB Rz.
31).* Die **Abmahnung** hat den **vertragswidrigen Gebrauch** so genau zu **bezeichnen**, daß der Mieter sich danach richten kann *(Staudinger/Emmerich
§ 550 BGB Rz. 32).*

Eine **fristlose Kündigung** des Vermieters **bedarf** nach § 554a BGB indes **13**
dann **keiner** vergeblichen vorherigen **Abmahnung**, wenn der Mieter
schuldhaft in solchem Maße seine Verpflichtungen verletzt, daß dem anderen Teil die Fortsetzung des Mietverhältnisses nicht zugemutet werden
kann *(BGH 09.10.1991 NJW 1992, 496; Heinze S. 63, 71; Staudinger/
Emmerich § 554a BGB Rz. 10; Palandt/Putzo § 554a BGB Nr. 2).* Die
Schwere der Pflichtverletzung macht damit die Abmahnung entbehrlich
(Heinze S. 63, 71).

§ 554a BGB begründet bei einer **besonderen Schwere** der **Pflichtverletzung** **14**
des anderen Vertragsteils nicht nur das Recht des Vermieters zur fristlosen
Kündigung, sondern auch ein entsprechendes Recht des Mieters, wenn der
Vermieter in erheblichem Maße seinen Verpflichtungen aus dem Mietver-
trag nicht nachkommt *(Staudinger/Emmerich § 554a BGB Rz. 3).*

2. Werkvertragsrecht

Im Werkvertragsrecht sind regelmäßig zur Herstellung des Werkes Mitwir- **15**
kungshandlungen des Bestellers erforderlich. Kein Maßanzug läßt sich
ohne Anprobe, kein Bauwerk ohne Bereitstellung des Grundstücks herstel-
len *(MünchKomm/Soergel § 642 BGB Rz. 7).*

Kommt der Besteller einer ihm obliegenden Mitwirkungshandlung nicht **16**
rechtzeitig nach, kann der Unternehmer ihm zum Nachholen der Handlung eine angemessene Frist mit der Erklärung setzen, daß er den Vertrag

kündigt, wenn die Handlung nicht bis zum Ablauf der Frist nachgeholt ist (§ 643 Satz 1 BGB). Holt der Besteller die Handlung nicht bis zum Ablauf der Frist nach, gilt der Vertrag nach § 643 Satz 2 BGB kraft Gesetzes als aufgehoben *(MünchKomm/Soergel § 643 BGB Rz. 3)*. Der Unternehmer hat den Besteller ausdrücklich darauf hinzuweisen, daß bei einem Untätigbleiben des Bestellers die Aufhebung des Vertrages für die Zukunft nur noch vom Ablauf der Frist abhängt *(MünchKomm/Soergel § 643 BGB Rz. 2; Palandt/Thomas § 642 BGB Rz. 2)*.

3. Reisevertragsrecht

17 Bucht ein Reisender bei einem Reiseveranstalter eine Reise, d.h. eine Gesamtheit von Reiseleistungen, muß der Reiseveranstalter nach § 651c Abs. 1 BGB dafür sorgen, daß die Reise vertragsgemäß durchgeführt wird. Gelingt ihm dies nicht und handelt es sich nicht lediglich um einen unerheblichen *(dazu MünchKomm/Tonner § 651c BGB Rz. 32)* oder einen ortsbzw. landestypischen Mangel *(dazu MünchKomm/Tonner § 651c BGB Rz. 33)*, kann der Reisende auf Kosten des Veranstalters selbst Abhilfe schaffen. Ersatz der hierfür erforderlichen **Aufwendungen** kann er aber regelmäßig nur dann erfolgreich geltend machen, wenn er zuvor dem Reiseveranstalter eine angemessene Frist für die Beseitigung des Mangels **gesetzt** hat und diese Frist ergebnislos verstrichen ist. Wird die Reise infolge eine **Mangels erheblich** beeinträchtigt, kann der Reisende den Vertrag nach § 651e Abs. 1 BGB **kündigen**. Auch insoweit bedarf es grds. nach § 651e Abs. 2 Satz 1 BGB einer vorherigen vergeblichen Fristsetzung.

18 Mit dem Abhilfeverlangen unter Fristsetzung soll der Reiseveranstalter von Mängeln erfahren, die ihm u.U. noch nicht bekannt sind. Darüber hinaus soll er Gelegenheit erhalten, für Abhilfe zu sorgen. Er erhält eine letzte Möglichkeit, die Reise vertragsgemäß durchzuführen. Ferner soll er erfahren, welche Konsequenzen der Reisende zieht, wenn er den Mangel nicht beseitigt *(MünchKomm/Tonner § 651c BGB Rz. 50)*.

4. Sonstiges Zivilrecht

19 Ist bei einem **gegenseitigen** Vertrag der eine Teil mit der ihm obliegenden Leistung in Verzug, so kann ihm der andere Teil – der Gläubiger – nach § 326 Abs. 1 Satz 1 BGB eine angemessene **Frist setzen**, innerhalb der er die Leistung zu erbringen hat. Verbindet der Gläubiger mit der Fristsetzung die Erklärung, daß er die Annahme der Leistung nach Ablauf der Frist ablehnt, ist er nach fruchtlosem Ablauf der Frist berechtigt, Schadensersatz wegen Nichterfüllung zu verlangen oder vom Vertrag zurückzutreten *(vgl. Heinze S. 63, 73; Palandt/Heinrichs § 326 BGB Rz. 1)*. Dies sieht § 326 Abs. 1 Satz 2 BGB vor *(zur Entbehrlichkeit der Mahnung s. § 326 Abs. 2 BGB)*. Der Gläubiger der Leistung bleibt damit bei einem Verzug des Schuldners

i.d.R. an den Vertrag gebunden und zur Gegenleistung verpflichtet *(Heinze S. 63, 73)*. Durch die **Fristsetzung** mit Ablehnungsandrohung erhält er eine »**letzte Chance**«. Deren Sinn und Zweck entspricht somit demjenigen der Abmahnung im Arbeitsrecht *(Heinze S.63, 73f.)*.

Eine vergleichbare Regelung enthalten § 284 Abs. 1 BGB für den Verzug **20** des Schuldners der Leistung und § 1053 BGB für den unbefugten Gebrauch einer Sache durch den Nießbraucher.

Auch im **Wettbewerbsrecht** ist die **Abmahnung** von **Bedeutung**, ohne allerdings ausdrücklich im Gesetz erwähnt zu sein. Wer im geschäftlichen Verkehr zu Zwecken des Wettbewerbs Handlungen vornimmt, die gegen die guten Sitten verstoßen, kann nach § 1 UWG auf Unterlassung und Schadensersatz in Anspruch genommen werden. Für denjenigen, der zur Verfolgung seiner Ansprüche gerichtliche Hilfe in Anspruch nimmt, besteht grds. keine rechtliche Verpflichtung, den Verletzer vor Erhebung der Klage abzumahnen *(Baumbach/Hefermehl Einl. UWG Rz. 529)*. Für Wettbewerbsstreitigkeiten zwischen Kaufleuten soll indes die vorherige Abmahnung einem Handelsbrauch entsprechen *(Baumbach/Hefermehl Einl. UWG Rz. 529)*. Eine gesetzliche Regelung besteht nicht.

In jedem Fall ist es für den Verletzten im Wettbewerbsrecht im eigenen In- **22** teresse, den Verletzer abzumahnen, bevor er Klage erhebt *(vgl. z.B. BGH 17.07.1997 NJW 1997, 3087)*. Andernfalls drohen ihm **Kostennachteile**. Erhebt der Verletzte Klage auf Unterlassung der wettbewerbswidrigen Handlung, ohne den Verletzer zuvor erfolglos abgemahnt zu haben, und erkennt der Verletzer den Anspruch sofort an, muß der Verletzte die Prozeßkosten nach § 93 ZPO tragen. Der Verletzer hat – mangels vorheriger Abmahnung – keinen Anlaß zur Klage gegeben *(Baumbach/Hefermehl Einl. UWG Rz. 529)*. § 93 ZPO zwingt den Verletzer daher mittelbar zur Abmahnung.

B Funktionen und Bedeutung der Abmahnung im Arbeitsrecht

I. Funktionen der Abmahnung

1. Dokumentationsfunktion

Die Abmahnung dient dem Gläubiger dazu, den Schuldner auf eine Pflicht- 23
verletzung aufmerksam zu machen. Gleichzeitig hält er mit ihr den beanstandeten Vorfall fest. Die **Abmahnung** hat eine **Dokumentationsfunktion**
*(BAG 26.01.1995 EzA § 1 KSchG Verhaltensbedingte Kündigung Nr. 46;
vgl. auch BAG 30.05.1996 AP Nr. 2 zu § 611 BGB Nebentätigkeit;
Hueck/v. Hoyningen-Huene § 1 KSchG Rz. 281).* Teilweise wird die Hin-
weisfunktion ausdrücklich von der Dokumentationsfunktion unterschie-
den *(vgl. BAG 09.08.1984 AP Nr. 12 zu § 1 KSchG Verhaltensbedingte
Kündigung; MünchArb/Berkowsky § 133 Rz. 14).*

Die **Dokumentationsfunktion** der Abmahnung ist **nicht** mit einer **Beweis-** 24
funktion zu verwechseln. Eine besondere Beweisfunktion hat die Abmahnung nicht. Sie erbringt nicht selbständig den Beweis für einen Pflichtverstoß des Abgemahnten *(BAG 13.03.1987 EzA § 611 BGB Abmahnung
Nr. 5; Hueck/v. Hoyningen-Huene § 1 KSchG Rz. 281; Gerhards BB 1996,
776).* Die Pflichtverletzung, welche Gegenstand der Abmahnung ist, muß
der Abmahnende in einem evtl. Prozeß darlegen und ggf. beweisen *(BAG
13.03.1987 EzA § 611 BGB Abmahnung Nr. 5).*

2. Rügefunktion

Der Abmahnende beläßt es nicht dabei, auf eine Pflichtverletzung auf- 25
merksam zu machen. Er verbindet damit die Aufforderung, ein derartiges
pflichtwidriges Verhalten künftig zu unterlassen. Die Abmahnung hat folglich auch eine **Rügefunktion** *(BAG 30.05.1996 AP Nr. 2 zu § 611 BGB
Nebentätigkeit; Hueck/v.Hoyningen-Huene § 1 KSchG Rz. 281; Gerhards
BB 1996, 794, 776»Ermahnungsfunktion«).*

3. Warnfunktion

26 Die Abmahnung dient außerdem dazu, bestimmte individualrechtliche Konsequenzen für den Fall einer erneuten Pflichtverletzung anzudrohen. Möglich ist z.b. der **Hinweis, im Wiederholungsfall** sei der Inhalt oder der Bestand des **Arbeitsverhältnisses gefährdet** *(BAG 21.05.1987 DB 1987, 2367; BAG 26.01.1995 EzA § 1 KSchG Verhaltensbedingte Kündigung Nr. 46)*. Der Abmahnung kommt damit auch eine **Warnfunktion** zu *(BAG 26.01.1995 EzA § 1 KSchG Verhaltensbedingte Kündigung Nr. 46; BAG 30.05.1996 AP Nr. 2 zu § 611 BGB Nebentätigkeit; Hueck/v.Hoyningen-Huene § 1 KSchG Rz. 281; MünchKomm/Schwerdtner § 622 BGB Anh. Rz. 120)*. Statt von einer Warnfunktion wird auch von einer Androhungs-*(MünchArb/Berkowsky § 133 Rz. 14)* oder Ankündigungsfunktion *(Gerhards BB 1996, 794)* gesprochen.

27 Die **Warnfunktion** ist nicht mit einer **Sanktionsfunktion** gleichzusetzen. Eine solche kommt der Abmahnung nicht zu. Der Arbeitnehmer soll durch die Abmahnung nicht bestraft werden. Mit ihr soll vielmehr – nur – ein künftiges vertragsgerechtes Verhalten des Arbeitnehmers erreicht werden *(KR-Hillebrecht § 626 BGB Rz. 98; Pauly NZA 1995, 449, 451; Hueck/v. Hoyningen-Huene § 1 KSchG Rz. 282; a.A. Kraft NZA 1989, 777, 780; Kasseler HB/Isenhardt 1.3 Rz. 503)*.

4. Prognosefunktion

28 Vereinzelt wird der Sinn und Zweck einer Abmahnung zusätzlich darin gesehen, mit ihrer Hilfe die Rechtmäßigkeit einer evtl. späteren Kündigung, welche eine gleiche oder gleichartige Pflichtverletzung betrifft, besser beurteilen zu können *(BAG 04.06.1997 FA 1997, 13 = NZA 1997, 1281; BAG 21. 11 1985 EzA § 1 KSchG Nr. 42; Staudinger/Preis § 626 BGB Rz. 109; MünchKomm/Schwerdtner § 622 BGB Anh. Rz. 114)*. Aus dem Inhalt der **Abmahnung** ergibt sich indes eine solche **Prognosefunktion nicht** ausdrücklich. Sie folgt vielmehr aus dem Verhältnis der Abmahnung zur Kündigung, deren Vorstufe sie regelmäßig ist.

5. Präventivfunktion

29 Spricht der Arbeitgeber eine Abmahnung aus, will er oftmals gegenüber anderen Mitarbeitern mit ihrer Hilfe deutlich machen, daß er bestimmte Pflichtverletzungen nicht hinnimmt und notfalls bereit ist, aus wiederholten Verstößen Konsequenzen zu ziehen *(BAG 13.11.1991 EzA § 611 BGB Abmahnung Nr. 24)*. Eine solche **Präventivfunktion** gegenüber Dritten ist indes **nicht Bestandteil** einer **Abmahnung**, da diese nur das individualrechtliche Verhältnis zwischen Arbeitgeber und Arbeitnehmer betrifft *(vgl. nur BAG 30.05.1996 AP Nr. 2 zu § 611 BGB Nebentätigkeit; v. Hoyningen-Huene RdA 1990, 193, 203)*.

II. Bedeutung für die Parteien des Arbeitsvertrages

1. Bedeutung für den Arbeitgeber

Im allgemeinen rechtfertigt ein pflichtwidriges Verhalten des Arbeitneh- **30** mers eine **Kündigung** des Arbeitsverhältnisses nur dann, wenn der Arbeitgeber ihm mit einer **vorausgegangenen Abmahnung** die Möglichkeit gegeben hat, sein Verhalten zu korrigieren und sich künftig vertragsgerecht zu verhalten *(vgl. nur BAG 17.02.1994 EzA § 611 BGB Abmahnung Nr. 30; BAG 27.02.1997 NJW 1997,2540; BAG 04.06.1997 FA 1997, 13 = NZA 1997, 121; Hueck/v. Hoyningen-Huene § 1 KSchG Rz. 280; Stahlhacke/ Preis Rz. 684 ff.; KR-Etzel § 1 KSchG Rz. 390).*

Fehlt es an einer notwendigen **Abmahnung**, so ist eine **Kündigung unwirk- 31 sam**, wenn sie auf einen gleichen oder gleichartigen *(dazu näher Rz. 469 ff.)* Pflichtverstoß gestützt wird *(MünchKomm/Schwerdtner § 622 BGB Anh. Rz. 118).* Der Arbeitgeber muß u.U. den gekündigten Arbeitnehmer nicht nur weiter beschäftigen, sondern ihm auch Arbeitsentgelt zahlen, ohne eine entsprechende Arbeitsleistung erhalten zu haben, wenn er durch die Kündigung in Annahmeverzug geraten ist *(vgl. zum Annahmeverzug des Arbeitgebers ausf. Schaub § 95).*

Eine mittelbare **Bedeutung** kann die **Abmahnung** beim Abschluß eines **Auf- 32 hebungsvertrages** erlangen. Ein Arbeitnehmer kann einen Aufhebungsvertrag möglicherweise erfolgreich anfechten, wenn er ihn nur deshalb abgeschlossen hat, weil der Arbeitgeber ihm zuvor widerrechtlich mit einer Kündigung für den Fall gedroht hat, daß der Arbeitnehmer den Vertrag nicht abschließt *(BAG 21.03.1996 EzA § 123 BGB Nr. 42; BAG 09.03.1995 BB 1996, 434; KR-Hillebrecht § 626 BGB Rz. 31b).* Bei der Prüfung der Widerrechtlichkeit der Drohung ist vom Gericht auch zu klären, ob die angedrohte Kündigung unter Abwägung aller Umstände des Einzelfalls die mildeste angemessene Reaktion auf das pflichtwidrige Verhalten des Arbeitnehmers dargestellt hätte oder ob z.B. eine Abmahnung noch ausreichend gewesen wäre *(BAG 21.03.1996 EzA § 123 BGB Nr. 42; BAG 09.03.1995 BB 1996, 434; KR-Hillebrecht a.a.O.).* Muß der Arbeitgeber daher unter verständiger Abwägung aller Umstände des Einzelfalls davon ausgehen, daß die Kündigung, die er dem Arbeitnehmer androht, im Falle ihres Ausspruchs einer arbeitsgerichtlichen Prüfung nicht standhalten wird, weil z.B. eine Abmahnung eine angemessene Reaktion auf die Pflichtverletzung des Arbeitnehmers gewesen wäre, darf er die Drohung nicht aussprechen, will er sich nicht der Gefahr einer Anfechtung des Vertrages aussetzen.

2. Bedeutung für den Arbeitnehmer

33 In der betrieblichen Praxis wird oft verkannt, daß die Abmahnung auch eine Bedeutung für den **Arbeitnehmer** haben kann *(vgl. bereits. Rz. 2)*.

34 Kündigt der Arbeitnehmer das Arbeitsverhältnis wegen eines vertragswidrigen Verhaltens des Arbeitgebers ohne Einhaltung der Kündigungsfrist, ist diese **Kündigung** grds. nur dann nach § 626 BGB **wirksam, wenn** er den Arbeitgeber zuvor erfolglos **abgemahnt** hat *(BAG 19.06.1967 AP Nr. 1 zu § 124 GewO; BAG 28.10.1971 EzA § 626 n.F. BGB Nr. 9; BAG 09.09.1992 RzK I 10e Nr. 13; BAG 08.06.1995 RzK I 6i Nr. 9; Beckerle/Schuster Rz. 226; Bitter/Kiel RdA 1995, 26, 32, 34 f.)*.

35 Kündigt der Arbeitnehmer das Arbeitsverhältnis fristlos, ohne daß die Voraussetzungen des § 626 BGB vorliegen, z.b. weil es an einer vorherigen **Abmahnung** fehlt, begeht er einen **Arbeitsvertragsbruch**, welcher erhebliche nachteilige Folgen für ihn haben kann *(s. allg. zum Arbeitsvertragsbruch Schaub § 51)*.

36 Der Arbeitnehmer muß z.b. befürchten, daß ihm der Arbeitgeber aufgrund eines solchen Arbeitsvertragsbruchs seinerseits fristlos kündigt bzw. ihn nach § 628 Abs. 2 BGB auf Schadensersatz in Anspruch nimmt. Der aufgrund der unwirksamen fristlosen Kündigung begangene Arbeitsvertragsbruch des Arbeitnehmers verpflichtet diesen zwar nur dann zum Schadensersatz, wenn er die Unwirksamkeit der Kündigung kannte oder zumindest bei gehöriger Sorgfalt hätte erkennen können *(BAG 24.10.1974 AP Nr. 2 zu § 276 BGB Vertragsverletzung; MünchKomm/Schwerdtner § 628 BGB Rz. 33)*. Dies wird man indes oftmals unterstellen können.

37 Der Arbeitgeber ist bei Vorliegen der Voraussetzungen des § 628 Abs. 2 BGB vom Arbeitnehmer finanziell so zu stellen, wie er bei Fortbestand des Arbeitsverhältnisses bis zum Ablauf der ordentlichen Kündigungsfrist gestanden hätte, welche der Arbeitnehmer hätte einhalten müssen *(Staudinger/Preis § 628 BGB Rz. 49)*. In Betracht kommen z.b. Mehraufwendungen für Arbeitnehmer, die durch Überstunden Aufgaben des vertragsbrüchigen Arbeitnehmers erledigt haben *(LAG Düsseldorf 19.10.1967 DB 1968, 90)*, oder das Differenzgehalt für eine teurere Ersatzkraft *(LAG Schleswig-Holstein 13.04.1972 DB 1972, 1229; zur Bestimmung des Schadens im einzelnen s. Staudinger/Preis § 628 BGB Rz. 43ff.)*. Nicht zu verkennen ist indes, daß der Schadensersatzanspruchs des Arbeitgebers nach § 628 Abs. 2 BGB häufig gerichtlich nicht durchgesetzt werden kann, da nicht zu klären ist, ob der von ihm bezifferte Schaden gerade auf dem Vertragsbruch des Arbeitnehmers beruht *(Schaub § 51 III 5d)*.

38 Sofern zwischen dem Arbeitgeber und dem Arbeitnehmer eine **Vertragsstrafe** bei einem **Arbeitsvertragsbruch** ausdrücklich – z.B. im Arbeitsvertrag – vereinbart ist, hat der Arbeitnehmer diese bereits durch sein unberechtigtes Ausscheiden vor Ablauf der ordentlichen Kündigungsfrist regelmäßig **verwirkt** *(vgl. § 339 BGB; zur Zulässigkeit der Vertragsstrafe allg. s. Schaub § 60 III).*

Darüber hinaus läuft der Arbeitnehmer, auf dessen Arbeitsverhältnis ein **39** Tarifvertrag Anwendung findet, Gefahr, tarifvertragliche **Sonderzahlungen**, die ihm grds. zustehen, **aufgrund** des **Arbeitsvertragsbruchs** nicht zu erhalten bzw. **zurückzahlen** zu müssen *(zur Tarifbindung s. Schaub § 206).* Der Arbeitgeber ist oftmals nach den jeweiligen Bestimmungen des einschlägigen Tarifvertrages nicht verpflichtet, z.b. Urlaubsgeld oder Jahressonderzahlungen zu erbringen, wenn ein Arbeitsvertragsbruch auf Seiten des Arbeitnehmers vorliegt.

B Beispiel:

»Arbeitnehmer und Auszubildende, die im Laufe des Kalenderjahres eintreten oder ausscheiden, haben nach einer Betriebszugehörigkeit von mindestens 3 Monaten Anspruch auf anteilige Jahressonderzahlung. Der vorstehende Anspruch besteht nicht, wenn das Ausscheiden infolge fristloser Kündigung oder Arbeitsvertragsbruchs erfolgt« (Tarifvertrag über Jahressonderzahlungen für die Arbeitnehmer und Auszubildenden in der nordrheinischen Textilindustrie vom 19.07.1990 i.d.F. vom 10.03.1997).

Teil 2
Allgemeine Grundlagen

A Rechtsgrundlage und Rechtsnatur

I. Rechtsgrundlage

Überlegungen zur Rechtsgrundlage der Abmahnung im Arbeitsrecht sind **40** kein akademisches »Glasperlenspiel« *(Walker NZA 1995, 601, 602)*. Die Rechtsgrundlage entscheidet darüber, ob überhaupt, unter welchen Voraussetzungen und mit welchem Inhalt eine Abmahnung als Voraussetzung für eine Kündigung angesehen werden kann *(Walker a.a.O.)*.

1. Gläubigerrecht

Bei der **Abmahnung** handelt es sich um die **Ausübung** eines arbeitsvertrag- **41** lichen **Gläubigerrechts** *(BAG 15.07.1992 EzA § 611 BGB Abmahnung Nr. 26; BAG 10.11.1993 EzA § 611 BGB Abmahnung Nr. 29; BAG 30.05.1996 AP Nr. 2 zu § 611 BGB Nebentätigkeit; Pauly NZA 1995, 449)*. Als Gläubiger der Arbeitsleistung weist der Arbeitgeber den Arbeitnehmer auf dessen vertragliche Pflichten hin und macht ihn auf die Verletzung dieser Pflichten aufmerksam. Er macht von einem vertraglichen Rügerecht Gebrauch, welches sich aus § 611 BGB ergibt *(BAG 17.01.1991 EzA § 1 KSchG Verhaltensbedingte Kündigung Nr. 37; v. Hoyningen-Huene RdA 1990, 193, 195)*.

Dieses Gläubigerrecht vermag indes nicht zu erklären, aus welchen Grün- **42** den bei Pflichtverletzungen die erfolglose Abmahnung vor Ausspruch einer Kündigung für den Arbeitgeber regelmäßig zur Pflicht wird, will er nicht Gefahr laufen, in einem Rechtsstreit, der die Wirksamkeit der Kündigung zum Gegenstand hat, zu unterliegen *(v. Hoyningen-Huene RdA 1990, 193, 195)*. Das BAG hat daher das Gläubigerrecht auch nicht herangezogen, um zu begründen, aus welchen Gründen eine erfolglose Abmahnung regelmäßig vor einer Kündigung erforderlich ist *(vgl. nur BAG 09.04.1984 EzA § 1 KSchG Verhaltensbedingte Kündigung Nr. 11; BAG 30.04. 1987 RzK I 11 b Nr. 5; BAG 13.06. 1996 EzA § 1 KSchG Verhaltensbedingte Kündigung Nr. 48)*.

2. Verhältnismäßigkeitsgrundsatz

43 Das **Erfordernis** einer vorherigen vergeblichen **Abmahnung** ergibt sich nach Ansicht des BAG aus dem Grundsatz der Verhältnismäßigkeit *(BAG 12.07.1984 EzA § 102 BetrVG 1972 Nr.57; BAG 08.11.1988 EzAÜG Nr. 309; zust. Bock ArbuR 1987, 217, 218; Pauly NZA 1995, 449, 450; Becker-Schaffner DB 1985, 650; in BAG 26.01.1995 EzA Verhaltensbedingte Kündigung Nr. 46 wird indes § 1 Abs. 2 Satz 1 KSchG als Grundlage herangezogen)*. Die Kündigung ist die stärkste individualrechtliche Maßnahme. Im Vergleich dazu stellt sich die Abmahnung als das mildere Mittel dar. Insoweit kann die Abmahnung nach dem Grundsatz der Verhältnismäßigkeit als mildere Sanktion geboten und erforderlich sein *(BAG 08.11.1988 EzAÜG Nr. 309)*.

44 Der Grundsatz der Verhältnismäßigkeit hat seinen Ursprung im öffentlichen Recht. Mit seiner Hilfe soll das staatliche Handeln beschränkt werden *(zu den einzelnen Kriterien Pieroth/Schlink Rz. 279 ff.)*. Er gilt sowohl für die eingreifende Verwaltung wie auch für den eingreifenden bzw. die Verwaltung zu Eingriffen ermächtigenden Gesetzgeber *(Pieroth/Schlink Rz. 280)*. Staatliche Eingriffe in geschützte Rechtspositionen sind nur insoweit zulässig, als sie erforderlich sind, und das eingesetzte Mittel nicht außer Verhältnis zu dem angestrebten Zweck steht *(v. Hoyningen-Huene RdA 1990, 193, 195 m.w.N. in Fn. 27)*.

45 Der Grundsatz der Verhältnismäßigkeit ist indes nur ein regulatives Prinzip, das seinerseits erst noch mit Wertungen ausgefüllt werden muß *(v. Hoyningen-Huene RdA 1990, 193, 196 »Leerformel«; Heinze S. 63, 79 »keine einschlägige Begründungssubstanz«; Walker NZA 1995, 601, 603)*. Es bestehen daher Bedenken, mit diesem Grundsatz allein das Erfordernis einer Abmahnung zu begründen.

3. Ultima- ratio-Prinzip

46 In manchen Entscheidungen zieht das BAG auch das **ultima-ratio-Prinzip** zur Begründung des Erfordernisses einer vergeblichen Abmahnung vor Ausspruch einer Kündigung heran *(vgl. nur BAG 17.01.1991 EzA § 1 KSchG Verhaltensbedingte Kündigung Nr. 37; BAG 13.06.1996 EzA § 1 KSchG Verhaltensbedingte Kündigung Nr. 48; BAG 13.03.1997 NJ 1997, 606; zust. Falkenberg NZA 1989, 489; abl. v. Hoyningen-Huene RdA 1990, 193, 197)*. Es hat allerdings, soweit ersichtlich, in der höchstrichterlichen Rechtsprechung gegenüber dem Grundsatz der Verhältnismäßigkeit **keinen** eigenen **Begründungsgehalt.**

4. Gesetzesanalogie

47 Bei Pflichtverletzungen im Leistungsbereich begründet das BAG die kündigungsrechtliche Funktion der Abmahnung mit einer Gesetzesanalogie. Das

Abmahnungserfordernis soll sich aus dem in § 326 BGB enthaltenen **allgemeinen Rechtsgedanken** ergeben. nach dem der Gläubiger vor einer so einschneidenden Maßnahme und Rechtsfolge wie der einseitigen Aufhebung des Vertrages dem Schuldner die Konsequenzen seines pflichtwidrigen Handelns vor Augen führen soll *(BAG 19.06.1967 AP Nr. 1 zu § 124 GewO; BAG 24.11.1983 EzA § 626 n.F. BGB Nr. 88; BAG 12.07.1984 EzA § 102 BetrVG 1972 Nr. 57; BAG 30.04.1987 RzK I 11b Nr. 5; zust. Krasshöfer-Pidde AuA 1993, 137).*

Die h.A. im Schrifttum wendet sich gegen diesen Begründungsansatz *(Söll-* **48** *ner Anm. zu BAG 19.06.1967 SAE 1967, 37, 39; Heinze S. 63, 64; v. Hoyningen-Huene RdA 1990, 193, 197; Walker NZA 1995, 601, 602; Bock ArbuR 1987, 217; MünchKomm/Schwerdtner § 622 BGB Anh. Rz. 113; Falkenberg NZA 1988, 489).*

Gegen eine Ableitung allein aus § 326 BGB sprechen insbes. die Vorschrif- **49** ten der §§ 284, 550, 553, 634, 635, 643, 651e Abs. 2 1053 BGB. In ihnen ist ebenfalls die Obliegenheit eines Gläubigers geregelt, den Schuldner vor einer einseitigen Vertragsauflösung zunächst abzumahnen *(Söllner a.a.O.; Heinze S. 63, 79; v. Hoyningen-Huene RdA 1990, 193, 197; s. ausf. Rz. 48 ff.).* Ferner stellen die §§ 626 bis 628 BGB für die fristlose und § 1 KSchG für die ordentliche Kündigung im Arbeitsvertragsrecht gegenüber § 326 BGB Spezialregelungen dar *(Walker NZA 1995, 601, 602; s. auch MünchKomm/Schwerdtner § 622 BGB Anh. Rz. 113; Bock ArbuR 1987, 217).*

5. Rechtsanalogie

Den §§ 284, 326, 550, 553, 634, 635, 643, 651e Abs. 2, 1053 BGB ist im **50** Wege der Rechtsanalogie der **allgemeine Rechtsgedanke** zu entnehmen, daß ein Gläubiger bei einem Fehlverhalten dem **Schuldner** vor einer einseitigen Einwirkung auf Inhalt oder Bestand des Vertrages zunächst **Gelegenheit** geben muß, künftig **vertragsgerecht** zu handeln. Diese Gelegenheit eröffnet der Gläubiger durch eine (Ab-)Mahnung, die er dem Schuldner bei einer Vertragsverletzung vor einer Kündigung erteilt *(Hueck/v. Hoyningen-Huene § 1 KSchG Rz. 289; ders. RdA 1990, 193, 196; Heinze S. 63, 75 f., 79; Bock ArbuR 1987, 217, 218; KR-Hillebrecht § 626 BGB Rz. 99a; Schaub NZA 1997, 1185, 1186).* Aufgrund der genannten Vorschriften ist es somit auch im Arbeitsrecht verhältnismäßig, denjenigen, der gegen Pflichten verstoßen hat, grds. vor einer Kündigung durch eine Abmahnung zunächst zu warnen *(v. Hoyningen-Huene RdA 1990, 193, 197; Schaub NZA 1997, 1185, 1186; abw. für die fristlose Kündigung, Heinze S. 63, 79; Walker NZA 1995, 601, 602, der § 1 KSchG bzw. § 626 BGB als Rechtsgrundlage ansieht).*

II. Rechtsnatur

1. Willenserklärung

51 Die **Abmahnung** ist keine **Willenserklärung** im rechtlichen Sinne *(BAG 15.01.1986 AP Nr. 96 zu § 611 BGB Fürsorgepflicht; BAG 13.03.1991 EzA § 1 KSchG Abmahnung Nr. 20; BAG 21.05.1992 EzA § 1 KSchG Verhaltensbedingte Kündigung Nr. 42; Becker-Schaffner BB 1995, 2526; Krasshöfer-Pidde AuA 1993, 137, 140).*

52 Wie eine Willenserklärung setzt die Abmahnung zwar eine Handlung des Abmahnenden voraus. Ihre Rechtsfolgen, die Vorbereitung einer Kündigung bei einem weiteren pflichtwidrigen Verhalten des Abgemahnten, treten aber nicht ein, weil der Erklärende es so will, sondern weil die Rechtsprechung ihr eine entsprechende Wirkung beigelegt hat *(BAG 09.08.1984 EzA § 1 KSchG Verhaltensbedingte Kündigung Nr. 11).*

2. Geschäftsähnliche Handlung

53 Die **Abmahnung** ist vielmehr eine **geschäftsähnliche Handlung** *(BAG 24.03.1988 RzK I 5i Nr. 35; BAG 21.05.1992 EzA § 1 KSchG Verhaltensbedingte Kündigung Nr. 42; Becker-Schaffner BB 1995, 2526; Krasshöfer-Pidde AuA 1993, 137, 140).* Mit ihr übt der Abmahnende ein Rügerecht aus. Die rein tatsächliche Warnfunktion tritt unabhängig von rechtlichen Formvorschriften ein *(BAG 21.05.1992 EzA § 1 KSchG Verhaltensbedingte Kündigung Nr. 42; zur Warnfunktion ausf. Rz. 24 ff.).*

54 Wegen des in ihr enthaltenen Willenselements – der Ausspruch der Abmahnung ist beabsichtigt – kommt bei der Abmahnung wie bei allen anderen geschäftsähnlichen Handlungen die entsprechende **Anwendung** der für Rechtsgeschäfte und **Willenserklärungen vorgesehenen** Vorschriften in Betracht, wenn der Zweck der jeweiligen Vorschrift die entsprechende Anwendung rechtfertigt. So wendet das BAG z.b. die **Vorschriften** über den Zugang einer Willenserklärung **entsprechend** auf die Abmahnung an *(vgl. nur BAG 09.08.1984 EzA § 1 KSchG Verhaltensbedingte Kündigung Nr. 11).*

55 **Nicht** mit der Rechtsnatur der Abmahnung als geschäftsähnliche Handlung verwechselt werden darf der Rechtsbegriff der (Gläubiger-) **Obliegenheit** *(vgl. BAG 15.01.1986 AP Nr. 96 zu § 611 BGB Fürsorgepflicht).* Obliegenheiten sind im Gegensatz zu Rechtspflichten Verhaltensanforderungen, denen man im eigenen Interesse nachkommen sollte, ohne dazu verpflichtet zu sein *(Larenz/Wolf § 13 Rz. 48).* Die Abmahnung wird zu einer derartigen (Gläubiger-) Obliegenheit, wenn ein Arbeitgeber dem Arbeitnehmer z.B. wegen eines Fehlverhaltens im Leistungsbereich kündigen will *(BAG 15.01.1986 a.a.O.).* Da die Rechtsprechung für die Wirksamkeit einer derartigen Kündigung eine vorherige vergebliche Abmahnung regelmäßig fordert, liegt ihr Ausspruch im Interesse des Arbeitgebers, will er nicht Gefahr laufen, daß ein Gericht später die Unwirksamkeit der Kündigung ggf. feststellt.

B Abgrenzung

I. Betriebsbuße

Die Betriebsbuße ist eine kollektivrechtliche Maßnahme, mit der ein Ver- **56** stoß des Arbeitnehmers gegen die betriebliche Ordnung sanktioniert wird *(BAG 30.01.1979 EzA § 87 BetrVG 1972 Betriebsbuße Nr. 3; BAG 17.01.1991 EzA § 1 KSchG Verhaltensbedingte Kündigung Nr. 37; Etzel Rz. 520).*

Sie hat ihre gesetzliche **Grundlage** in § 87 Abs. 1 Nr. 1 BetrVG *(BAG* **57** *17.10.1989 EzA § 87 BetrVG 1972 Betriebsbuße Nr. 8; BAG 17.01.1991 EzA § 1 KSchG Verhaltensbedingte Kündigung Nr. 37; GK-Wiese § 87 BetrVG Rz. 203; Preis DB 1990, 686; a.A. H/S/G § 87 BetrVG Rz. 128 b; gegen die Zulässigkeit einer Betriebsbuße v. Hoyningen-Huene RdA 1990, 193, 204).*

Arbeitgeber und Betriebsrat haben eine **Bußordnung** aufzustellen, sofern **58** eine solche nicht in einem Tarifvertrag enthalten ist *(BAG 17.10.1989 EzA § 87 BetrVG Betriebsbuße Nr. 8; GK-Wiese § 87 BetrVG Rz. 205).* Diese muß Regeln darüber enthalten *(vgl. BAG 17.10.1989 EzA § 87 BetrVG 1972 Betriebsbuße Nr. 8; GK-Wiese § 87 BetrVG Rz. 207; Etzel Rz. 522),*

➤ welche genau bezeichneten Tatbestände geahndet werden sollen;

➤ welche Art der Buße (Verwarnung, Verweis, Geldbuße) verhängt werden soll;

➤ über die zulässige Höhe und die Verwendung von Geldbußen;

➤ welches Verfahren für die Verhängung einer Betriebsbuße im Einzelfall gilt.

Verhängt der Arbeitgeber eine Betriebsbuße, obwohl eine **Bußordnung** in **59** einem Tarifvertrag oder in einer Betriebsvereinbarung nicht besteht, **fehlt** es an einer Rechtsgrundlage. Die vom Arbeitgeber gleichwohl verhängte **Buße** ist **unwirksam** *(BAG 17.10.1989 EzA § 87 BetrVG 1972 Betriebsbuße Nr. 8; Etzel Rz. 524).*

60 Der Betriebsrat ist ferner zu beteiligen, wenn eine Betriebsbuße im Einzelfall gegenüber einem Arbeitnehmer verhängt werden soll *(BAG 05.12.1975 EzA § 87 BetrVG 1972 Betriebliche Ordnung Nr. 1; BAG 17.10.1989 a.a.O.; GK-Wiese § 87 BetrVG Rz. 229; H/S/G § 87 BetrVG Rz. 138).*

61 Die **Betriebsbuße unterscheidet** sich erheblich von der **Abmahnung.** Im Gegensatz zur Betriebsbuße dient die Abmahnung nicht dazu, begangenes Unrecht zu sanktionieren *(BAG 17.01.1991 EzA § 1 KSchG Verhaltensbedingte Kündigung Nr. 37; Etzel Rz. 520).* Der Zweck der Abmahnung besteht vielmehr darin, den Arbeitnehmer auf sein pflichtwidriges Verhalten hinzuweisen, ein pflichtgemäßes Verhalten zu verlangen, Konsequenzen für den Wiederholungsfall anzudrohen und damit eine Vorstufe für eine individualrechtliche Kündigungsmaßnahme zu bilden *(BAG 17.01.1991 EzA § 1 KSchG Verhaltensbedingte Kündigung Nr. 37; GK-Wiese § 87 BetrVG Rz. 211; Hueck/v. Hoyningen-Huene § 1 KSchG Rz. 289a).*

62 Das Recht des Arbeitgebers, eine Abmahnung auszusprechen, ergibt sich nicht aus § 87 Abs. 1 Nr. 1 BetrVG, sondern aus § 611 BGB *(BAG 17.01.1991 a.a.O.; Preis DB 1990, 686; vgl. auch Etzel Rz. 520, zum Gläubigerrecht s. Rz. 39 f.).*

63 Die Abmahnung betrifft allein das Verhältnis Arbeitnehmer – Arbeitgeber. Ein kollektiver Bezug fehlt ihr. Sie ist daher mitbestimmungsfrei *(BAG 30.01.1979 EzA § 87 BetrVG 1972 Betriebsbuße Nr. 3; BAG 17.10.1989 EzA § 87 BetrVG 1972 Betriebsbuße Nr. 8; D/R § 87 BetrVG Rz. 256; Etzel Rz. 520).*

64 Ein **Berührungspunkt** zwischen **Betriebsbuße** und **Abmahnung** besteht insoweit, als Verstöße gegen die betriebliche Ordnung, z.b. Verstöße gegen ein betriebliches Alkohol- oder Rauchverbot, zugleich Vertragsverletzungen sind *(BAG 17.10.1989 EzA § 87 BetrVG Betriebsbuße 1972 Nr. 8; H/S/G § 87 BetrVG Rz. 126; D/R § 87 BetrVG Rz. 256; Heinze NZA 1980, 169, 173).*

65 Für die **Abgrenzung** zwischen Abmahnung und Betriebsbuße im Einzelfall ist nicht **entscheidend,** wie der Arbeitgeber seine Erklärung bezeichnet. Es kommt auf den **Inhalt** der **Erklärung** an. Eine »Abmahnung« kann daher tatsächlich eine Betriebsbuße *(BAG 17.10.1989 EzA § 87 BetrVG 1972 Betriebsbuße Nr. 8; D/R § 87 BetrVG Rz. 257),* eine »Verwarnung« oder einen »Verweis« darstellen *(BAG 07.11.1979 DB 1980, 550; BAG 17.10.1989 EzA § 87 BetrVG 1972 Betriebsbuße Nr. 8; LAG Frankfurt/M. 19.10.1988 NZA 1989, 273; D/R § 87 BetrVG Rz. 257; Heinze NZA 1980, 169, 173 f.).* Um Mißverständnisse zu vermeiden, sollte der Arbeitgeber allerdings eine Abmahnung immer als solche ausdrücklich bezeichnen *(BAG 13.04.1988 – 5 AZR 287/87 – n.v.; BAG 07.11.1979 EzA § 87 BetrVG 1972 Betriebsbuße Nr. 4).*

Nach Ansicht des BAG ist **für** das Vorliegen einer **Betriebsbuße** entschei- **66** dend, ob die Maßnahmen des Arbeitgebers einen über die Warnfunktion der Abmahnung hinausgehenden **Sanktionscharakter** hat *(BAG 07.11.1979 EzA § 87 BetrVG Betriebsbuße 1972 Nr. 4; BAG 22.10.1985 EzA § 87 BetrVG 1972 Betriebliche Lohngestaltung Nr. 10; zust. D/R § 87 BetrVG Rz. 257; Heinze NZA 1980, 169, 173).*

Einen solchen zusätzlichen **Sanktionscharakter** hat das BAG z.b. ange- **67** nommen,

➤ bei einer Erklärung des Arbeitgebers gegenüber dem Mitarbeiter einer Fluggesellschaft, er werde dem Arbeitnehmer nicht mehr die Möglichkeit geben, zu verbilligten Preisen zu fliegen *(BAG 22.10.1985 a.a.O.);*

➤ bei einer Mißbilligung, die den betreffenden Arbeitnehmer automatisch für ein Jahr von einer Beförderung ausnimmt *(BAG 17.10.1989 EzA § 87 BetrVG 1972 Betriebsbuße Nr. 8; zust. Etzel Rz. 521).*

Für die betriebliche Praxis empfiehlt es sich, jede Formulierung zu vermei- **68** den, die über die Warnfunktion der Abmahnung hinaus geht. Insbes. sollten Unwerturteile über den Arbeitnehmer vermieden werden.

Gegen eine Abmahnung und für eine Betriebsbuße spricht indes nicht, daß **69** der Arbeitgeber die Schwere der Pflichtverletzung zum Ausdruck bringt oder eine wiederholte Verletzung vertraglicher Pflichten besonders kennzeichnet *(BAG 07.11.1979 a.a.O.).*

Eine Betriebsbuße scheidet von vornherein aus, wenn der Arbeitgeber kei- **70** nen Verstoß gegen die betriebliche Ordnung, sondern z.b. eine individuelle Minderleistung des Arbeitnehmers gerügt hat *(vgl. BAG 22.10.1985 EzA § 87 BetrVG 1972 Betriebliche Lohngestaltung Nr. 10).*

Im Gegensatz zur Abmahnung gegenüber der Kündigung ist die **Betriebs-** **71** **buße** gegenüber der Abmahnung **kein** vorrangig zu nutzendes **milderes Mittel** *(BAG 17.01.1991 EzA § 1 KSchG Verhaltensbedingte Kündigung Nr. 37; Kasseler HB/Isenhardt 1.3 Rz. 509).* Andernfalls wären Sinn und Zweck der Abmahnung mit der geforderten Warnfunktion deutlich relativiert. Nach mehreren Abmahnungen mit Kündigungsandrohung wären vor der Kündigung noch weitere Vorwarnungen in Form kollektivrechtlicher Maßnahmen erforderlich *(BAG 17.01.1991 a.a.O.).* Letztendlich entstünde das Problem, in welchem – etwa abgestuftem – Verhältnis die individualrechtliche Abmahnung zur kollektivrechtlichen Betriebsbuße steht *(BAG 17.01.1991 a.a.O.).*

II. Ermahnung

72 Die **Ermahnung** unterscheidet sich von der Abmahnung dadurch, daß ihr die **Warnfunktion fehlt** *(BAG 10.11.1988 EzA § 611 BGB Abmahnung Nr. 18; BAG 09.03.1995 BB 1996, 434; v. Hoyningen-Huene RdA 1990, 193; D/R § 87 BetrVG Rz. 87; Fromm DB 1989, 1409, 1412).*

73 Der Arbeitgeber zeigt dem Arbeitnehmer das vertragswidrige Verhalten auf und fordert für die Zukunft die Einhaltung der vertraglichen Pflichten. Er kündigt indes keine Kündigung für den Fall an, daß der Arbeitnehmer dennoch weitere gleichartige Pflichtverletzungen begeht. Die Ermahnung enthält damit nur einen Teil der Elemente der Abmahnung *(v.Hoyningen-Huene RdA 1990, 193, 203; Fromm DB 1989, 1409, 1412).* Eine Ermahnung ist aufgrund der fehlenden Warnfunktion nicht geeignet, eine Kündigung vorzubereiten.

III. Kündigung

74 Während eine Abmahnung eine Beendigung des Arbeitsverhältnisses für den Fall weiterer gleichartiger Pflichtverletzungen vorbereiten soll, führt die Kündigung diese Beendigung bereits herbei. **Abmahnung** und **Kündigung** stehen damit in einem **Stufenverhältnis.** Die Abmahnung ist die Vorstufe der Kündigung *(Adam DB 1996, 476; KPK-Schiefer Teil G Rz. 2; s. bereits Rz. 28 f.).*

75 Eine **Abmahnung** »verbraucht« das **Kündigungsrecht.** Der Arbeitgeber kann das Arbeitsverhältnis wegen einer Pflichtverletzung, die er bereits gegenüber dem Arbeitnehmer abgemahnt hat, nicht zusätzlich kündigen *(BAG 09.03.1995 BB 1996, 434; Kasseler HB/Isenhardt 1.3 Rz. 503; Kammerer Rz. 48; s. dazu im einzelnen Rz. 465 f.).*

IV. Änderungskündigung

76 Änderungskündigung und Abmahnung unterscheiden sich in ihrer kündigungsrechtlichen Bedeutung *(zum Begriff der Änderungskündigung s. § 2 KSchG; ausf. Kasseler HB/Isenhardt 1.3 Rz. 422 ff.).* Während die **Änderungskündigung unmittelbar** zu einer Inhalts- und **Bestandsgefährdung** des Arbeitsverhältnisses führt, stellt die Abmahnung dem Arbeitnehmer eine Bestands- und Inhaltsgefährdung des Arbeitsverhältnisses erst für den Fall in Aussicht, daß ein bestimmtes Fehlverhalten erneut eintreten sollte *(BAG 29.05.1995 RzK I 1 Nr. 7).*

V. Vertragsstrafe

Zwischen Arbeitgeber und Arbeitnehmer kann, z.B. in einem Arbeitsver- 77
trag, eine Vertragsstrafe vereinbart werden (§ 339 BGB; vgl. BAG
27.07.1977 AP Nr. 2 zu § 611 BGB Entwicklungshelfer; BAG 23.06.1982
AP Nr. 4 zu § 5 BBiG; BAG 18.09.1991 EzA Nr. 7 zu § 339 BGB; zu den
Einzelheiten vgl. MünchArb/Blomeyer § 55 Rz. 47). Ohne eine solche Vereinbarung ist der Arbeitnehmer zur Zahlung der Vertragsstrafe nicht verpflichtet. Demgegenüber bedarf es einer derartigen Vereinbarung nicht, um
wirksam eine Abmahnung aussprechen zu können.

Darüber hinaus verfolgen Abmahnung und Vertragsstrafe teilweise unter- 78
schiedliche Ziele. Die Vertragsstrafe soll dem Arbeitgeber erleichtern, einen
Schadensersatzanspruch durchzusetzen, wenn der Arbeitnehmer eine
genau bezeichnete Pflichtwidrigkeit begeht (MünchArb/Blomeyer § 55 Rz.
46; v. Hoyningen-Huene RdA 1990, 193, 203). Diesen Zweck verfolgt die
Abmahnung nicht. Sie soll im Gegensatz zur Vertragsstrafe – auch – dazu
dienen, eine Kündigung vorzubereiten (s. Rz. 28 f., 72).

Unterschiede ergeben sich auch hinsichtlich der Mittel, mit denen die ge- 79
nannten Ziele verwirklicht werden sollen. Bei der Vertragsstrafe übt der
Arbeitgeber durch eine »Geldstrafe« Druck auf den Arbeitnehmer aus; bei
der Abmahnung droht er hingegen mit der Kündigung des Arbeitsverhältnisses, sofern der Arbeitnehmer weitere gleichartige Pflichtverletzungen begeht (vgl. v. Hoyningen-Huene RdA 1990, 193, 203).

Es bestehen allerdings auch Gemeinsamkeiten. Der Arbeitgeber will mit 80
Hilfe der vereinbarten Vertragsstrafe den Arbeitnehmer zu einer ordnungsgemäßen Durchführung des Arbeitsverhältnisses anhalten (MünchArb/Blo-
meyer § 55 Rz 46; v. Hoyningen-Huene RdA 1990, 193, 203). Insoweit ist
die Funktion der Vertragsstrafe mit dem Ziel der Abmahnung vergleichbar
(vgl. Rz. 4, 23).

Ferner besteht weder hinsichtlich der Vereinbarung einer Vertragsstrafe 81
noch hinsichtlich ihrer Geltendmachung durch den Arbeitgeber ein Beteiligungsrecht des Betriebsrates (BAG 17.10.1989 EzA § 87 BetrVG 1972 Betriebsbuße Nr. 8).

VI. Auslegung

Ergibt sich aus einer Erklärung nicht eindeutig, ob es sich um eine Abmah- 82
nung – und nicht z.B. um eine Betriebsbuße – handelt, ist die Erklärung
nach § 133 BGB, welcher analog auf geschäftsähnliche Handlungen anwendbar ist (s. Rz. 52), auszulegen (BAG 30.01.1979 EzA § 87 BetrVG
1972 Betriebsbuße Nr. 3; BAG 13.04.1988 -5 AZR 287/87- n.v.; Hueck/v.
Hoyningen-Huene § 1 KSchG Rz. 287).

83 Kriterien, die für eine **Abmahnung** sprechen, sind *(BAG 10.11.1993 EzA § 611 BGB Abmahnung Nr. 29)*:

➤ eindeutige Bezeichnung des Schreibens als Abmahnung;

➤ es wird ein bestimmtes Verhalten gerügt;

➤ eine Kündigung wird für den Wiederholungsfall angedroht.

84 Bei der Auslegung müssen Wortlaut, Gesamtzusammenhang und Begleitumstände berücksichtigt werden *(vgl. BAG 30.01.1979 a.a.O.)*.

VII. Wahlrecht

85 Der **Arbeitgeber** kann frei **entscheiden, ob** er ein Fehlverhalten des Arbeitnehmers mißbilligen will oder nicht *(BAG 10.11.1993 EzA § 611 BGB Nr. 29; BAG 31.08.1994 EzA § 611 BGB Abmahnung Nr. 33; BAG 14.12.1994 EzA § 4 TVG Ausschlußfristen Nr. 109)*.

86 Bei mehreren **Pflichtverletzungen** muß er nicht alle abmahnen, sondern kann sich auf einzelne beschränken *(BAG 14.12.1994 EzA § 4 TVG Ausschlußfristen Nr. 109)*.

87 Bei einem Fehlverhalten, das sich über einen **längeren Zeitraum** erstreckt, ist er frei darin zu entscheiden,

➤ welche Zeitabschnitte er abmahnen will *(BAG 14.12.1994 EzA § 4 TVG Ausschlußfristen Nr. 109)*;

➤ wegen welcher Abschnitte er kündigen will *(BAG 22.10.1985 EzA § 87 BetrVG 1972 Betriebliche Lohngestaltung Nr. 10; BAG 17.10.1989 EzA § 87 BetrVG Betriebsbuße Nr. 8)*.

88 **Ferner** kann er statt abzumahnen **wählen,**

➤ ob er von vertraglich vereinbarten **Widerrufsrechten** bei der Gewährung freiwilliger sozialer Leistungen Gebrauch machen will *(BAG 22.10.1985 EzA § 87 BetrVG 1972 Betriebliche Lohngestaltung Nr.10)*;

➤ ob er eine vereinbarte und verwirkte **Vertragsstrafe** fordern will *(BAG 17.10.1989 EzA § 87 BetrVG Betriebsbuße Nr. 8)*;

➤ ob er eine **Versetzung** des Arbeitnehmers vornimmt *(BAG 17.10.1989 a.a.O.; BAG 24.04.1996 EzA § 611 BGB Direktionsrecht Nr. 18)*;

➤ ob er eine **Betriebsbuße** verhängt, wenn die Pflichtverletzung ordnungsgemäß in einer Bußordnung festgelegt ist und die Beteiligungsrechte des Betriebsrates gewahrt sind *(BAG 22.10.1985 EzA § 87 BetrVG 1972 Betriebliche Lohngestaltung Nr. 10)*.

Der Arbeitgeber kann auch **mehrere Maßnahmen** auf ein und dasselbe 89
Fehlverhalten stützen, z.B.

➤ eine **Abmahnung** aussprechen **und** eine vereinbarte **Vertragsstrafe** einfordern *(v. Hoyningen-Huene RdA 1990, 193, 203)*;

➤ das Verhalten zum Gegenstand einer **Abmahnung** machen **und** gleichzeitig unter Beteiligung des Betriebsrates eine **Betriebsbuße** verhängen, sofern das abmahnungswürdige Verhalten des Arbeitnehmers zugleich ein Verstoß gegen die betriebliche Ordnung darstellt *(BAG 30.01.1979 EzA § 87 BetrVG 1972 Betriebsbuße Nr. 3; BAG 13.04.1988 -5 AZR 287/87-; zust. Heinze NZA 1990, 169, 173)*.

Es ist dem Arbeitgeber indes **nicht möglich, abzumahnen und** wegen der- 90
selben Pflichtverletzung gleichzeitig eine **Kündigung** aussprechen *(s. ausf. Rz. 465 f.)*. Möglich ist aber, den Arbeitnehmer lediglich zu ermahnen und dann wegen derselben Pflichtverletzung zu kündigen. Eine bloße Ermahnung verbraucht das Kündigungsrecht nicht, weil die Kündigungsandrohung fehlt *(BAG 09.03.1995 BB 1995, 434; Hueck/v. Hoyningen-Huene § 1 KSchG Rz. 294; abw. BAG 31.07.1986 RzK I 8c Nr. 10)*.

C Abmahnung und Grundrechte

I. Meinungsfreiheit

Ein Arbeitgeber, der eine **Abmahnung** ausspricht, macht damit von seinem **91** **Grundrecht auf freie Meinungsäußerung** nach Art. 5 Abs. 1 Satz 1 GG Gebrauch *(BAG 14.09.1994 EzA § 611 BGB Abmahnung Nr. 32; LAG Hamm 21.10.1980 EzA § 611 BGB Fürsorgepflicht Nr. 27; Münch-Komm/Müller-Glöge § 611 BGB Rz. 410; MünchArb/Blomeyer § 96 Rz. 22)*.

Grundrechte sind auch im Verhältnis zwischen Arbeitgeber und Arbeitneh- **92** mer zu beachten, obwohl sie nach der ausdrücklichen Regelung in Art. 1 Abs. 3 GG bis auf Art. 9 Abs. 3 GG allein das Verhältnis des Einzelnen zum Staat betreffen. Das **Grundgesetz** enthält in seinem Grundrechtsabschnitt eine **objektive Wertordnung** *(BVerfG 15.01.1958 BVerfGE 7, 198, 205)*. Diese objektive Wertordnung **wirkt** vor allem über unbestimmte Rechtsbegriffe und Generalklauseln **mittelbar auf** das **Arbeitsverhältnis** ein *(BAG GS 27.02.1985 AP Nr. 14 zu § 611 BGB Beschäftigungspflicht; BAG 27.05.1986 AP Nr. 15 zu § 87 BetrVG Überwachung; zust. Dütz Rz. 45; vgl. aber noch BAG 28.09.1972 EzA § 1 KSchG Nr. 25, unmittelbare Drittwirkung; zum Meinungsstand im einzelnen s. MünchArb/Richardi § 10 Rz. 6 ff.)*.

Im Recht der Abmahnung sind es die sich aus dem Arbeitsvertrag ergebenen- **93** den ausfüllungsbedürftigen Rechte und Pflichten, die zum »Einfalltor« der Grundrechte werden. Zudem enthält das Kündigungsrecht eine Vielzahl unbestimmter Rechtsbegriffe – z.b. »soziale Rechtfertigung« in § 1 KSchG – über welche die Grundrechte im Verhältnis Arbeitgeber – Arbeitnehmer Einfluß gewinnen. Diese Grundrechte wirken damit auch auf die arbeitsrechtliche Abmahnung als Vorstufe der Kündigung ein.

II. Berufsfreiheit

94 Das grundsätzliche Recht, eine **Abmahnung** aussprechen zu können, folgt ferner aus der **Berufsfreiheit**, die durch Art. 12 Abs. 1 GG geschützt ist *(BAG 14.09.1994 EzA § 611 BGB Abmahnung Nr. 32)*. Dieses Grundrecht schützt auch die unternehmerische Betätigung des Arbeitgebers *(BAG 14.09.1994 a.a.O.)*.

95 Dem Grundrecht des Arbeitgebers auf freie unternehmerische Betätigung steht das **Recht** des **Arbeitnehmers** gegenüber, seinen **Arbeitsplatz** frei zu **wählen**, welches ebenfalls in Art. 12 Abs. 1 GG enthalten ist. Das Gebot der Berufsfreiheit umfaßt nicht nur die Entscheidung über den Eintritt in einen Beruf, sondern auch die Entscheidung darüber, ob und wie lange jemand in einem Beruf tätig bleiben will *(BVerfG 11.06.1958 BVerfGE 7, 377, 401; MünchArb/Richardi § 10 Rz. 58)*.

96 Diese grundrechtlich geschützte Position des Arbeitnehmers wird betroffen, wenn der Arbeitgeber eine Abmahnung ausspricht *(BAG 14.09.1994 EzA § 611 BGB Abmahnung Nr. 32)*. Sie ist geeignet, die weitere berufliche Entwicklung des Arbeitnehmers nachteilig zu beeinflussen. Darüber hinaus kann sie zu einer dauerhaften Gefährdung der Rechtsstellung des Arbeitnehmers beitragen. Er muß befürchten, daß der Arbeitgeber bei einer weiteren Pflichtverletzung kündigt und das Arbeitsverhältnis damit gegen seinen Willen vorzeitig beendet *(BAG 14.09.1994 a.a.O.)*.

III. Freie Entfaltung der Persönlichkeit

97 Eine **Abmahnung** kann ferner den **Arbeitnehmer** in seiner Ehre verletzen und damit sein objektives **Persönlichkeitsrecht**, welches grundgesetzlich in Art. 2 Abs. 1 GG geschützt ist, **beeinträchtigen** *(vgl. BVerfG 15.12.1983 BVerfGE 65, 1, 41; BAG 14.09.1994 a.a.O.)*.

98 Das allgemeine Persönlichkeitsrecht kann ferner durch eine Abmahnung beeinträchtigt werden, wenn diese geeignet ist, sein Ansehen, seine soziale Geltung oder sein berufliches Fortkommen zu beeinträchtigen *(BAG 14.09.1994 a.a.O.)*.

99 Eine **Abmahnung** des Arbeitgebers, welche in eine **elektronische Personalakte** aufgenommen wird, kann das Recht des Arbeitnehmers auf **informelle Selbstbestimmung** beeinträchtigen, welches ein Unterfall des allgemeinen Persönlichkeitsrechts ist *(BVerfG 15.12.1983 BVerfGE 65, 1; MünchArb/ Richardi § 10 Rz. 42; vgl. auch Fromm DB 1989, 1409, 1411)*.

IV. Ausgleich der Rechtspositionen

Spricht der Arbeitgeber eine **Abmahnung** aus, **kollidieren** damit zwangs- **100**
läufig seine geschützten **Rechtspositionen** auf freie Meinungsäußerung
bzw. freie unternehmerische Betätigung mit den Rechtspositionen des Arbeitnehmers auf freie Berufswahl und allgemeinen Persönlichkeitsschutz
(MünchKomm/Müller-Glöge § 611 BGB Rz. 410). **Keiner Rechtsposition**
kommt dabei der **Vorrang** zu. Eine Abmahnung ist nicht deshalb bereits
rechtswidrig, weil der Arbeitgeber sie ausspricht und mit ihr sein Recht auf
freie Meinungsäußerung ausübt; nicht jede Abmahnung ist aus der Personalakte zu entfernen, weil sie die Rechtspositionen des Arbeitnehmers beeinträchtigt.

Bei vielen Problemen, die sich im Zusammenhang mit der Abmahnung er- **101**
geben, stellt sich die zentrale Wertungsfrage, welches Gewicht man den jeweiligen Rechtspositionen des Arbeitgebers, insbes. der Meinungsfreiheit
einerseits und den grundrechtlich geschützten Positionen des Arbeitnehmers andererseits, insbes. dem allgemeinen Persönlichkeitsrecht, einräumt
*(vgl. BAG 15.01.1986 EzA § 611 BGB Fürsorgepflicht Nr. 39; BAG
14.09.1994 a.a.O.; MünchArb/Blomeyer § 95 Rz. 4)*. Die Abwägung hat
jeweils im Einzelfall zu erfolgen.

V. Gleichbehandlungsgrundsatz

In der betrieblichen Praxis berufen sich Arbeitnehmer, die eine Abmahnung **102**
erhalten haben, oftmals darauf, die Abmahnung sei bereits deshalb rechtswidrig, weil einem anderen Arbeitnehmer, der einen vergleichbaren Pflichtverstoß begangen hat, vom Arbeitgeber keine Abmahnung ausgehändigt
wurde. Sie rügen damit einen Verstoß gegen den Grundsatz der Gleichbehandlung, welcher bürgerrechtlicher Natur ist und auf demselben Rechtsgedanken wie Art. 3 Abs. 1 GG beruht *(MünchArb/Richardi § 14 Rz. 6;
MünchKomm/Müller-Glöge § 611 BGB Rz. 449)*.

Der **Gleichbehandlungsgrundsatz** (zur Entwicklung vgl. MünchArb/Rich- **103**
ardi § 14 Rz. 7) **verbietet** die **Schlechterstellung** einzelner Arbeitnehmer aus
sachfremden, d.h. nicht billigenswerten Gründen gegenüber anderen in
vergleichbarer Lage befindlichen Arbeitnehmern *(BAG 28.07.1992 EzA
§ 1 BetrAVG Gleichbehandlung Nr. 2; BAG 25.11.1993 EzA § 242 BGB
Gleichbehandlung Nr. 58; MünchArb/Richardi § 14 Rz. 1; Münch-
Komm/Müller-Glöge § 611 BGB Rz. 450 f.)*.

Für den **Gleichbehandlungsgrundsatz** ist indes im Rahmen des **Abmah- 104
nungsrechts** grundsätzlich **kein Raum** *(LAG Köln 12.05.1995 NZA-RR
1996, 204, 206)*.

105 Die Abmahnung ist die »Vorstufe« zur Kündigung *(Adam DB 1996, 476; KPK-Schiefer Teil G Rz. 2; s. bereits Rz. 28 f., 72)*. Der Anwendungsbereich des Gleichbehandlungsgrundsatzes kann im Recht der Abmahnung daher nicht weitergezogen werden als im Kündigungsrecht *(LAG Köln 12.05.1995 NZA-RR 1986, 204, 206)*.

106 Bei einer **Kündigung** ist der **Gleichbehandlungsgrundsatz** im allgemeinen **nicht anwendbar** *(BAG 22.02.1979 EzA § 103 BetrVG 1972 Nr. 23; BAG 28.04.1982 AP Nr. 3 zu § 2 KSchG; BAG 15.03.1990 RzK I 5i Nr. 60; v. Hoyningen-Huene § 1 KSchG Rz. 153; MünchKomm/Müller-Glöge § 611 BGB Rz. 453 »durchweg unerheblich«; KR-Friedrich § 13 KSchG Rz. 301; Buchner RdA 1970, 225 ff.; KR-Etzel § 1 KSchG Rz. 233; abw. Stahlhacke/Preis Rz. 96 ff.; MünchArb/Berkowsky § 133 Rz. 97 ff.)*. Es steht dem Arbeitgeber vielmehr in der Regel frei, dem einen Arbeitnehmer zu kündigen, dem anderen Arbeitnehmer aber nicht *(v. Hoyningen-Huene a.a.O.)*.

107 Eine nur **mittelbare Auswirkung** auf die ihm Rahmen einer Kündigung anzustellende Interessenabwägung kann der **Gleichbehandlungsgrundsatz** allerdings dann haben, wenn der Arbeitgeber bei gleicher Ausgangslage – gleichartigen Pflichtverletzungen – nicht allen beteiligten Arbeitnehmern kündigt und daraus zu schließen ist, daß es für ihn zumutbar ist, das Arbeitsverhältnis auch mit den gekündigten Arbeitnehmern fortzusetzen *(sog. herausgreifende Kündigung, BAG 15.03.1990 RzK I 5i Nr. 60; vgl. auch BAG 28.04.1992 a.a.O.; KR-Becker § 1 KSchG Rz. 154; v. Hoyningen-Huene § 1 KSchG Rz. 154)*.

108 Übertragen auf das Recht der Abmahnung bedeutet dies, daß an eine Unwirksamkeit der Abmahnung dann zu denken ist, wenn der Arbeitgeber bei gleicher Ausgangslage einen Arbeitnehmer abmahnt und einem anderen Arbeitnehmer eine solche Abmahnung nicht zukommen läßt. Diese unterschiedliche Behandlung muß allerdings zusätzlich zur Folge haben, daß für sie auch ansonsten, z.b. aufgrund eines früheren Verhaltens, kein billigenswerter Grund für eine unterschiedliche Behandlung vorhanden ist *(vgl. BAG 15.03.1990 RzK I 5i Nr. 60)*.

D Abmahnung und Personalakte

I. Begriff

Die **Personalakte im materiellen Sinne** stellt eine Sammlung von Urkunden **109** und Vorgängen dar, welche die persönlichen und dienstlichen Verhältnisse des Arbeitnehmers betreffen und in einem inneren Zusammenhang mit dem Arbeitsverhältnis stehen *(BAG 13.04.1988 EzA § 611 BGB Fürsorgepflicht Nr. 47; BAG 07.09.1988 EzA § 611 BGB Abmahnung Nr. 17; BAG 08.02.1989 ZTR 1989, 236; zum möglichen Inhalt im einzelnen H/S/G § 83 BetrVG Rz. 10 f.).*

Von den Personalakten im materiellen Sinne grenzt das BAG die **Personal-** **110** **akte im formellen Sinne** ab. Darunter sind Schriftstücke und Unterlagen zu verstehen, die der Arbeitgeber als Personalakte führt oder dieser als Bei-, Neben- oder Sonderakte zuordnet *(BAG 07.05.1980 ArbuR 1981, 124; gegen die Unterscheidung MünchArb/Blomeyer § 96 Rz. 1; Schaub § 148 I 1; GK-Wiese § 83 BetrVG Rz. 10; MünchKomm/Müller-Glöge § 611 BGB Rz. 408).*

II. Möglicher Inhalt

Die **Personalakte** soll ein möglichst **wahrheitsgemäßes** und **objektives Bild** **111** über die persönlichen und dienstlichen Verhältnisse des Arbeitnehmers geben. Vollständig muß sie in der Privatwirtschaft nicht sein *(MünchArb/Blomeyer § 96 Rz. 11; allg. H/S/G § 83 BetrVG Rz. 13; GK-Wiese § 83 BetrVG Rz 17; anders für den öffentlichen Dienst BAG 07.05.1980 ArbuR 1981, 124).*

Zu dem objektiven und wahrheitsgemäßen Bild der Personalakte tragen **112** auch schriftliche Beanstandungen bei *(LAG Hamm 16.04.1992 LAGE § 3 LohnfG Nr. 13; ArbG Mainz 07.11.1988 EzA § 611 BGB Abmahnung Nr. 6).* Die **Abmahnung** ist daher ebenfalls **in** die **Personalakte** aufzunehmen *(MünchArb/Blomeyer § 96 Rz. 4).*

113 Der **Arbeitgeber** ist **nicht** verpflichtet, **Personalakten** anzulegen und zu führen *(BAG 07.05.1980 ArbuR 1981, 124, 126; zust. H/S/G § 83 BetrVG Rz. 12; GK-Wiese § 83 BetrVG Rz. 16; MünchArb/Blomeyer § 96 Rz. 8)*. In der betrieblichen Praxis ist dies indes weithin üblich *(H/S/G § 83 BetrVG Rz. 12)*.

114 Entschließt sich der **Arbeitgeber** grundsätzlich zur Führung einer solchen Akte, **entscheidet** er frei darüber, in welcher **Form** er sie anlegt *(MünchArb/Blomeyer § 96 Rz. 8; GK-Wiese § 83 BetrVG Rz. 17)*. Er kann die Schriftstücke in einer Akte ablegen, die **Personalakte** in Karteiform führen, eine »elektronische« Personalakte anlegen oder die das Arbeitsverhältnis betreffenden Unterlagen auf andere Weise sammeln *(MünchArb/Blomeyer § 96 Rz. 8; GK-Wiese § 83 BetrVG Rz. 17)*.

III. Aufbewahrungspflicht

115 Für die in eine Personalakte aufgenommenen **Abmahnungen** besteht wie für alle anderen darin befindlichen Daten und Urkunden **keine uneingeschränkte Aufbewahrungspflicht** *(MünchArb/Blomeyer § 96 Rz. 17)*.

116 Eine Aufbewahrungspflicht kann sich jedoch aus dem Persönlichkeitsrecht des Arbeitnehmers ergeben *(MünchArb/Blomeyer § 96 Rz. 16)*. Grundsätzlich aufzubewahren sind Erklärungen des Arbeitnehmers, welche der Arbeitgeber auf dessen Verlangen nach § 83 Abs. 2 BetrVG zum Inhalt der Personalakte gemacht hat *(MünchArb/Blomeyer a.a.O.)*.

117 Eine Aufbewahrungspflicht ist ferner generell anzunehmen, wenn es sich um eine laufende Angelegenheit handelt; sie ist abzulehnen, wenn die Angelegenheit bereits abgeschlossen ist *(MünchArb/Blomeyer § 96 Rz. 16; GK-Wiese § 83 BetrVG Rz. 31; zur Aufbewahrungspflicht der Abmahnung nach Beendigung des Arbeitsverhältnisses vgl. im einzelnen Rz. 511 f.)*.

118 Der Arbeitgeber kann daher grundsätzlich eine Abmahnung, die er zum Inhalt der Personalakte des Arbeitnehmers gemacht hat, wieder entfernen und dadurch zurücknehmen, sofern nicht ausnahmsweise berechtigte Interessen des Arbeitnehmers entgegenstehen *(vgl. MünchKomm/Schwerdtner § 622 BGB Anh. Rz. 126; GK-Wiese § 83 BetrVG Rz. 31)*.

E Abmahnung und Datenschutz

I. Anwendungsbereich

Nimmt ein Arbeitgeber eine Abmahnung zur Personalakte, so kann sich **119**
auch **aus** dem **BDSG** ergeben, ob diese **Maßnahme** rechtmäßig ist *(BDSG
vom 27.01.1977 BGBl. 1977 I S. 201; Novellierung vom 20.12.1990
BGBl. 1990 I S. 2954).*

Die herkömmliche, **manuell geführte Personalakte** fällt im nicht öffentli- **120**
chen Bereich, d.h. in der Privatwirtschaft, nicht unter das BDSG, wenn sie
die übliche eindimensionale Ordnungsstruktur aufweist, d.h. chronolo-
gisch oder alphabetisch geordnet ist *(BAG 06.06.1984 AP Nr. 7 zu § 611
BGB Persönlichkeitsrecht; BAG 04.04.1990 AP Nr. 21 zu § 611 BGB
Persönlichkeitsrecht; MünchArb/Blomeyer § 97 Rz 12; GK-Wiese § 83
BetrVG Rz. 21; Kasseler HB/Striegan 2.10 Rz. 67; anders wenn sie durch
ein elektronisches Verfahren ausgewertet werden kann, vgl. § 3 Abs. 2
Satz 2 BDSG).*

Häufig wird in der betrieblichen Praxis die Personalakte aber nicht mehr **121**
manuell, sondern mit Hilfe von **elektronischen Personalinformationssyste-
men** geführt *(sog. elektronische Personalakte, MünchArb/Blomeyer § 97
Rz. 2 m.w.N.).*

Diese elektronischen Personalakten beinhalten entweder nur die Angaben, **122**
die für die Lohn- und Gehaltsabrechnung, öffentlich-rechtliche Auskunfts-
und Meldepflichten, die Einstellung und Versetzung von Arbeitnehmern,
ihre Beförderung und Leistung erforderlich sind *(sog. administrative Personalinformationssysteme MünchArb/Blomeyer § 97 Rz. 2; Schaub § 148
V 1a), oder sie verwalten darüber hinaus Daten, die für die Personalpla-
nung von Interesse sind (sog. dispositive Personalinformationssysteme,
ausf. MünchArb/Blomeyer § 97 Rz. 2).*

II. Speicherung der Abmahnung

123 Der Arbeitgeber bedarf **nicht** der **Einwilligung** des **Arbeitnehmers, wenn** er eine rechtmäßige **Abmahnung** in dessen elektronischer Personalakte **speichern** will *(zum Begriff des Speicherns s. § 3 Abs. 5 Satz 2 Nr. 1 BDSG; ausf. Kasseler HB/Striegan 2.10 Rz. 220 ff.).* Die Speicherung erfolgt im Rahmen der Zweckbestimmung des Vertragsverhältnisses und ist daher nach § 28 Abs. 1 Satz 1 Nr. 1 BDSG auch ohne Einverständnis des betroffenen Arbeitnehmers möglich *(Wohlgemuth Rz. 323 zur insoweit gleichlautenden früheren Regelung der §§ 23, 25 BDSG a.F.).*

124 Der Zweck eines Arbeitsverhältnisses ist der Austausch von Arbeitsleistung gegen Zahlung von Arbeitsentgelt. Dies ergibt sich aus § 611 BGB. Von daher entspricht es einem berechtigten Interesse des Arbeitgebers festzustellen, ob der Arbeitnehmer seine Leistung vertragsgemäß erbringt oder Grund zur Beanstandung gegeben hat *(vgl. BAG 11.03.1986 BB 1986, 1292 zur Speicherung von Krankheits- und Fehlzeiten).* Außerdem ist die Abmahnung eine Vorstufe zur Kündigung. Der Arbeitgeber muß im Rahmen einer – berechtigten – Kündigung auf sie zurückgreifen können, um bei einem weiteren pflichtwidrigen Verhalten die Kündigung auf sie stützen zu können *(Wohlgemuth Rz. 323; GK-Wiese § 83 BetrVG Rz. 27).* Tatsächlich ist damit die Speicherung einer Abmahnung in demselben Umfang zulässig, wie sie es außerhalb des Anwendungsbereichs des Bundesdatenschutzgesetzes ist *(vgl. Kasseler HB/Striegan 2.10 Rz. 233).*

125 Unerheblich ist, ob der Arbeitgeber die Personalakte auch auf herkömmliche Art und Weise – manuell – führen und damit ohne technische Hilfsmittel auf die Abmahnung zurückgreifen könnte. Es ist ein berechtigtes Interesse des Arbeitgebers, sich diejenigen Kenntnisse, die er berechtigterweise benötigt, in wirtschaftlich sinnvoller Weise schnell und kostengünstig zu beschaffen *(BAG 11.03.1986 BB 1986, 1292).*

III. Nutzen der Abmahnung

126 Einer **Einwilligung** des Arbeitnehmers **bedarf** der Arbeitgeber auch dann **nicht,** wenn er die Abmahnung **nutzen** will (zum Begriff s. § 3 Abs. 6 BDSG), um mit ihr z.b. eine Kündigung zu begründen. Das Nutzen der gespeicherten Abmahnung ist wie deren Speichern von der Zweckbestimmung des Arbeitsverhältnisses gedeckt und damit nach § 28 Abs. 1 BDSG unabhängig von der Zustimmung des Arbeitnehmers möglich.

IV. Benachrichtigung

Der **Arbeitgeber** ist grundsätzlich **verpflichtet**, den betroffenen Arbeitneh- **127**
mer nach § 33 Abs. 1 Satz 1 BDSG vor der erstmaligen Speicherung der
Abmahnung in der elektronischen Personalakte zu **benachrichtigen.**

Die Benachrichtigung umfaßt die Tatsache der Speicherung und die Art der **128**
gespeicherten Daten. Regelmäßig reicht es indes aus, dem Arbeitnehmer
mitzuteilen, daß zum erstenmal Daten über ihn gespeichert werden, wenn
eine summarische Angabe zur Art der Daten beigefügt ist *(Kasseler
HB/Striegan 2.10 Rz. 318; MünchArb/Blomeyer § 97 Rz. 41; weiterge-
hend Deubler CR 1991, 475, 476).*

Die **Benachrichtigungspflicht entfällt** u.a. dann nach § 33 Abs. 2 BDSG, **129**
wenn der Arbeitnehmer als der Betroffene bei einer Abmahnung auf andere
Weise von der Speicherung Kenntnis erlangt hat *(vgl. MünchArb/Blomeyer
§ 97 Rz. 41; Kasseler HB/Striegan 2.10 Rz. 319).* Eine Benachrichtigungspflicht soll im Arbeitsverhältnis regelmäßig entfallen, da davon ausgegangen werden kann, daß der Arbeitnehmer bereits Kenntnis von einer Speicherung hat *(Kasseler HB/Striegan 2.10 Rz. 319 m.w.N.).*

Der **Arbeitgeber** trägt allerdings das **Risiko** einer **Fehlbeurteilung.** Geht er **130**
irrtümlich davon aus, daß dem Arbeitnehmer die Speicherung bekannt ist,
und unterläßt er deshalb eine Benachrichtigung, läuft er Gefahr, wegen
Verstoßes gegen die Benachrichtigungspflicht den Tatbestand einer Ord-
nungswidrigkeit nach § 44 Abs. 1 Nr. 3 BDSG zu erfüllen. Es ist deshalb zu
empfehlen, in jedem Fall auf der schriftlichen Abmahnung bei einer beabsichtigten elektronischen Speicherung in einer Personalakte einen entsprechenden Hinweis aufzunehmen.

B Beispiel:

»Diese Abmahnung wird vollständig und vollinhaltlich in Ihrer elektronischen Personalakte gespeichert«.

Teil 3
Abmahnung in der betrieblichen Praxis

A Abmahnung durch den Arbeitgeber

I. Erfordernis einer Abmahnung

1. Erfordernis durch Tarifvertrag

Teilweise finden sich in **Tarifverträgen Regelungen**, die eine Kündigung **131** von einer vorherigen vergeblichen **Abmahnung** – oder Ermahnung – bei bestimmten Sachverhalten abhängig machen.

B Beispiel:

Nach § 20 Abs. 5 des allgemeinverbindlichen Rahmentarifvertrages für die gewerblichen Beschäftigten im Gebäudereiniger-Handwerk in der Bundesrepublik Deutschland vom 22.09.1995 kann dem/der Beschäftigten ohne Einhaltung der Kündigungsfrist gekündigt werden, wenn er/sie trotz schriftlicher Verwarnung Schwarzarbeit leistet oder im Falle der Arbeitsunfähigkeit einer Erwerbstätigkeit nachgeht.

Es ist **grundsätzlich zulässig**, in einem Tarifvertrag den Schutz des Arbeit- **132** nehmers gegenüber einer ordentlichen Kündigung des Arbeitgebers zu stärken *(vgl. Löwisch/Rieble § 1 TVG Rz. 560; KR-Etzel § 1 KSchG Rz. 27)*. Das Kündigungsschutzgesetz enthält keinen abschließenden Ausgleich zwischen den Interessen des Arbeitsplatzinhabers und des Arbeitslosen *(Löwisch/Rieble § 1 TVG Rz. 560)*. Der Arbeitgeber hat die tarifvertraglichen Vorgaben zu beachten, will er nicht in einem späteren gerichtlichen Verfahren die Unwirksamkeit einer Kündigung riskieren.

In einem Tarifvertrag kann auch das Recht zur außerordentlichen Kündi- **133** gung grds. durch das Erfordernis einer vorherigen Abmahnung – oder Ermahnung – eingeschränkt werden. Das Recht zur fristlosen Kündigung ist für beide Parteien des Arbeitsvertrages zwar zwingendes Recht. Es kann aber durch einen Tarifvertrag insoweit eingeschränkt werden, als es sich für den kündigenden Vertragspartner nicht um eine unzumutbare Erschwerung handelt *(BAG 08.08.1963 AP Nr. 2 zu § 626 BGB Kündigungserschwerung; Staudinger/Preis § 626 BGB Rz. 37; MünchArb/Wank § 117 Rz. 24; Löwisch/Rieble § 1 TVG Rz. 561; MünchKomm/Schwerdt-*

ner § 626 BGB Rz 70; a.A. Gamillscheg ArbuR 1981, 105). Auf diesem Hintergrund wird man indes den Tarifparteien lediglich für bestimmte einzelne Sachverhalte das Recht einräumen können, durch das Erfordernis einer vorherigen Abmahnung näher zu bestimmen, wo die Grenze der relativen Unzumutbarkeit liegt *(vgl. KR-Hillebrecht § 626 BGB Rz. 40).*

2. Erfordernis durch Betriebsvereinbarung

134 Ebenso wie es den Betriebspartnern möglich ist, ein Formerfordernis *(s. dazu Rz. 309 ff.)* für eine Abmahnung in einer **Betriebsvereinbarung** aufzustellen, können sie auch das Recht zur ordentlichen Kündigung für den Arbeitgeber in einer freiwilligen Betriebsvereinbarung einschränken. Sie können **regeln**, daß bestimmte näher bezeichnete Pflichtverletzungen erst dann zur Kündigung berechtigen, wenn eine vergebliche **Abmahnung** vorausgegangen ist *(vgl. H/S/G § 77 BetrVG Rz. 39; GK-Kreutz § 77 BetrVG Rz. 125).*

135 Das Recht zur fristlosen Kündigung kann allerdings auch durch eine Betriebsvereinbarung nicht unzumutbar eingeschränkt werden *(vgl. KR-Hillebrecht § 626 BGB Rz. 40; Staudinger/Preis § 626 BGB Rz. 38).*

3. Erfordernis durch individualrechtliche Vorgaben

136 In einem **Arbeitsvertrag** können die Vertragsparteien ebenfalls im Wege der Vertragsfreiheit das Recht zur ordentlichen Kündigung bei bestimmten Pflichtverletzungen von einer vorherigen vergeblichen **Abmahnung** abhängig machen. Sie sind indes nicht berechtigt, das Recht zur fristlosen Kündigung nach § 626 Abs. 1 BGB unzumutbar einzuschränken *(BAG 08.08.1963 AP Nr. 2 zu § 626 BGB Kündigungserschwerung; Staudinger/Preis § 626 BGB Rz. 41; KR-Hillebrecht § 626 BGB Rz. 40; Münch-Arb/Wank § 17 Rz. 24).*

137 Legt der **Arbeitgeber** in einem Arbeitsvertrag – oder in einer einseitigen Anweisung – fest, wie er auf bestimmte Pflichtverstöße des Arbeitnehmers reagieren will, so spricht dies dafür, daß er **sich** dadurch **selber bindet.** Er muß sich in einem konkreten Fall an das vereinbarte oder einseitig geregelte Verfahren halten *(BAG 25.04.1996 EzA § 1 KSchG Personenbedingte Kündigung Nr. 14).* Sieht ein Arbeitsvertrag oder eine Anweisung bei bestimmten Pflichtverstößen eine Abmahnung vor Ausspruch einer Kündigung vor, hat sich der Arbeitgeber folglich danach zu richten, will er nicht riskieren, in einem evtl. späteren gerichtlichen Verfahren zu unterliegen.

4. Fristgerechte Beendigungskündigung

Ist eine Abmahnung nicht bereits aufgrund von ausdrücklichen Regelungen in einem Tarifvertrag, in einer Betriebsvereinbarung oder aufgrund individualrechtlicher Vorgaben vor Ausspruch einer Kündigung generell erforderlich, ist im Einzelfall vor jeder Art von Kündigung zu prüfen, ob es ihrer bedarf.

a. Eingreifen des Kündigungsschutzgesetzes

Eine **Abmahnung** ist vor einer fristgerechten Beendigungskündigung des **138** Arbeitgebers regelmäßig nur dann **erforderlich, wenn** das **KSchG auf** diese **Kündigung anwendbar** ist *(MünchArb/Berkowsky § 133 Rz. 26; Münch-Komm/Schwerdtner § 622 BGB Anh. Rz. 108; Hunold BB 1986, 2050, 2052; v. Hoyningen-Huene RdA 1990, 193, 202; Falkenberg NZA 1988, 489, 491; Schaub NJW 1990, 873, 876; a.A. Pauly NZA 1995, 449, 450; wohl auch Krasshöfer-Pidde AuA 1993, 137, 138).*

aa. Kleinbetrieb

Das KSchG findet nach § 23 Abs. 1 Satz 2 KSchG nicht auf Betriebe jeder **139** Größe Anwendung. Während es bis zum 30.9.1996 nicht auf Betriebe mit fünf oder weniger Arbeitnehmern anwendbar war, ist die »Grenzzahl« der Arbeitnehmer durch Gesetz vom 25.09.1996 *(BGBl. 1996 I S. 1476)* ab dem 01.10.1996 auf zehn oder weniger Arbeitnehmer erhöht worden. Eine Übergangsregelung findet sich in § 23 Abs. 1 Satz 4 KSchG n.F.

Da die Arbeitsverhältnisse der Arbeitnehmer, die in solchen **Kleinbetrieben 140** beschäftigt sind, keinem besonderen Bestandsschutz unterliegen, ist eine **Abmahnung** vor einer ordentlichen Kündigung derartiger Arbeitnehmer **entbehrlich** *(MünchArb/Berkowsky § 133 Rz. 26; Hunold BB 1986, 2050, 2052; v. Hoyningen-Huene RdA 1990, 193, 202; Falkenberg NZA 1988, 489, 491; Schaub NJW 1990, 873, 876; a.A. Pauly NZA 1995, 449, 450; wohl auch Krasshöfer-Pidde AuA 1993, 137, 138).* Der Grund der Kündigung – verhaltens-, personen- oder betriebsbedingt *(vgl. § 1 Abs. 2 Satz 1 KSchG)* – ist unerheblich.

Das Erfordernis einer vergeblichen Abmahnung vor Ausspruch einer Kün- **141** digung ergibt sich auch nicht aus dem Verhältnismäßigkeitsgrundsatz (so aber Pauly NZA 1995, 449, 450). Das **Verhältnismäßigkeitsprinzip** ist kein eigenständiger Begründungsansatz für eine Abmahnung; er findet seine rechtliche Grundlage vielmehr in dem Rechtsgedanken der §§ 284, 326, 550, 553, 634, 635, 643, 651e Abs. 2 1053 BGB *(s. Rz. 48).* Danach ist regelmäßig eine Warnung vor einer einseitigen Vertragsauflösung erforderlich, um den Schuldner auf die Gefahr der Beendigung der Vertragsbeziehung hinzuweisen *(s. Rz.8 ff.).* Einer solchen Warnung des Arbeitnehmers bedarf es aber dann nicht, wenn die Kündigung, deren Vorstufe die Abmahnung ist, nach dem Willen des Gesetzgebers, wie im KSchG, bei Kleinbetrieben bis zur Grenze der Willkür möglich ist und dem Arbeitnehmer daher auf einen Bestand des Arbeitsverhältnisses ohnehin nicht vertrauen kann *(so ausdrücklich Schaub NJW 1990, 873, 876).*

142 Wenn den **Arbeitgeber in Kleinbetrieben** auch i.d.R. keine Obliegenheit trifft, den Arbeitnehmer vor Ausspruch einer ordentlichen Kündigung abzumahnen, so bedeutet dies nicht, daß er dazu nicht berechtigt ist. Das Recht zur Abmahnung ist ein Recht des Gläubigers, welches sich aus dem Arbeitsvertrag ergibt und unabhängig von zusätzlichen Voraussetzungen besteht *(MünchArb/Berkowsky § 133 Rz. 27; s. Rz. 39 f.)*.

143 Auch in **Kleinbetrieben** soll eine **Abmahnung** vor Ausspruch einer ordentlichen Kündigung indes **in Einzelfällen erforderlich** sein. Dies ist vor allen Dingen der Fall, wenn es gilt, einen vom Arbeitgeber geschaffenen Vertrauenstatbestand mit Hilfe der Abmahnung abzubauen *(Staudinger/Preis § 626 BGB Rz. 109; Gerhards BB 1996, 794, 796 f.)*. Beanstandet der Arbeitgeber z.b. ein pflichtwidriges Verhalten des Arbeitnehmers längere Zeit nicht, würde es gegen Treu und Glauben verstoßen, wenn er dann bei einer weiteren gleichartigen Pflichtverletzung ohne Abmahnung »aus heiterem Himmel« kündigt *(BAG 29.07.1976 DB 1976, 2356; Staudinger/Preis § 626 BGB Rz. 109; Gerhards BB 1996, 794, 796)*.

bb. Wartezeit

144 Einer **Abmahnung** bedarf es ferner regelmäßig **nicht vor** einer ordentlichen **Kündigung in** den **ersten sechs Monaten** eines Vertragsverhältnisses *(LAG Hamm 19.01.1988 NZA 1988, 554; MünchKomm/Schwerdtner § 622 BGB Anh. Rz. 108; Hunold BB 1986, 2050, 2052; v. Hoyningen-Huene RdA 1990, 193, 202; MünchArb/Berkowsky § 133 Rz. 26; Falkenberg NZA 1988, 489, 491; Schaub NJW 1990, 873, 876; Sibben NZA 1993, 583; a.A. Pauly NzA 1995 449, 450; Kittner/Trittin Einl. Rz. 93 bei Leistungsmängeln; wohl auch Krasshöfer-Pidde AuA 1990, 1993, 137, 138)*. Nach § 1 Abs. 1 KSchG greift das KSchG erst, wenn das Arbeitsverhältnis in demselben Betrieb oder Unternehmen ohne Unterbrechung länger als sechs Monate bestanden hat, so daß eine Abmahnung aus denselben Erwägungen wie bei einem Kleinbetrieb i. d. R. nicht erforderlich ist *(s. ausf. Rz. 138 f.)*.

145 In **Einzelfällen** soll **vor** einer **Kündigung in** den **ersten sechs Monaten** indes eine **Abmahnung erforderlich** sein, insbes. wenn sie notwendig ist, einen Vertrauenstatbestand zu beseitigen *(BAG 29.07.1976 DB 1976, 2356; Staudinger/Preis § 626 BGB Rz. 109; Gerhards BB 1996, 794, 796. vgl. im einzelnen Rz. 141 f.)*.

146 Es ist außerdem zu bedenken, daß eine Abmahnung in den ersten sechs Monaten eines Arbeitsverhältnisses nur dann regelmäßig entbehrlich ist, wenn auch die Kündigung in dieser Zeit erfolgt *(Hunold BB 1986, 2050, 2052)*. Der Zeitpunkt, in dem die Kündigung zugeht, entscheidet darüber, ob nach § 1 Abs. 1 KSchG das KSchG einschlägig ist, nicht der Zeitpunkt des Zugangs der Abmahnung. Ein Arbeitgeber, der nach einer Pflichtverletzung des Arbeitnehmers in den ersten sechs Monaten des Arbeitsverhältnisses nicht kündigen will, andererseits aber unsicher ist, ob er es in dieser Zeit nicht doch noch beendet, sollte das pflichtwidrige Verhalten »vorsorglich« abmahnen. Wird die arbeitgeberseitige Kündigung erst nach sechs Monaten wegen einer gleichartigen Pflichtverletzung ausgesprochen und fällt sie deshalb unter das KSchG, kann sich die Abmahnung nachträglich als erforderlich herausstellen *(MünchArb/Berkowsky § 133 Rz. 27; Hunold BB 1986, 2050, 2052).*

B Beispiel:

> Ein Arbeitnehmer nimmt am 01.02.1998 seine Tätigkeit bei seinem neuen Arbeitgeber auf. Am 15.07.1998 erwägt der Arbeitgeber aufgrund von Schlechtleistungen des Arbeitnehmers eine Kündigung. Erklärt er diese, kann sich der Arbeitnehmer in einem evtl. gerichtlichen Verfahren nicht erfolgreich darauf berufen, die Kündigung sei mangels Abmahnung nicht sozial gerechtfertigt, da das KSchG nach § 1 Abs. 1 KSchG keine Anwendung findet. Will der Arbeitgeber zu diesem Zeitpunkt nicht kündigen, sollte er den Arbeitnehmer abmahnen. Begeht der Arbeitnehmer nämlich z.b. Ende August eine weitere Schlechtleistung und kündigt der Arbeitgeber dann dem Arbeitnehmer, muß die Kündigung auf entsprechenden Antrag vom Gericht auf ihre soziale Rechtfertigung hin überprüft werden, da zum Zeitpunkt der Kündigung der Arbeitnehmer länger als sechs Monate betriebszugehörig ist. In diesem Zusammenhang wird es dann u.a. darauf ankommen, ob der Arbeitnehmer zuvor ordnungsgemäß vergeblich abgemahnt wurde.

cc. Probearbeitsverhältnis

Vereinbaren Arbeitgeber und Arbeitnehmer ein Probearbeitsverhältnis **147** oder eine **Probezeit, besagt** dies allein noch **nichts** darüber, **ob** eine **Abmahnung** vor Ausspruch einer Kündigung **erforderlich** ist *(Beckerle/Schuster Rz. 65; v. Hoyningen-Huene RdA 1990, 193, 202; a.A. Kittner/Trittin Einl. Rz. 93; nicht eindeutig BAG 15.08.1984 EzA § 1 KSchG Nr. 40).*

Es widerspricht nicht der Zielsetzung einer vereinbarten Probezeit, dem **148** Arbeitnehmer zu kündigen, ohne ihn vorher vergeblich abgemahnt zu haben *(so aber Kittner/Trittin Einl. Rz. 93; nicht eindeutig BAG 15.08.1984 EzA § 1 KSchG Nr. 40).* Eine Probezeit wird vereinbart, um den Arbeitsvertragsparteien eine leichtere Lösung gegenüber einem endgültigen Arbeitsverhältnis zu ermöglichen *(BAG 15.08.1984 EzA § 1 KSchG Nr. 40).* Es entspricht diesem Zweck, wenn der Gesetzgeber für das Probearbeitsverhältnis in § 622 Abs. 3 BGB mit zwei Wochen eine kürzere Kündigungsfrist vorsieht als in § 622 Abs. 1 BGB mit vier Wochen zum Fünfzehnten oder zum Monatsende für das »normale« Arbeitsverhältnis.

Dieser Zweck würde in sein Gegenteil verkehrt, wollte man beim Probearbeitsverhältnis für das Erfordernis einer Abmahnung strengere Maßstäbe anlegen als bei einem normalen Arbeitsverhältnis.

149 **Entscheidend** ist, ob **auf** eine **Kündigung**, die während einer Probezeit dem Arbeitnehmer zugeht, das **KSchG Anwendung** findet oder nicht *(Beckerle/ Schuster Rz. 65; v. Hoyningen-Huene RdA 1990, 193, 202)*. Dementsprechend ist bei einer Kündigung während einer Probezeit, die nicht länger als die in § 1 Abs. 1 KSchG vorgesehene Wartezeit ist, eine Abmahnung regelmäßig entbehrlich *(s. Rz. 142)*, während sie bei einer sechs Monate übersteigenden Probezeit regelmäßig erforderlich ist, sofern es sich nicht um einen Kleinbetrieb handelt *(s. Rz. 138)*.

b. Verhaltensbedingte Kündigung

150 **Vertragsverletzungen** können sowohl den **Leistungsbereich** *(vgl. nur BAG 18.05.1994 EzA § 611 BGB Abmahnung Nr. 31; BAG 26.01.1995 EzA § 1 KSchG Verhaltensbedingte Kündigung Nr. 46)*, als auch den **Vertrauens-** *(vgl. nur BAG 14.02.1996 EzA § 626 n.F. BGB Nr. 160; BAG 04.06.1997 FA 1997, 13 = NZA 1997, 1281)* oder den **betrieblichen Bereich** betreffen *(vgl. nur BAG 12.07.1984 EzA § 102 BetrVG 1972 Nr. 57; BAG 12.03.1997 § 102 BetrVG 1972 Nr. 71)*.

151 Das BAG bestimmt für jeden dieser Bereiche gesondert, ob eine Abmahnung erforderlich ist *(vgl. nur BAG 09.03.1995 BB 1996, 434; BAG 26.01.1995 EzA § 1 KSchG Verhaltensbedingte Kündigung Nr. 46; zust. Hunold BB 1986, 2050, 2052 f.)*.

152 Die **Differenzierung** nach den verschiedenen Bereichen ist nach einer jüngeren Rechtsprechung des BAG indes nur von **eingeschränktem Wert** *(BAG 04.06.1997 FA 1997, 13 = NZA 1997, 1281; i.Erg. ebenso Staudinger/Preis § 626 BGB Rz. 17; MünchKomm/Schwerdtner § 622 BGB Anh. Rz. 116; v. Hoyningen-Huene RdA 1990, 193, 200; Kasseler HB/Isenhardt 1.3 Rz. 501)*. Aus der Zuordnung einer Pflichtverletzung zu einem bestimmten Störbereich ergibt sich regelmäßig nicht zwangsläufig, ob eine Abmahnung erforderlich ist oder nicht *(BAG 04.06.1997 FA 1997, 13 = NZA 1997, 1281; ebenso Staudinger/Preis § 626 BGB Rz. 17; Münch-Komm/Schwerdtner § 622 BGB Anh. Rz. 116; v. Hoyningen-Huene RdA 1990, 193, 200; Walker NZA 1995, 601, 604; Gerhards BB 1996, 794, 795)*. Es ist oftmals zudem gar nicht möglich, genau zu bestimmen, in welchen Bereich eine Störung fällt *(Walker NZA 1995, 601, 604)*.

aa. Leistungsbereich

153 Unter Störungen im **Leistungsbereich** werden zunächst alle **Störungen** im Bereich der **gegenseitigen Hauptpflichten** aus dem Arbeitsvertrag verstanden *(BAG 12.07.1984 EzA § 102 BetrVG 1972 Nr. 57; MünchArb/Wank*

§ 117 Rz. 60). Derartige Hauptpflichten sind nach *§* 611 BGB die Arbeitspflicht des Arbeitnehmers sowie die Vergütungspflicht des Arbeitgebers *(BAG 12.07.1984 EzA § 102 BetrVG 1972 Nr. 57; MünchArb/Wank § 117 Rz. 60).*

Zum **Leistungsbereich** zählen **ferner** einzelne **Nebenpflichten,** welche die- **154** sen Bereich berühren und vom Arbeitnehmer ein bestimmtes Verhalten verlangen *(MünchArb/Wank § 117 Rz. 60).* Es handelt sich dabei z.b. um die unverzügliche Anzeige einer Arbeitsunfähigkeit oder um ein genesungsgerechtes Verhalten während einer Arbeitsunfähigkeit. Das BAG bezeichnet sie als »Verhaltenspflichten« *(BAG 10.11.1988 EzA § 611 BGB Abmahnung Nr. 18; BAG 17.02.1994 EzA § 611 BGB Abmahnung Nr. 30; BAG 18.05.1994 EzA § 611 BGB Abmahnung Nr. 31).* Sie gestalten die Hauptverpflichtung des Arbeitnehmers zur Arbeitsleistung und geben ihr den konkreten Inhalt *(Schaub § 53 I 3).*

(1) Hauptpflichten

Bei der **Verletzung** einer **Hauptpflicht** ist nach Ansicht des BAG in der **155** Regel vor Ausspruch einer Kündigung eine **Abmahnung erforderlich** *(BAG 10.11.1988 EzA § 611 BGB Abmahnung Nr. 18; BAG 26.01.1995 EzA § 1 KSchG Verhaltensbedingte Kündigung Nr. 46; BAG 13.06.1996 EzA § 1 KSchG Verhaltensbedingte Kündigung Nr. 48; zust. KR-Etzel § 1 KSchG Rz. 229; KR-Hillebrecht § 626 BGB Rz. 100b; Krasshöfer-Pidde AuA 1993, 266).*

Eine **Abmahnung** ist daher besonders bei folgenden **Fallgruppen** regel- **156** mäßig vor Ausspruch einer Kündigung **bedeutsam:**

➤ **Arbeitsverweigerung**
Weigert sich der Arbeitnehmer ohne rechtfertigenden Grund, die von ihm vertraglich geschuldete Arbeitsleistung zu erbringen, begeht er eine sog. Arbeitsverweigerung *(KR-Etzel § 1 KSchG Rz. 417).* Eine solche Arbeitsverweigerung rechtfertigt eine ordentliche Kündigung i.d.r. erst nach einer vorherigen Abmahnung *(BAG 24.05.1989 EzA § 611 BGB Direktionsrecht Nr. 3; BAG 17.02.1994 EzA § 611 BGB Abmahnung Nr. 30; BAG 09.05.1996 AP Nr. 5 zu § 273 BGB; BAG 21.11.1996 AP Nr. 130 zu § 626 BGB; zust. KR-Etzel § 1 KSchG Rz. 417).*

➤ **Unberechtigtes Fehlen**
Erscheint ein Arbeitnehmer ohne rechtfertigenden Grund nicht zur Arbeit, erbringt er ebenfalls die von ihm geschuldete Arbeitsleistung nicht und verletzt damit seine Hauptpflicht aus dem Arbeitsvertrag *(BAG 17.01.1991 EzA § 1 KSchG Verhaltensbedingte Kündigung Nr. 37).* Eine darauf gestützte Kündigung ist in der Regel nur sozial gerechtfertigt, wenn ihr eine entsprechende vergebliche Abmahnung vorausgegangen ist *(BAG 09.08.1984 EzA § 1 KSchG Verhaltensbedingte Kündi-*

*gung Nr. 11; BAG 21.05.1987 DB 1987, 2367; KR-Etzel § 1 KSchG
Rz. 423).*

In der Praxis wird in Abmahnungen häufig von einem »unentschuldigten Fehlen« gesprochen. Diese Formulierung ist indes mißverständlich. Mit ihr kann auch gemeint sein, daß der Arbeitnehmer, z.b. aufgrund einer Arbeitsunfähigkeit, berechtigt war, der Arbeit fernzubleiben, es allerdings versäumt hat, seinen Arbeitgeber von seinem berechtigten Fernbleiben rechtzeitig zu benachrichtigen *(zur Bedeutung dieses Unterschieds s. im einzelnen Rz. 492).* Besser ist es, von einem »unberechtigten Fehlen« oder von einem »Fehlen ohne rechtfertigenden Grund« zu reden.

Täuscht der Arbeitnehmer vor, für sein Fehlen einen rechtfertigenden Grund zu haben, legt er z.b. eine erschlichene Arbeitsunfähigkeitsbescheinigung vor oder macht er falsche Angaben auf Zeiterfassungskarten, überwiegt der Vertrauensverstoß, so daß von einer Störung im Vertrauensbereich und nicht im Leistungsbereich ausgegangen wird *(vgl. BAG 13.08.1987 RzK I 5i Nr.31).*

➤ **Verspätetes Erscheinen am Arbeitsplatz**
Kommt der Arbeitnehmer ohne rechtfertigenden Grund unpünktlich zur Arbeit, erbringt er gleichfalls einen Teil der von ihm vertraglich geschuldeten Arbeitsquantität pflichtwidrig nicht. Es bedarf daher auch in einem solchen Fall grds. einer vorherigen Abmahnung *(BAG 13.03.1987 EzA § 611 BGB Abmahnung Nr. 5; BAG 23.09.1992 EzA § 1 KSchG Verhaltensbedingte Kündigung Nr. 44; BAG 27.02.1997 EzA § 1 KSchG Verhaltensbedingte Kündigung Nr. 51; LAG Hamm 08.10.1997 BB 1998, 275; KR-Etzel § 1 KSchG Rz. 427).*

➤ **Vorzeitiges Verlassen des Arbeitsplatzes**
Ebenso ist bei einem rechtswidrigen vorzeitigen Verlassen des Arbeitsplatzes, z.b. wegen der Beteiligung an einer rechtswidrigen Arbeitsniederlegung, eine Abmahnung erforderlich *(BAG 12.01.1988 EzA Art. 9 GG Arbeitskampf Nr. 73; KR-Etzel Rz. 422).* Der Arbeitnehmer leistet nicht die von ihm geschuldete Arbeitszeit.

➤ **Arbeitsunterbrechung ohne rechtfertigenden Grund**
Bei einer Arbeitsunterbrechung ohne rechtfertigenden Grund ist ebenfalls i.d.R. eine vergebliche Abmahnung vor Ausspruch der Kündigung erforderlich *(LAG Berlin 18.01.1988 LAGE § 626 BGB Nr. 31 – Kartenspielen während der Arbeitszeit –; abw. LAG Frankfurt/M. 06.12.1983 – 4 Sa 221/82 – Schlafen während der Schicht).*

➤ **Leistungsmängel**
Bei einem Leistungsmangel ist die Schlechtleistung von der Minderleistung zu unterscheiden. Bei einer Schlechtleistung ist die vom Arbeit-

nehmer erbrachte Arbeitsleitung nicht von der von ihm geschuldeten Qualität, bei einer Minderleistung erbringt er hingegen nicht die geschuldete Quantität *(BAG 17.03.1988 EzA § 626 n.F. BGB Nr. 116; s. ausf. KR-Etzel Rz. 431).*

In beiden Fällen entspricht die erbrachte Arbeitsleistung nicht der geschuldeten Arbeitsleistung, so daß der Arbeitnehmer jeweils gegen seine Hauptpflicht aus dem Arbeitsvertrag verstößt. Eine ordentliche Kündigung bedarf daher auch insoweit regelmäßig einer vorherigen Abmahnung *(BAG 29.07.1976 EzA § 1 KSchG Nr. 34; BAG 15.08.1984 EzA § 1 KSchG Nr. 40; BAG 24.09.1987 RzK I 10 f. Nr. 4; BAG 18.11.1986 EzA § 611 BGB Abmahnung Nr. 4; LAG Hamm 16.08.1985 LAGE § 1 KSchG Verhaltensbedingte Kündigung Nr. 6; LAG Köln 31.03.1987 ArbuR 1988, 56; KR-Etzel Rz. 422).*

(2) Nebenpflichten (Verhaltenspflichten)

Verletzt der Arbeitnehmer eine **Verhaltenspflicht**, muß der Arbeitgeber eben- **157** falls vor Ausspruch einer Kündigung regelmäßig eine **Abmahnung aussprechen**, will er nicht in einem evtl. späteren Kündigungsschutzprozeß unterliegen *(vgl. nur BAG 16.09.1982 – 2 AZR 266/80 – n.v.; BAG 23.09.1992 EzA § 1 KSchG Verhaltensbedingte Kündigung Nr. 44; BAG 30.05.1996 EzA § 611 BGB Abmahnung Nr. 34; zust. Krasshöfer-Pidde AuA 1993, 266; KR-Etzel § 1 KSchG Rz. 229; KR-Hillebrecht § 626 BGB Rz. 100b).*

Eine **Abmahnung** ist daher regelmäßig bei folgenden Pflichtverletzungen **158** erforderlich:

➤ unterlassene Anzeige einer Nebentätigkeit *(BAG 30.05.1996 EzA § 611 BGB Abmahnung Nr. 34)*;

➤ Verweigerung einer Vorsorgeuntersuchung *(LAG Düsseldorf 31.05.1996 BB 1996, 2099)*;

➤ falsche Bekleidung *(LAG Hamburg 27.06.1984 AiB 1985, 93)*;

➤ unterbliebene oder verspätete Anzeige einer Arbeitsunfähigkeit *(BAG 07.12.1988 EzA § 1 KSchG Verhaltensbedingte Kündigung Nr. 26; BAG 31.08.1989 EzA § 1 KSchG Verhaltensbedingte Kündigung Nr. 27; BAG 16.08.1991 EzA § 1 KSchG Verhaltensbedingte Kündigung Nr. 41; BAG 23.09.1992 EzA § 1 KSchG Verhaltensbedingte Kündigung Nr. 44; LAG Köln 12.11.1993 LAGE § 1 KSchG Verhaltensbedingte Kündigung Nr. 40; KR-Etzel Rz. 455 f.)*;

➤ unterbliebene oder verspätete Anzeige der Fortdauer einer Arbeitsunfähigkeit *(BAG 07.12.1988 EzA § 1 KSchG Verhaltensbedingte Kündigung Nr. 26; LAG Köln 01.06.1995 LAGE § 611 BGB Abmahnung Nr. 42)*;

➤ genesungswidriges Verhalten *(BAG 20.10.1983 – 2 AZR 286/82 – n.v.; BAG 26.08.1993 EzA § 626 n.F. BGB Nr. 148; KR-Etzel Rz. 462);*

➤ unerlaubte Nebentätigkeit *(BAG 15.03.1990 RzK 5i Nr. 60; LAG Köln 07.01.1993 EzA § 626 n.F. BGB Nr. 150; KR-Etzel 467);*

➤ Beeinträchtigung der Arbeitsleistung durch Alkoholgenuß *(LAG Nürnberg 13.07.1987 LAGE § 1 KSchG Verhaltensbedingte Kündigung Nr. 19; LAG Nürnberg 11.07.1994 DB 1994, 2456; LAG Hamm 15.12.1989 LAGE § 1 KSchG Verhaltensbedingte Kündigung Nr. 26; LAG Hamm 11.11.1996 LAGE § 1 KSchG Verhaltensbedingte Kündigung Nr. 56; a.A. BAG 04.06.1997 FA 1997, 13 = NZA 1997, 1281, das bei einer außerdienstlichen Fahrt eines Zugfahrers einer Untergrund-Bahn mit Unfallfolge eine Störung des Vertrauensbereichs annimmt; vgl. ausf. KR-Etzel Rz. 408 ff.).*

(3) Entbehrlichkeit der Abmahnung

159 Die Rechtsprechung hat indes bei **Störungen im Leistungsbereich** in Einzelfällen eine **Abmahnung** vor einer Kündigung als entbehrlich angesehen. Kennzeichnend für alle Fallgestaltungen ist, daß besondere Umstände vorgelegen haben, aufgrund derer die Abmahnung nicht als erfolgversprechend angesehen werden konnte *(vgl. BAG 18.05.1994 EzA § 611 BGB Abmahnung Nr. 31; BAG 26.01.1995 EzA § 1 KSchG Verhaltensbedingte Kündigung Nr. 46; BAG 04.06.1997 FA 1997, 13 = NZA 1997, 1281; LAG Hamm 22.10.1996 NZA 1997, 769).* Die Abmahnung erfüllt hier ihre **Warnfunktion** nicht, da auch ohne sie bereits die Wahrscheinlichkeit besteht, daß der Arbeitnehmer nicht zu einem vertragsgerechten Verhalten zurückkehrt *(BAG 26.01.1995 EzA § 1 KSchG Verhaltensbedingte Kündigung Nr. 46; LAG Hamm 25.06.1985 LAGE § 1 KSchG Verhaltensbedingte Kündigung Nr. 5).*

(a) Besonders schwere Pflichtverletzung

160 Besonders schwere Pflichtverstöße des Arbeitnehmers **bedürfen keiner** vorherigen **Abmahnung.** Bei ihnen kann der Arbeitnehmer von vornherein nicht mit einer Billigung seines Verhaltens rechnen. Er muß sich außerdem bei derartigen Pflichtverletzungen bewußt sein, daß er seinen Arbeitsplatz aufs Spiel setzt *(BAG 12.07.1984 EzA § 102 BetrVG 1972 Nr. 57; BAG 26.08.1993 EzA § 626 n.F. BGB Nr. 148; BAG 25.04.1996 EzA § 626 n.F. BGB Nr. 161; BAG 24.04.1997 AP Nr. 27 zu § 611 BGB Kirchendienst; LAG Köln 26.08.1986 EzA § 611 BGB Abmahnung Nr. 3; LAG Köln 02.07.1987 LAGE § 611 BGB Abmahnung Nr. 11; LAG Hamm 17.11.1989 EzA § 626 n.F. BGB Nr. 125; LAG Hamm 22.10.1996 NZA 1997, 769; zust. Walker NZA 1995, 601, 604; Krasshöfer-Pidde AuA 1993, 266; Bock ArbuR 1987, 217, 219; MünchArb/Berkowsky § 133 Rz.*

10; *Hueck/v. Hoyningen-Huene § 1 KSchG Rz. 286; vgl. auch Bitter/Kiel RdA 1995, 26, 35).*

Eine besonders schwere bzw. grobe **Pflichtverletzung** kann z.b. vorliegen, **161** wenn

➤ einem gehobenen Angestellten, der eine besondere Verantwortung übernommen hat, ein einmaliges fahrlässiges Versehen unterläuft, dieses Versehen geeignet war, einen besonders **schweren Schaden** herbeizuführen und der Arbeitgeber das Seine getan hat, die Möglichkeiten für ein solches Versehen und seine Folgen einzuschränken *(BAG 04.07.1991 RzK I 6a Nr. 73)*;

➤ ein Arbeitnehmer, der eine **Arbeitsunfähigkeitsbescheinigung** vorgelegt hat und vom Arbeitgeber Entgeltfortzahlung erhält, während dieser Arbeitsunfähigkeit nachts schichtweise einer Vollzeitbeschäftigung unter teilweise erschwerten Arbeitsbedingungen nachgeht *(BAG 26.08.1993 EzA § 626 n.F. BGB Nr.148; vgl. auch LAG Hamm 02.02.1995 LAGE § 626 BGB Nr. 88)*;

➤ der Arbeitnehmer eigenmächtig einen **Erholungsurlaub** antritt *(LAG Hamm 25.06.1985 LAGE § 1 KSchG Verhaltensbedingte Kündigung Nr. 5)*;

➤ ein Arbeitnehmer mit einem Lkw seines Arbeitgebers mit schwerer Schuld einen Verkehrsunfall verursacht, bei dem ein **großer Schaden** entsteht *(LAG Köln 26.08.1986 EzA § 611 BGB Abmahnung Nr. 3; so auch Hueck/v. Hoyningen-Huene § 1 KSchG Rz. 286a)*;

➤ ein Arbeitnehmer als Fahrer eines Sattelschleppers vergißt, den Sattelanhänger ordnungsgemäß zu verriegeln, und es dadurch während der Fahrt zu einem großen Schaden kommt *(LAG Köln 02.07.1987 LAGE § 611 BGB Abmahnung Nr. 11)*;

➤ ein Kranführer eine vorsätzliche Pflichtverletzung begeht, die zu einer erheblichen Gefährdung des Lebens und der Gesundheit der auf der Baustelle beschäftigten Arbeitnehmer sowie des Eigentums des Arbeitgebers führt *(LAG Hamm 17.11.1989 EzA § 626 BGB Nr. 125)*;

➤ ein Kranführer wiederholt gegen Unfallverhütungsvorschriften verstößt *(LAG Schleswig-Holstein 17.09.1986 RzK I 5i Nr. 20)*;

➤ Mitarbeiter sexuell belästigt werden und eine Abmahnung nicht ausreicht, eine Fortsetzung der sexuellen Belästigungen mit der gebotenen Sicherheit zu unterbinden *(LAG Hamm 22.10.1996 NZA 1997, 769; betrifft auch den Vertrauensbereich)*.

Eine besonders schwere Pflichtverletzung wurde in der Rechtsprechung **162** indes z.B. **verneint** bei einem Omnibusfahrer, der sich innerhalb von nur zwei Tagen zweimal rücksichtslos im **Straßenverkehr** verhalten hat *(BAG 09.05.1996 EzA § 1 KSchG Personenbedingte Kündigung Nr. 14)*.

(b) Fehlender Wille zu einem vertragstreuen Verhalten

163 Eine **Abmahnung** kann ebenfalls **nicht erforderlich** sein, wenn der **Arbeitnehmer** eindeutig **nicht gewillt** ist, sich künftig **vertragstreu** zu verhalten *(BAG 26.01.1995 EzA § 1 KSchG Verhaltensbedingte Kündigung Nr.46; zust. Walker NZA 1995, 601, 604; Bock ArbuR 1987, 217, 219; Heinze S. 63, 78; Hueck/v. Hoyningen-Huene § 1 KSchG Rz. 285; vgl. auch Bitter/Kiel RdA 1995, 26, 35)*. Der Arbeitgeber muß trotz einer Abmahnung mit weiteren erheblichen Pflichtverletzungen rechnen. Sie ist daher nicht erfolgversprechend und folglich überflüssig *(BAG 26.01.1995 EzA § 1 KSchG Verhaltensbedingte Kündigung Nr. 46)*.

164 Sie kann daher regelmäßig z. B. bei folgenden Fallgestaltungen unterbleiben:

➤ Mehr als einjährige hartnäckige Weigerung, einer Anordnung des Arbeitgebers nachzukommen *(BAG 18.05.1994 EzA § 611 BGB Abmahnung Nr. 31; zust. Hueck/v. Hoyningen-Huene § 1 KSchG Rz. 286a)*;

➤ Erklärung des Arbeitnehmers, Abmahnungen seien ihm völlig egal, auch wenn sie in beliebiger Anzahl erklärt würden *(LAG Köln 04.11.1994 – 13 Sa 550/94 – n.v.)*;

➤ Erklärung des Arbeitnehmers, er werde eine neue Abmahnung, wie schon alle anderen, in den Papierkorb werfen *(LAG Rheinland-Pfalz 12.03.1986 –2 Sa 1064/85 – n.v.)*;

➤ Arbeitnehmer zeigt sich uneinsichtig, als er sich zum Pflichtverstoß gegenüber dem Arbeitgeber einläßt *(LAG Hamm 26.01.1995 LAGE § 1 KSchG Verhaltensbedingte Kündigung Nr. 47)*;

➤ mehrfache sexuelle Belästigung *(LAG Hamm 22.10.1996 NZA 1997, 769, diese Pflichtverletzung betrifft auch den Vertrauensbereich; so auch Hueck/v. Hoyningen-Huene § 1 KSchG Rz. 286a)*.

(c) Fehlende Steuerungsfähigkeit

165 Mit der Abmahnung bezweckt der Arbeitgeber, den Arbeitnehmer zu einem vertragsgerechten Verhalten in der Zukunft zu veranlassen. Deshalb droht er in der Abmahnung regelmäßig mit Kündigung des Arbeitsverhältnisses, wenn der Arbeitnehmer sich – weiter – vertragswidrig verhält.

166 Die Abmahnung bzw. die in ihr enthaltene Warnfunktion setzt damit denknotwendig voraus, daß der **Arbeitnehmer** überhaupt in der Lage ist, sein Verhalten zu ändern. **Kann** er hingegen das in der Abmahnung beanstandete **Verhalten nicht** willkürlich **steuern**, d.h. nicht abstellen, erweist sich die **Abmahnung** als sinnlos *(BAG 11.03.1986 EzA § 87 BetrVG 1972*

Kontrolleinrichtung Nr. 15; BAG 12.03.1986 RzK I Nr. 10; zust. Walker NZA 1995, 601, 604; Schmid NZA 1985, 409, 412; Heinze S. 63, 78; KR-Hillebrecht § 626 BGB Rz. 99d).

Dies kann insbes. der Fall sein, wenn   **167**

➤ der Arbeitnehmer krankhaft alkoholabhängig ist *(BAG 26.01.1995 EzA § 1 KSchG Verhaltensbedingte Kündigung Nr. 46),*
oder

➤ seine Leistungsfähigkeit krankhaft beeinträchtigt ist *(BAG 29.05.1985 RzK I 1 Nr. 7).*

(d) Zusammenfassung

Im Einzelfall ist in der Praxis regelmäßig **schwer einzuschätzen, ob** einer der   **168** **Ausnahmetatbestände** gegeben ist, der eine Abmahnung ausnahmsweise entbehrlich macht. Für den Arbeitgeber dürfte kaum zuverlässig zu beurteilen sein, ob die Abmahnung den Arbeitnehmer bewegen kann, zu einem vertragstreuen Verhalten zurückzukehren. Ferner ist für ihn unsicher, ob ein Gericht die Schwere einer Pflichtverletzung ebenso beurteilen wird wie er. Bei Störungen im Leistungsbereich wird man daher im Zweifelsfall eine Abmahnung vor Ausspruch einer Kündigung empfehlen müssen.

bb. Vertrauensbereich

Der **Vertrauensbereich** umfaßt das persönliche Vertrauen und die gegensei-   **169** tige Achtung zwischen Arbeitgeber und Arbeitnehmer als Vertragspartner *(MünchArb/Wank § 117 Rz. 69).* In erster Linie ist die charakterliche Seite des Arbeitnehmers angesprochen und nicht sein Wille zur Arbeitsausführung oder sein Leistungsvermögen *(LAG Köln 10.06.1994 LAGE § 611 BGB Abmahnung Nr. 37).*

(1) Bisherige Rechtslage

(a) Entbehrlichkeit der Abmahnung als Grundsatz

In der **Vergangenheit** hat das **BAG** zunächst betont, daß bei Pflichtverlet-   **170** zungen im **Vertrauensbereich** eine **Abmahnung** regelmäßig **nicht erforderlich** *(BAG 04.04.1974 AP Nr. 1 zu § 626 BGB Arbeitnehmervertreter im Aufsichtsrat; BAG 30.11.1978 AP Nr. 1 zu § 64 SeemG; BAG 05.11.1992 ArbuR 1993, 124)* bzw. nur ausnahmsweise erforderlich ist *(BAG 22.05.1980 – 2 AZR 577/78 -; BAG 13.06.1996 EzA § 1 KSchG Verhaltensbedingte Kündigung Nr. 48; BAG 13.03.1997 NJ 1997, 606 »nach bisheriger Rechtsprechung«; zust. Schmid NZA 1985, 409, 412 f.; Burger DB 1992, 836, 837; a.A. Hueck/v. Hoyningen-Huene § 1 KSchG Rz. 283; KR-Hillebrecht § 626 BGB Rz. 99c; Gerhards BB 1996, 794, 795).*

171 Auf dem Hintergrund dieser Vorgaben kann eine Abmahnung z.B. in folgenden Fällen entbehrlich sein:

➤ Diebstahl *(BAG 17.05.1984 EzA § 626 n.F. BGB Nr. 90; BAG 20.09.1984 EzA § 1 KSchG Verhaltensbedingte Kündigung Nr. 14; BAG 13.12.1984 EzA § 626 n.F. BGB Nr. 94; BAG 31.07.1986 RzK I 8c Nr. 10; BAG 16.10.1986 RzK 6d Nr. 5; zust. für alle Straftaten Krasshöfer-Pidde AuA 1993, 266; a.A. für Bagatelldelikte KR-Hillebrecht § 626 BGB Rz. 100).*
Der Wert der entwendeten Gegenstände spielte für die Frage, ob eine Abmahnung erforderlich war, keine Rolle. So war eine Abmahnung auch entbehrlich bei dem Diebstahl eines Stücks Bienenstich *(BAG 17.05.1984 EzA § 626 n.F. BGB Nr. 90)*; je einer Packung Waschlotion und Zahnpasta, eines Herrenhemdes, eines Binders und eines Schals *(BAG 20.09.1984 EzA § 1 KSchG Verhaltensbedingte Kündigung Nr. 14)*; 20 Liter Benzin *(BAG 13.12.1984 EzA § 626 n.F. BGB Nr. 94)*.

➤ Verdachtskündigung *(Beckerle/Schuster Rz. 23)*
Der Arbeitgeber ist allerdings gehalten, den Arbeitnehmer vor Ausspruch einer **Verdachtskündigung** zu den vorliegenden Verdachtsmomenten zu hören. Unterläßt er dies, ist die Verdachtskündigung allein aus diesem Grund sozial nicht gerechtfertigt *(vgl. nur BAG 11.04.1985 AP Nr. 39 zu § 102 BetrVG 1972; ausf. zur Verdachtskündigung KR-Etzel Rz. 478 ff.)*;

➤ Aufforderung an Mitarbeiter, die eingewiesen und zu einer einwandfreien Leistung angehalten werden sollen, langsamer zu arbeiten *(BAG 12. 09.1985 RzK I 5i Nr. 13)*;

➤ bewußt unrichtige Angaben in einer Zeiterfassungskarte *(BAG 13.08.1987 RzK I 5i Nr. 31; LAG Hamm 20.02.1986 DB 1986, 1338)* oder Arbeitskarte *(LAG Niedersachsen 18.10.1994 LAGE § 1 KSchG Verhaltensbedingte Kündigung Nr. 44)*;

➤ Anschwärzen des Arbeitgebers bei öffentlichen Institutionen und Behörden, jedenfalls dann, wenn es sich bei den beanstandeten Zuständen – entgegen der Annahme des Arbeitnehmers – gar nicht um Gesetzeswidrigkeiten und Anstößigkeiten handelt und der Arbeitnehmer dies durch eine – unterlassene – rechtskundige Beratung hätte feststellen können *(LAG Köln 10.06.1994 LAGE § 626 BGB Nr. 78)*;

➤ zweckwidrige Verwendung von Geldern *(BAG 07.11.1991 – 2 AZR 190/91 – n.v.)*;

➤ diffamierende Vergleiche mit der NS-Zeit *(BAG 09.08.1990 RzK I 5i Nr. 63; so auch Hueck/v. Hoyningen-Huene § 1 KSchG Rz. 286a)* bzw. rechtsradikale *(ArbG Frankfurt 28.01.1993 ArbuR 1993, 415)* und **ausländerfeindliche Äußerungen** *(BAG 05.11.1992 ArbuR 1993, 124)*;

➤ **homosexuelle Betätigung** eines Psychologen des Diakonischen Werks im außerdienstlichen Bereich *(BAG 30.06.1983 EzA § 1 KSchG Tendenzbetrieb Nr. 14)*;

➤ **vorgetäuschter Personalkauf** *(LAG Hamm 26.01.1995 LAGE § 1 KSchG Verhaltensbedingte Kündigung Nr. 47)*;

➤ **Geschlechtsverkehr** eines Arztes mit einer Patienten im Bereitschaftszimmer des Krankenhauses *(BAG 18.10.1990 RzK III 2a Nr. 18, die Pflichtverletzung betrifft auch den Betriebsbereich)*;

➤ **sexuelle Belästigung** *(BAG 09.01.1986 EzA § 626 BGB n.F. Nr. 98; LAG Hamm 22.10.1996 LAGE § 4 BeschG Nr. 1)*;

➤ Verstoß gegen **Konkurrenzverbot** *(BAG 21.11.1996 FA 1997, 27 = EzA § 626 BGB n.F. Nr. 162; LAG Rheinland-Pfalz 26.06.1986 CR 1989, 624; LAG Frankfurt/M. 06.11.1986 LAGE § 1 KSchG Verhaltensbedingte Kündigung Nr. 10)*;

➤ Androhen einer **Arbeitsunfähigkeit** *(BAG 05.11.1992 EzA § 626 BGB n.F. Nr. 143; LAG Hamm 23.05.1984 DB 1985, 49)*;

➤ Verstoß gegen **Schmiergeldverbot** *(LAG Köln 04.01.1984 DB 1984, 1101)*;

➤ unbefugter Einblick in fremde **Personalakten** und **Gehaltsunterlagen** *(ArbG Marburg 27.05.1994 BB 1995, 259)*;

➤ **Wettbewerbshandlungen** des Arbeitnehmers während des Arbeitsverhältnisses *(BAG 25.04.1991 EzA § 626 n.F. BGB n.F. Nr. 140)*.

(b) Erfordernis als Ausnahme

Eine **Abmahnung** war nach Ansicht der Rechtsprechung bisher lediglich **172** ausnahmsweise bei Störungen im **Vertrauensbereich erforderlich.** Im wesentlichen konnte sie z.b. notwendig sein, wenn

➤ der Arbeitnehmer mit vertretbaren Gründen annehmen konnte, sein Verhalten sei nicht vertragswidrig *(BAG 17.05.1984 § 626 n.F. BGB Nr. 90; BAG 12.09.1985 RzK I 5i Nr. 13; BAG 09.01.1986 EzA § 626 n.F. BGB Nr. 98; BAG 05.11.1992 ArbuR 1993, 124; BAG 07.10.1993 EzA § 611 BGB Kirchliche Arbeitnehmer Nr. 40; BAG 14.02.1996 EzA § 626 n.F. BGB Nr. 160; zust. Krasshöfer-Pidde AuA 1993, 266; Schmid NZA 1985, 409, 412 f.)*,

oder

➤ er mit vertretbaren Gründen annehmen konnte, sein (Fehl-) Verhalten werde vom Arbeitgeber zumindest nicht als ein erhebliches, den Bestand des Arbeitsverhältnisses gefährdendes Fehlverhalten angesehen *(BAG*

17.05.1984 EzA § 626 n.F. BGB Nr. 90; BAG 18.11.1986 EzA § 611
BGB Abmahnung Nr. 4; BAG 05.11.1992 ArbuR 1993, 124; BAG
07.10.1993 EzA § 611 BGB Kirchliche Arbeitnehmer Nr. 40; BAG
09.03.1995 BB 1996, 434; zust. Krasshöfer-Pidde AuA 1993, 266;
Schmid NZA 1985, 409, 413).

173 Soweit der Arbeitnehmer damit rechnen konnte, sein Verhalten werde von
seinem Arbeitgeber gebilligt, soll eine Kündigung des Arbeitgebers ohne
vorhergehende Abmahnung ein **widersprüchliches Verhalten** darstellen
und bereits deshalb unwirksam sein *(Bock ArbuR 1987, 217, 219; s. auch*
BAG 29.07.1976 EzA § 1 KSchG Nr. 34).

(2) Neuere Rechtslage

(a) Erfordernis der Abmahnung als Grundsatz

174 In einer **neueren Entscheidung** betont nunmehr das **BAG** allerdings ausdrücklich, es halte an seiner Ausgangsrechtsprechung, nach der eine Abmahnung bei Störungen im Vertrauensbereich grds. nicht erforderlich ist
(s. Rz. 168), nicht mehr fest *(BAG 04.06.1997 FA 1997, 13 = NZA 1997,*
1281, 1283). **Vor jeder Kündigung** – und damit auch bei einer verhaltensbedingten Kündigung, die auf einer Pflichtverletzung im Vertrauensbereich
beruht –, müsse **geprüft** werden, ob eine **Abmahnung erforderlich** ist *(BAG*
04.06.1997 FA 1997, 13 = NZA 1997, 1281; ebenso KR-Hillebrecht § 626
BGB Rz. 99c; Kasseler HB/Isenhardt 1.3 Rz. 501; Gerhards BB 1996,
794, 795; Falkenberg NZA 1988, 489, 490 f.). Eine **Abmahnung** soll auch
bei Störungen im **Vertrauensbereich** jedenfalls dann vor der Kündigung des
Arbeitnehmers **notwendig** sein, wenn

➤ es um ein **steuerbares Verhalten** des Arbeitnehmers geht *(BAG*
04.06.1997 FA 1997, 13 = NZA 1997, 1281; ebenso bereits KR-Hille-
brecht § 626 BGB Rz. 99c) und

➤ eine Wiederherstellung des Vertrauens erwartet werden kann *(BAG*
04.06.1997 FA 1997, 13 = NZA 1997, 1281; vgl. auch BAG
04.06.1997 NZA 1997, 1158; ebenso bereits KR-Hillebrecht § 626
BGB Rz. 99c; krit. MünchArb/Berkowsky § 133 Rz. 10). Entsprechend
§ 326 Abs. 2 BGB ist dann eine Abmahnung entbehrlich. Das BAG hat
deshalb z.B. bei einer außerdienstlichen Fahrt eines Zugfahrers einer
Untergrund-Bahn mit Unfallfolge eine Abmahnung vor Ausspruch einer
fristgerechten bzw. fristlosen Kündigung als notwendig angesehen.
(BAG 04.06.1997 FA 1997,13 = NZA 1997, 1281; vgl. auch Münch-
Arb/Berkowsky § 133 Rz. 24 f.).

(b) Entbehrlichkeit als Ausnahme

Eine **Abmahnung** hält die Rechtsprechung nun **nur** noch für **entbehrlich,** 175
wenn im Einzelfall **besondere Umstände** vorgelegen haben, aufgrund derer
sie als nicht erfolgversprechend angesehen werden kann *(vgl. BAG
04.06.1997 FA 1997,13 = NZA 1997, 1281; i.Erg. ebenso bereits KR-
Hillebrecht § 626 BGB Rz. 99d f.).*

Setzt ein Arbeitnehmer seine **Vertragsverletzungen** hartnäckig und unein- 176
sichtig **fort,** obwohl er die Vertragswidrigkeit seines Verhaltens kennt, ist er
eindeutig nicht gewillt, sich vertragsgerecht zu verhalten. Liegen derartige
besondere Umstände vor, machen sie eine Abmahnung entbehrlich, weil sie
nicht erfolgversprechend ist *(BAG 04.06.1997 FA 1997,13 = NZA 1997,
1281; so bereits KR-Hillebrecht § 626 BGB Rz. 99d).*

Entbehrlich ist sie ferner, wenn der Arbeitnehmer nicht in der Lage ist, sein 177
Verhalten zu ändern, weil er es **nicht steuern** kann *(BAG 04.06.1997
a.a.O.; ebenso bereits KR-Hillebrecht § 626 BGB Rz. 99d; s. Rz. 164).*

Nicht erforderlich ist sie ferner, wenn mit einer **Wiederherstellung** des Ver- 178
trauens nicht gerechnet werden kann *(vgl. Heinze S. 63, 78; vgl. ausf. Rz.
158 ff., 161 ff.).*

(3) Zusammenfassung

Nimmt man an, daß letztere Ausnahme insbes. dann vorliegt, wenn der Ar- 179
beitnehmer eine besonders schwere oder eine besonders grobe Pflichtverletzung im **Vertrauensbereich** begangen hat, greifen bei einer Störung in
diesem Bereich dieselben Ausnahmetatbestände ein wie bei Störungen im
Leistungsbereich *(s. ausf. Rz. 151 ff.).* Beide Bereiche weisen im Gegensatz
zur früheren Rechtsprechung keine Besonderheiten beim Abmahnungserfordernis mehr auf. Die Differenzierung nach verschiedenen Störbereichen
ist nur noch von eingeschränktem Wert *(so ausdrücklich BAG 04.06.1997
FA 1997,13 = NZA 1997, 1281, 1284).*

Entscheidend dürfte **zukünftig** allein sein, ob und inwieweit das vertrags- 180
widrige Verhalten alleine geeignet ist, eine **negative Zukunftsprognose** für
das Arbeitsverhältnis zu begründen *(Preis NZA 1997, 1073, 1076 f.; Kasseler HB/Isenhardt 1.3 Rz. 501; vgl. bereits MünchKomm/Schwerdtner
§ 622 BGB Anh. Rz. 113, 116).* Insbes. bei einer einmaligen Pflichtverletzung kann nach der neueren Rechtsprechung unabhängig von dem Bereich,
in dem sich die Störung auswirkt, eine Vermutung für das Erfordernis einer
Abmahnung bestehen *(vgl. bereits Gerhards BB 1996, 794, 795).*

Es bestehen allerdings Zweifel, ob sich an der bisherigen Rechtsprechung 181
im Ergebnis viel ändern wird *(i.Erg. bereits KR-Hillebrecht § 626 BGB Rz.
100).* Insbes. bei Straftaten und sonstigen **schweren** oder hartnäckigen
Pflichtverletzungen des Arbeitnehmers über einen längeren Zeitraum wird

man mit einer Wiederherstellung des Vertrauens kaum rechnen können, so daß zumindest bei derartigen Störungen des **Vertrauensbereichs** auch weiterhin eine Abmahnung entbehrlich ist *(vgl. BAG 04.06.1997 NZA 1997, 1158; Falkenberg NZA 1988, 489; Pauly NZA 1995, 449, 451; a.A. für Bagatelldelikte Preis NZA 1997, 1073, 1077; Schaub NZA 1997, 1185, 1186; KR-Hillebrecht § 626 BGB Rz. 100; s. auch Burger DB 1992, 836, 837).* Das BAG sieht z.b. eine Abmahnung weiter für nicht erforderlich an, wenn der Arbeitnehmer ein schweres Vermögensdelikt begeht *(BAG 04.06.1997 NZA 1997, 1158).*

182 Dem Arbeitgeber muß auf dem Hintergrund der geänderten Rechtsprechung für die betriebliche Praxis allerdings geraten werden, wie bei einer Störung im Leistungsbereich auch bei einer Störung im Vertrauensbereich im Zweifel dem Arbeitnehmer eine Abmahnung vor Ausspruch einer Kündigung zu erteilen. Ihr Stellenwert für die Wirksamkeit einer Kündigung ist erhöht worden *(Preis DB 1997, 1074, 1077 »Kurskorrektur«; vgl. bereits Tschöpe NZA 1990, Beil. 2 S. 10 »praktisch eine unverzichtbare Voraussetzung«; i.Erg ebenso Hueck/v. Hoyningen-Huene § 1 KSchG Rz. 283).* Andernfalls läuft der Arbeitgeber Gefahr, in einem evtl. späteren Kündigungsschutzverfahren allein deshalb zu unterliegen, weil eine vorherige Abmahnung fehlt.

cc. Betriebsbereich

183 Der **Betriebsbereich** betrifft das Verhalten der Arbeitnehmer untereinander im Betrieb *(BAG 12.03.1987 EzA § 102 BertrVG Nr. 71; Münch-Arb/Wank § 117 Rz. 81; KR-Etzel § 1 KSchG Rz. 449).* Er ist auch betroffen, wenn der Betriebsfrieden gestört wird *(BAG 03.02.1993 – 5 AZR 200/92 – n.v.; KR-Etzel § 1 KSchG Rz. 449).*

(1) Entbehrlichkeit der Abmahnung als Grundsatz

184 Begeht der Arbeitnehmer eine Pflichtverletzung, die dem **Betriebsbereich** zuzuordnen ist, bedarf es nach der **bisherigen Rechtsprechung** grds. keiner **Abmahnung** vor Ausspruch einer Kündigung *(BAG 12.07.1984 EzA § 102 BetrVG 1972 Nr. 57; BAG 12.03.1987 EzA § 102 BetrVG 1972 Nr. 71; BAG 31.03.1993 EzA § 626 BGB Ausschlußfrist Nr. 5).* Der Arbeitnehmer weiß von vornherein, daß der Arbeitgeber ein derartiges Fehlverhalten mißbilligt *(BAG 31.03.1993 EzA § 626 BGB Ausschlußfrist Nr. 5).*

185 Insbes. bei folgenden Pflichtverletzungen kann eine **Abmahnung** vor Ausspruch einer Kündigung **entbehrlich** sein:

➤ **Tätlichkeiten** unter Arbeitskollegen *(BAG 12.07.1984 EzA § 102 BetrVG 1972 Nr. 57 – Schlag in das Gesicht -; BAG 12.03.1987 EzA § 102 BetrVG 1972 Nr. 71; BAG 31.03.1993 EzA § 626 BGB Ausschlußfrist Nr. 5; BAG 24.10.1996 ArbuR 1997, 83; LAG Hamm*

29.07.1994 LAGE § 1 KSchG Verhaltensbedingte Kündigung Nr. 43; LAG Schleswig-Holstein 24.09.1986 RzK I 5i Nr. 21; KR-Etzel § 1 KSchG Rz. 476; Hueck/v. Hoyningen-Huene § 1 KSchG Rz. 286a);
➤ **Beleidigungen** *(BAG 06.02.1997 ArbuR 1997, 210; BAG 12.07.1984 EzA § 102 BetrVG 1972 Nr. 57; LAG Frankfurt 13.02.1984 NZA 1984, 200; KR-Etzel § 1 KSchG Rz. 476; Hueck/v. Hoyningen-Huene § 1 KSchG Rz. 286a; abw. LAG Köln 18.04.1997 BB 1997, 2056, nicht bei sog. Formalbeleidigungen ohne Tatsachenhintergrund).*

(2) Erfordernis als Ausnahme

Eine **Abmahnung** ist indes nach **bisheriger** höchstrichterlicher **Rechtspre- 186 chung ausnahmsweise** dann **erforderlich,** wenn der Arbeitgeber zum einen damit rechnen kann, daß die Abmahnung zu einem vertragsgemäßen Verhalten des Arbeitnehmers in der Zukunft führt, und das Arbeitsverhältnis außerdem durch die Vertragsverletzung noch nicht zu stark belastet ist *(BAG 12.07.1984 EzA § 102 BetrVG 1972 Nr. 57; BAG 12.03.1987 EzA § 102 BetrVG 1972 Nr. 71; BAG 31.03.1993 EzA § 626 BGB Ausschluß-frist Nr. 5).*

(3) Tendenz der Rechtsprechung

In einer **neueren Entscheidung** betont das BAG nunmehr allerdings, daß 187 das Erfordernis einer **Abmahnung** bei **jeder Kündigung** zu **prüfen** ist, die wegen eines **steuerbaren Verhaltens** des Arbeitnehmers oder aus einem Grund in seiner Person ausgesprochen wurde, den er durch sein steuerbares Verhalten beseitigen kann *(BAG 04.06.1997 FA 1997, 13 = NZA 1997, 1281).* Der Sachverhalt betraf zwar eine Störung im Vertrauensbereich. Das Gericht neigt allerdings wohl dazu, auch bei einer Pflichtverletzung, die den Betriebsbereich betrifft, entgegen seiner ursprünglichen Rechtsprechung grds. von einem Abmahnungserfordernis auszugehen. Darauf deuten die allgemein gehaltenen Ausführungen zum Erfordernis einer Abmahnung hin *(vgl. BAG 04.06.1997 FA 1997, 13 = NZA 1997, 1281; s. bereits KR-Hillebrecht § 626 BGB Rz. 99c).*

Das Regel-/Ausnahmeverhältnis wäre dann umgekehrt. Während es bisher 188 Fallgestaltungen gab, die bei einer Störung im Betriebsbereich nach der bisheriger Rechtsprechung eine Abmahnung ausnahmsweise erforderlich gemacht haben *(s. Rz. 184),* würden dann Fallgestaltungen existieren, die bei einem grds. Abmahnungserfordernis eine Abmahnung ausnahmsweise entbehrlich machen.

Eine **Abmahnung** wäre dann **entbehrlich,** wenn 189

➤ der Arbeitnehmer sein Verhalten **nicht steuern** kann *(vgl. BAG 04.06.1997 FA 1997, 13 = NZA 1997, 1281; s. bereits BAG 12.07.1984*

EzA § 102 BetrVG 1972 Nr. 57; so auch bereits KR-Hillebrecht § 626 BGB Rz. 99d);

B **Beispiel:**

Ein Arbeitnehmer hat einen epileptischen Anfall und schlägt währenddessen Arbeitskollegen in das Gesicht

➤ der Arbeitgeber nicht damit rechnen kann, daß die Abmahnung zu einem vertragsgemäßen Verhalten des Arbeitnehmers in der Zukunft führt, und das Arbeitsverhältnis außerdem durch die Vertragsverletzung noch nicht zu stark belastet ist *(BAG 12.07.1984 EzA § 102 BetrVG 1972 Nr. 57; BAG 12.03.1987 EzA § 102 BetrVG 1972 Nr. 71; BAG 31.03.1993 EzA § 626 BGB Ausschlußfrist Nr. 5; so auch bereits KR-Hillebrecht § 626 BGB Rz. 99d);*

➤ der Arbeitnehmer einen besonders schweren Vertragsverstoß, der den Betriebsfrieden stört, begangen hat. Er kann in diesem Fall mit einer Billigung seines Verhaltens von vornherein nicht rechnen. Ferner muß er sich bewußt sein, daß er seinen Arbeitsplatz aufs Spiel setzt *(BAG 21.07.1984 EzA § 102 BetrVG 1972 Nr. 57; so auch bereits KR-Hillebrecht § 626 BGB Rz. 99e).*

(4) Zusammenfassung

190 Bisher ist nicht erkennbar, ob sich die Rechtsprechung i.Erg. ändern wird, wenn eine Abmahnung auch im Betriebsbereich entgegen der Ausgangsrechtsprechung vom BAG zukünftig regelmäßig für erforderlich gehalten wird. Dem Arbeitgeber ist für die betriebliche Praxis allerdings zu empfehlen, in Zweifelsfällen wie bei Pflichtverletzungen im Vertrauens- oder Leistungsbereich auch bei einer Pflichtverletzung, die den Betriebsbereich betrifft, eine Abmahnung auszusprechen.

c. Personenbedingte Kündigung

191 Eine **Abmahnung kann** nach Ansicht des BAG auch vor einer fristgerechten **personenbedingten Kündigung erforderlich** sein *(BAG 30.09.1993 EzA § 99 BetrVG 1972 Nr. 118; BAG 13.06.1996 EzA § 1 KSchG Verhaltensbedingte Kündigung Nr. 48; BAG 13.03.1997 NJ 1997, 606; zust. Schaub NZA 1997, 1185, 1186; Walker 1995, 601, 604; a.A. MünchKomm/Schwerdtner § 622 BGB Anh. Rz. 115; Hueck/v. Hoyningen-Huene § 1 KSchG Rz. 285).*

192 Eine **personenbedingte Kündigung** liegt nach § 1 Abs. 2 KSchG vor, wenn sie durch Gründe bedingt ist, die in der Person des Arbeitnehmers liegen. Derartige Gründe sind insbes. Krankheit und fehlende Eignung des Arbeitnehmers für die geschuldete Arbeitsleistung *(s. ausf. zu den möglichen personenbedingten Kündigungsgründen Kasseler HB/Isenhardt 1.3 Rz. 447 ff.).*

Entscheidend ist, ob der Arbeitnehmer in der Lage ist, sein **Verhalten zu** **193**
steuern *(KR-Etzel § 1 KSchG Rz. 228; Schaub NZA 1997, 1185, 1186;*
MünchArb/Berkowsky § 133 Rz. 8, 23). Nur wenn ihm dies möglich ist,
kann die Abmahnung ihren Zweck erfüllen, künftig ein vertragstreues Verhalten des Arbeitnehmers zu erreichen *(BAG 13.06.1996 EzA § 1 KSchG*
Verhaltensbedingte Kündigung Nr. 48; Schaub NZA 1997, 1185, 1186).

aa. Krankheit

Bei einer **Krankheit** vermag der Arbeitnehmer an seinem Zustand nichts zu **194**
ändern. Er begeht keine Pflichtverletzung *(Becker-Schaffner BB 1995,*
2526, 2528; KR-Hillebrecht § 626 BGB Rz. 100a). Eine **Abmahnung** ist
folglich **sinnlos**; ihrer bedarf es daher vor Ausspruch einer Kündigung, die
auf krankheitsbedingte Fehlzeiten gestützt wird, nicht *(LAG Düsseldorf*
06.03.1986 EzA § 611 BGB Fürsorgepflicht Nr. 42; Schaub NZA 1997,
1185, 1186).

Ebenso ist eine **Abmahnung entbehrlich,** wenn dauernde gesundheitliche **195**
Beeinträchtigungen zu **nicht behebbaren Leistungsmängeln** geführt haben
(BAG 18.01.1980 EzA § 1 KSchG Verhaltensbedingte Kündigung Nr. 7;
vgl. auch BAG 27.11.1985 EzA § 611 BGB Fürsorgepflicht Nr. 38, zust.
Hunold BB 1986, 2050, 2053; Falkenberg NZA 1988, 489, 490; Pauly
NZA 1995, 449, 451).

bb. Fehlende Eignung

Fälle mangelnder Eignung liegen vor, wenn dem Arbeitnehmer objektive **196**
Voraussetzungen oder subjektive Eigenschaften fehlen, die erforderlich
sind, die vertraglich geschuldete Leistung zu erbringen *(LAG Hamm*
29.02.1996 ARST 1996, 163).

Eine **Abmahnung** ist regelmäßig **erforderlich, wenn** ein **Mangel** in der Eig- **197**
nung des Arbeitnehmers vorliegt, der von diesem **behoben werden kann**
(BAG 15.08.1984 EzA § 1 KSchG Nr. 40; BAG 30.09.1993 EzA § 99
BetrVG 1972 Nr. 118; BAG 13.06.1996 EzA § 1 KSchG Verhaltensbe-
dingte Kündigung Nr. 48; BAG 13.03.1997 NJ 1997, 606; zust. KR-Hille-
brecht § 100a; Schaub NZA 1997, 1185, 1186; Walker 1995, 601, 604;
teilweise werden diese Fallgestaltungen zu den verhaltensbedingten Kündi-
gungsgründen gezählt, vgl. LAG Hamm 29.02.1996 ARST 1996, 163).

Dies hat die Rechtsprechung z.b. angenommen, wenn **198**

➤ einem Konzertmeister die erforderlichen Führungseigenschaften fehlen
(BAG 29.07.1976 EzA § 1 KSchG Nr. 34);

➤ ein Orchestermusiker Eignungsmängel im »subjektiv-künstlerischen«
Bereich aufweist *(BAG 15.08.1984 EzA § 1 KSchG Nr. 40; zust. Wal-*
ker NZA 1995, 601, 604).

199 Kann der Arbeitnehmer den **Eignungsmangel nicht beheben**, ist eine **Abmahnung sinnlos**, da mit ihr keine Änderung erreicht werden kann *(KR-Hillebrecht § 626 BGB Rz. 100a)*.

200 Ein solcher nicht behebbarer Eignungsmangel, der eine Abmahnung entbehrlich macht, kann z.b. vorliegen, wenn

➤ eine katholische Lehrerin, die an einem katholischen Missionsgymnasium beschäftigt ist, einen geschiedenen Mann heiratet *(BAG 31.10.1984 EzA § 1 KSchG Tendenzbetrieb Nr. 16)*;

➤ eine Ärztin, die an einem katholischen Krankenhaus beschäftigt ist, aus der Kirche austritt *(BAG 12.12.1984 EzA § 1 KSchG Tendenzbetrieb Nr. 17)*;

➤ eine 1. Hornistin sog. Ansatzschwierigkeiten aufweist, die sich im tonalen Bereich auswirken und nicht behebbar sind *(LAG Brandenburg 21.03.1994 BB 1994, 2282)*;

➤ ein Kirchenbediensteter in gehobener Position Ehebruch begeht *(BAG 24.04.1997 AP Nr. 27 zu § 611 BGB Kirchendienst, wobei allerdings ein verhaltensbedingter Kündigungsgrund angenommen wird)*.

d. Betriebsbedingte Kündigung

201 Eine betriebsbedingte Kündigung liegt nach § 1 Abs. 2 Satz 1 KSchG vor, wenn sie durch dringende betriebliche Erfordernisse bedingt ist, die einer Weiterbeschäftigung des Arbeitnehmers entgegenstehen *(ausf. zur betriebsbedingten Kündigung KR-Etzel § 1 KSchG Rz. 484 ff.)*. Der Arbeitgeber baut mit ihrer Hilfe einen Überhang an Arbeitsplätzen ab, welcher durch innerbetriebliche- oder außerbetriebliche Faktoren entstanden ist. Innerbetriebliche Faktoren stellen z. B. eine Betriebseinschränkung oder die Einführung neuer Fertigungsmethoden dar *(vgl. im einzelnen KR-Etzel § 1 KSchG Rz. 489 ff.)*, wohingegen es sich bei außerbetrieblichen Faktoren beispielsweise um einen Auftragsmangel handeln kann *(KR-Etzel § 1 KSchG Rz. 486)*.

202 Vor Ausspruch einer **betriebsbedingten Kündigung** ist generell **keine Abmahnung** erforderlich *(KR-Etzel § 1 KSchG Rz. 228; Krasshöfer-Pidde AuA 1993, 137, 138; Walker NZA 1995, 601, 604; Pauly NZA 1995, 449, 451; einschränkend Schaub NZA 1997, 1185, 1186)*. Die Ursache der betriebsbedingten Kündigung liegt nicht wie bei einer verhaltens- oder personenbedingten Kündigung im persönlichen Bereich des Arbeitnehmers, sondern im Einflußbereich des Arbeitgebers *(KR-Etzel § 1 KSchG Rz. 484; Pauly NZA 1995, 449, 451)*. Er entzieht sich dem steuerbaren Verhalten des Arbeitnehmers *(Walker NZA 1995, 601, 604; Pauly NZA 1995, 449, 451)*.

Eine Abmahnung ist auch entbehrlich, wenn ein Arbeitnehmer nicht bereit **203** ist, sich fortzubilden, um an seinem Arbeitsplatz, der sich z.B. durch die Einführung neuer Technologien wie EDV usw. geändert hat, weiter beschäftigt werden zu können *(a.a. Schaub NZA 1997, 1185, 1186)*. Im Vordergrund steht die Entscheidung des Arbeitgebers, den bisherigen Arbeitsplatz nicht beizubehalten. Diese betriebliche Entscheidung kann der Arbeitnehmer durch sein Verhalten nicht steuern. Eine Abmahnung ist daher sinnlos.

e. Mischtatbestände

Betrifft ein **Sachverhalt**, auf den eine Kündigung gestützt wird, nicht nur **204** den verhaltens-, personen- oder betriebsbedingten Bereich, sondern **mehrere Gebiete** gleichzeitig, liegt ein sog. **Mischtatbestand** vor *(BAG 29.05.1985 RzK I 1 Nr. 7; BAG 21.11.1985 EzA § 1 KSchG Nr. 42; LAG Köln 29.06.1987 EzA § 1 KSchG Verhaltensbedingte Kündigung Nr. 21; v. Hoyningen-Huene RdA 1990, 193, 199 f.; KR-Hillebrecht § 626 BGB Rz. 121c; Beckerle/Schuster Rz. 12)*.

Das Erfordernis einer Abmahnung bestimmt sich nach dem Bereich, aus **205** dem die **primäre Störquelle** kommt *(BAG 21.11.1985 EzA § 1 KSchG Nr. 42; LAG Köln 29.06.1987 EzA § 1 KSchG Verhaltensbedingte Kündigung Nr. 21; KR-Etzel § 1 KSchG Rz. 256; Hueck/v. Hoyningen-Huene § 1 KSchG Rz. 174)*.

Begeht ein Arbeitnehmer Pflichtverletzungen, die mit einem Alkoholkon- **206** sum im Zusammenhang stehen, kann eine verhaltensbedingte oder personenbedingte Kündigung in Betracht kommen *(BAG 09.04.1987 EzA § 1 KSchG Krankheit Nr. 18; LAG Köln 29.06.1987 EzA § 1 KSchG Verhaltensbedingte Kündigung Nr. 21)*.

Liegt die Störquelle in der Person des Arbeitnehmers, ist eine Abmahnung **207** grds. entbehrlich (vgl. Rz. 189 ff.). Steht hingegen das Verhalten des Arbeitnehmers im Vordergrund, bedarf es regelmäßig vor Ausspruch einer ordentlichen Kündigung einer Abmahnung *(BAG 09.04.1987 EzA § 1 KSchG Krankheit Nr. 18; LAG Köln 29.06.1987 EzA § 1 KSchG Verhaltensbedingte Kündigung Nr. 21; vgl. Rz. 172 ff.)*.

Entscheidend für die Abgrenzung ist in der Regel, ob die Pflichtverletzun- **208** gen des Arbeitnehmers auf einer **Alkoholabhängigkeit** beruhen oder nicht *(BAG 09.04.1987 EzA § 1 KSchG Krankheit Nr. 18; KR-Etzel § 1 KSchG Rz. 408 ff.)*.

Eine **Alkoholabhängigkeit** stellt eine **Krankheit** im medizinischen Sinne dar **209** *(BAG 01.06.1983 § 1 LohnFG Nr. 69; BAG 09.04.1987 EzA § 1 KSchG Krankheit Nr. 18; s. auch Vossen Rz. 144)*. Bei einer Krankheit vermag der Arbeitnehmer an seinem Zustand nichts zu ändern, so daß eine **Abmah-**

nung regelmäßig **sinnlos** ist *(BAG 09.04.1987 EzA § 1 KSchG Krankheit Nr. 18).*

210 Ist der Arbeitnehmer **nicht alkoholabhängig,** kann der Arbeitnehmer sein Verhalten steuern. Die Pflichtverletzungen betreffen den verhaltensbedingten Bereich, so daß eine **Abmahnung** grds. **erforderlich** ist *(BAG 09.04.1987 EzA § 1 KSchG Krankheit Nr. 18; LAG Nürnberg 13.07.1987 LAGE § 1 KSchG Verhaltensbedingte Kündigung Nr. 19; vgl. auch LAG Köln 29.06.1987 EzA § 1 KSchG Verhaltensbedingte Kündigung Nr. 21; KR-Etzel § 1 KSchG Rz. 408; v. Hoyningen-Huene RdA 1990, 193, 199 f.; Beckerle/Schuster Rz. 11).*

211 Hat der Arbeitnehmer schuldhaft seine Alkoholabhängigkeit herbeigeführt, die sich negativ auf das Arbeitsverhältnis auswirkt, kann ausnahmsweise auch bei einer Alkoholabhängigkeit der Verhaltensbereich betroffen und damit eine Abmahnung erforderlich sein *(BAG 09.04.1987 EzA § 1 KSchG Krankheit Nr. 18; vgl. ausf. Vossen Rz.145).* Der Arbeitgeber wird indes i.d.R. große Schwierigkeiten haben, ein derartiges schuldhaftes Verhalten des Arbeitnehmers in einem Prozeß darzulegen und zu beweisen *(vgl. BAG 09.04.1987 a.a.O.).*

212 Bei Schlecht- oder Minderleistungen des Arbeitnehmers kann die **Störquelle** ebenfalls im **Verhalten oder** in der **Person** des Arbeitnehmers liegen *(LAG Hamm 29.02.1996 ARST 1996, 163; KR-Etzel § 1 KSchG Rz. 256).*

213 Erbringt der Arbeitnehmer die Schlecht- oder Minderleistung, weil er sich nicht anders verhalten kann – »er will, kann aber nicht« –, liegt die **Störquelle** im **persönlichen Bereich** *(LAG Hamm 29.02.1996 ARST 1996, 163; KR-Etzel a.a.O.)* Es ist kein Eignungsmangel gegeben. Vor Ausspruch einer darauf beruhenden Kündigung **bedarf** es grundsätzlich **keiner** vorherigen **Abmahnung** *(s. Rz. 193).*

214 Ist hingegen der **Arbeitnehmer** aufgrund seiner fachlichen und persönlichen Qualifikation in der Lage, sein **Verhalten** so zu **steuern,** daß er eine bessere Leistung erbringt – »er kann, will aber nicht« –, liegt die **Störquelle** im **Verhaltensbereich** *(LAG Hamm 29.02.1996 ARST 1996, 163; KR-Etzel § 1 KSchG Rz. 256, 431).* Vor Ausspruch einer darauf gestützten verhaltensbedingten Kündigung ist regelmäßig eine **Abmahnung erforderlich** *(vgl. Rz. 151 ff.).*

5. Fristlose Beendigungskündigung

215 Das Arbeitsverhältnis kann vom Arbeitgeber nach § 626 Abs. 1 BGB aus wichtigem Grund **ohne Einhaltung** einer **Kündigungsfrist** gekündigt werden, wenn Tatsachen vorliegen, aufgrund derer dem Kündigenden unter Berücksichtigung aller Umstände des Einzelfalls und unter Abwägung der Interessen beider Vertragsteile die Fortsetzung des Arbeitsverhältnisses bis

zum Ablauf der Kündigungsfrist oder bis zur vereinbarten Beendigung des Arbeitsverhältnisses nicht zugemutet werden kann.

In den **ersten sechs Monaten** des Arbeitsverhältnisses ist eine **Abmahnung** **216** bei einer außerordentlichen Beendigungskündigung des Arbeitgebers im Gegensatz zur ordentlichen Kündigung des Arbeitgebers **nicht** von vornherein **entbehrlich.** Bei einer außerordentlichen Kündigung sieht das Gesetz keine Wartezeit vor, welche vergehen muß, bis der Kündigungsschutz nach § 626 BGB greift. Die Wartezeit nach § 1 Abs. 1 KSchG *(s. Rz. 142 ff.)* betrifft allein ordentliche Kündigungen *(KR-Hillebrecht § 626 BGB Rz. 99a).*

Nach Ansicht des BAG bestehen **ansonsten keine Besonderheiten** hinsicht- **217** lich der Erforderlichkeit einer Abmahnung. Es gelten dieselben Grundsätze wie bei einer fristgerechten Kündigung. Ist ein Kündigungssachverhalt mangels einer im konkreten Fall notwendigen Abmahnung nicht geeignet, eine ordentliche Kündigung zu begründen, so gilt dies in gleicher Weise für eine an § 626 BGB zu messende Kündigung. Die Prognose eines künftigen vertragskonformen bzw. vertragswidrigen Verhaltens kann nur einheitlich getroffen werden *(BAG 17.02.1994 EzA § 611 BGB Abmahnung Nr. 30; BAG 13.09.1995 EzA § 626 BGB Verdacht strafbarer Handlung Nr. 6; i.Erg. zust. Staudinger/Preis § 626 BGB Rz. 105; MünchKomm/Schwerdtner § 622 BGB Anh. Rz. 108, 117; Burger DB 1992, 836; KPK-Schiefer Teil G Rz. 20, a.A. Hueck/v. Hoyningen-Huene § 1 KSchG Rz. 286b).*

Oftmals wird der Arbeitgeber gerade bei besonders schweren Pflichtverlet- **218** zungen erwägen, eine fristlose Kündigung auszusprechen. Eine vorherige Abmahnung ist dann, wie bei der fristgerechten verhaltensbedingten Kündigung, regelmäßig entbehrlich. Der Arbeitnehmer kann von vornherein nicht damit rechnen, daß sein Verhalten ohne Sanktionen bleibt. *(vgl. nur BAG 17.05.1984 EzA § 626 n.F. BGB Nr. 90; BAG 20.09.1984 EzA § 1 KSchG Verhaltensbedingte Kündigung Nr. 14; BAG 13.12.1984 EzA § 626 n.F. BGB Nr. 94; BAG 31.07.1986 RzK I 8c Nr. 10; BAG 16.10.1986 RzK 6d Nr. 5; zust. MünchKomm/Schwerdtner § 622 BGB Anh. Rz. 108, 117; Hueck/v. Hoyningen-Huene § 1 KSchG Rz. 286b; s. ausf. Rz. 159, 177).*

6. Fristgerechte Änderungskündigung

Eine ordentliche Änderungskündigung liegt nach § 2 Satz 1 KSchG vor, **219** wenn der Arbeitgeber das Arbeitsverhältnis fristgerecht kündigt und dem Arbeitnehmer im Zusammenhang mit der Kündigung die Fortsetzung des Arbeitsverhältnisses zu geänderten Arbeitsbedingungen anbietet *(ausf. zur Änderungskündigung Kasseler HB/Isenhardt 1.3 Rz. 368 ff.).*

Ein **Arbeitnehmer,** der eine solche ordentliche Änderungskündigung von **220** seinem Arbeitnehmer erhält, hat grds. **drei Reaktionsmöglichkeiten:**

➤ Er kann sich mit Änderungsangebot **endgültig einverstanden** erklären. Dies kann auch durch schlüssiges Verhalten, z.b. durch stillschweigende Weiterarbeit zu den geänderten Bedingungen, geschehen *(BAG 19.06.1986 EzA § 2 KSchG Nr. 7; KR-Rost § 2 KSchG Rz. 61 ff.)*;

➤ er kann das Angebot nach § 2 Satz 1 KSchG **unter** dem **Vorbehalt** annehmen, daß die Änderung der Arbeitsbedingungen nicht sozial ungerechtfertigt ist. Diesen Vorbehalt muß der Arbeitnehmer nach § 2 Satz 2 KSchG allerdings innerhalb der Kündigungsfrist, spätestens jedoch innerhalb von drei Wochen nach Zugang der Kündigung erklären *(ausf. zur Annahme unter Vorbehalt KR-Rost § 2 KSchG Rz. 55 ff.)*;

➤ der Arbeitnehmer hat schließlich auch die Möglichkeit, das Änderungsangebot **abzulehnen** *(Kasseler HB/Isenhardt 1.3 Rz. 422)*. Er scheidet dann nach Ablauf der Kündigungsfrist endgültig aus dem Unternehmen aus, wenn er nicht gegen die Beendigungskündigung Kündigungsschutzklage erhebt und diesen Prozeß gewinnt *(Kasseler HB/Isenhardt 1.3 Rz. 422)*.

221 Einer **fristgerechten Änderungskündigung,** die aus verhaltensbedingten Gründen erfolgt, muß ebenso wie einer fristgerechten verhaltensbedingten Beendigungskündigung in der Regel eine **Abmahnung** vorausgehen *(BAG 12.09.1980 ArbuR 1981, 60; BAG 29.05.1985 RzK I 1 Nr. 7; BAG 18.11.1986 EzA § 611 BGB Abmahnung Nr. 4; LAG Hamm 10.05.1983 ZIP 1983, 985; MünchKomm/Schwerdtner § 622 BGB Anh. Rz. 108; v. Hoyningen-Huene RdA 1990, 193, 205; Burger DB 1992, 836, 837f.; a.A. Beckerle/Schuster Rz. 59 f.)*.

222 Dies muß auch gelten, wenn der Arbeitgeber eine **personenbedingte Änderungskündigung** aussprechen will, der ein Mangel in der Eignung des Arbeitnehmers zu Grunde liegt, welcher von diesem behoben werden kann *(vgl. BAG 15.08.1984 EzA § 1 KSchG Nr. 40; BAG 30.09.1993 EzA § 99 BetrVG 1972 Nr. 118; BAG 13.06.1996 EzA § 1 KSchG Verhaltensbedingte Kündigung Nr. 48; zust. Schaub NZA 1997, 1185, 1186; Walker 1995, 601, 604; s. für die Beendigungskündigung Rz. 195)*

223 Eine **Abmahnung** ist vor einer Änderungkündigung nicht deshalb **generell entbehrlich,** weil es dem Arbeitnehmer nach § 2 Satz 1 KSchG möglich ist, die Änderungskündigung unter Vorbehalt anzunehmen, um auf diese Weise zumindest den Bestand des Arbeitsverhältnisses zu sichern *(v. Hoyningen-Huene RdA 1990, 193, 205; a.A. Beckerle/Schuster Rz. 60; zur Annahme unter Vorbehalt s. Rz. 218)*. Ihr Sinn und Zweck besteht insbes. darin, dem Arbeitnehmer vor einem einseitigen Eingriff des Arbeitgebers in das Arbeitsverhältnis Gelegenheit zu geben, sein Verhalten zu ändern *(vgl. Rz. 48)*. In diesem Zusammenhang ist es unerheblich, ob der einseitige Eingriff durch eine Beendigungskündigung den Bestand des Arbeitsverhältnisses berührt oder bei einer Änderungskündigung dessen Inhalt ändern soll

(v. Hoyningen-Huene RdA 1990, 193, 205; vgl. BAG 26.01.1995 EzA § 1 KSchG Verhaltensbedingte Kündigung Nr. 46; BAG 30.05.1996 EzA § 611 BGB Abmahnung Nr. 34).

Eine **Abmahnung** vor einer Änderungskündigung ist in der Rechtspre- **224** chung z.b. **für erforderlich** gehalten worden,

➤ wenn ein Arbeitnehmer, der sich geweigert hat, eine arbeitsvertraglich geschuldete Tätigkeit anzutreten, in eine niedrigere Lohngruppe eingruppiert werden soll *(BAG 21.11.1985 EzA § 1 KSchG Nr. 42)*;

➤ wenn der Arbeitgeber an eine Herabgruppierung des Arbeitnehmers durch Änderungskündigung wegen fehlender Eigenschaften denkt *(LAG Köln 16.05.1997 FA 1998, 12 = ARST 1997, 262)*. Allerdings können diese fehlenden Eigenschaften nur Gegenstand einer Abmahnung sein, wenn sie dem Arbeitsplatz dienlich wären und der Arbeitnehmer Gelegenheit hatte, sie zu erwerben *(LAG Köln 16.05.1997 a.a.O.)*.

7. Fristlose Änderungskündigung

Der Arbeitgeber kann in **Einzelfällen** berechtigt sein, statt einer ordentli- **225** chen eine außerordentliche Änderungskündigung auszusprechen *(vgl. BAG 21.06.1995 EzA § 15 KSchG Nr. 43; BAG 31.01.1996 EzA § 626 n.F. BGB Druckkündigung Nr. 3; Kasseler HB/Isenhardt 1.3 Rz. 425)*.

Einer **Abmahnung bedarf es** grds. auch vor einer derartigen Kündigung, **226** wenn sie auf einem pflichtwidrigen Verhalten des Arbeitnehmers beruht oder ihr behebbare Eignungsmängel des Arbeitnehmers zugrunde liegen *(vgl. v. Hoyningen-Huene RdA 1990, 193, 205)*. Die fristlose Änderungskündigung unterscheidet sich insoweit nicht von der fristgerechten Beendigungskündigung *(s. dazu Rz. 195)*.

8. Auflösung des Arbeitsverhältnisses

Stellt das **Gericht** in einem Verfahren, welches eine Kündigung zum Streit- **227** gegenstand hat, fest, daß das Arbeitsverhältnis durch die Kündigung nicht aufgelöst ist, **kann** es nach § 9 Abs. 1 Satz 2 i.V.m. Satz 1 KSchG auf Antrag des Arbeitgebers das **Arbeitsverhältnis** gegen Zahlung einer Abfindung **auflösen**. Es müssen allerdings **Gründe** vorliegen, die eine den Betriebszwecken dienliche weitere Zusammenarbeit zwischen Arbeitgeber und Arbeitnehmer nicht erwarten lassen. Diese Voraussetzung sieht § 9 Abs. 1 Satz 2 KSchG ausdrücklich vor *(zu den Voraussetzungen im einzelnen und zu Sonderregelungen für bestimmte Arbeitnehmergruppen s. KR-Spilger § 9 KSchG Rz. 36 ff.)*.

An den Auflösungsantrag des Arbeitgebers stellt das BAG **strenge Anfor-** **228** **derungen**, da der Arbeitnehmer nach der Intention des KSchG vor einem

Verlust des Arbeitsplatzes durch sozialwidrige Kündigung bewahrt werden soll *(vgl. BAG 16.05.1984 EzA § 9 KSchG n.F. Nr. 16; zust. KR-Spilger § 9 KSchG Rz. 52)*.

229 Ein Auflösungsantrag des Arbeitgebers soll erfolglos sein, wenn er lediglich auf die Kündigungsgründe gestützt wird und sein Erfolg die Rechtsprechung unterlaufen würde, an deren Voraussetzungen die Kündigung gescheitert ist *(LAG Köln 13.05.1994 ARST 1994, 177)*. Dies soll in der Regel der Fall sein, wenn der Arbeitgeber vor einer verhaltensbedingten Kündigung eine erforderliche Abmahnung nicht ausspricht *(LAG Köln 13.05.1994 ARST 1994, 177)*. Diese Rechtsprechung ist nicht unbedenklich, da nach Ansicht des BAG zur Schlüssigkeit eines Auflösungsantrages des Arbeitgebers zwar der Vortrag von greifbaren Tatsachen gehört, die so beschaffen sein müssen, daß sie eine den Betriebszwecken dienliche weitere Zusammenarbeit nicht erwarten lassen *(BAG 16.05.1984 EzA § 9 KSchG Nr. 19)*. Als derartige Gründe können indes auch Umstände geeignet sein, welche die Kündigung selbst nicht rechtfertigen. Der Arbeitgeber muß allerdings darlegen, welche der zur Kündigung vorgetragenen Tatsachen auch für den Auflösungsantrag herangezogen werden und aus welchem Grund diese einer weiteren gedeihlichen Zusammenarbeit entgegenstehen sollen *(BAG 16.05.1984 EzA § 9 KSchG Nr. 6; zust. KR-Spilger § 9 KSchG Rz. 58; Hueck/v. Hoyningen-Huene § 9 KSchG Rz. 37)*.

9. Abmahnung und Versetzung

230 Eine Versetzung des Arbeitnehmers liegt vor, wenn der Arbeitgeber ihm eine andere als die vereinbarte Tätigkeit zuweist *(Schaub § 241 II 3a)*. Unerheblich ist dabei, ob die Art der Tätigkeit oder der Ort der Arbeitsleistung geändert wird *(Schaub § 45 III, IV)*.

231 Von diesem individualrechtlichen ist der **betriebsverfassungsrechtliche Versetzungsbegriff** zu unterscheiden, dessen Voraussetzungen in § 95 Abs. 3 BetrVG geregelt sind *(Schaub § 241 II 3a)*.

232 Vor einer **individualrechtlichen Versetzung**, die auf Leistungsmängeln des Arbeitnehmers beruht, kann nach Ansicht des BAG eine Abmahnung erforderlich sein *(BAG 30.10.1985 EzA § 611 BGB Fürsorgepflicht Nr. 40; zust. KR-Etzel § 1 KSchG Rz. 390; KR-Hillebrecht § 626 BGB Rz. 96c; Pauly NZA 1995, 449, 450; abw. v. Hoyningen-Huene RdA 1990, 193, 205; abl. Beckerle/Schuster Rz. 63 f.)*.

233 Es bestehen indes Zweifel, ob diese Rechtsprechung allgemeingültig ist *(v. Hoyningen-Huene RdA 1990, 193, 205; Beckerle/Schuster Rz. 62)*. Das BAG hat ausdrücklich offengelassen, ob die im Kündigungsrecht für das Erfordernis einer Abmahnung von der Rechtsprechung entwickelten Grundsätze auf eine Versetzung generell übertragen werden können *(BAG 30.10.1985 EzA § 611 BGB Fürsorgepflicht Nr. 40)*.

Die Rechtsgrundlage der Abmahnung spricht dagegen, sie vor einer Ver- **234** setzung generell für erforderlich zu halten *(vgl. BAG 24.04.1996 EzA § 611 BGB Direktionsrecht Nr. 18)*. Die Abmahnung hat ihre Grundlage in dem Rechtsgedanken, welcher in den §§ 284, 326, 550, 553, 634, 635, 643, 651e Abs. 2, 1053 BGB zum Ausdruck kommt. Danach soll der Arbeitnehmer vor einer einseitigen Beendigung des Vertragsverhältnisses noch einmal gewarnt werden *(s. Rz. 48)*. Mit einer Kündigung als Form der einseitigen Beendigung des Vertrages im Arbeitsrecht ist die Versetzung indes nicht vergleichbar. Bei einer Kündigung wird das Arbeitsverhältnis gegen den Willen des Arbeitnehmers beendet, sofern er nicht rechtzeitig gerichtliche Hilfe in Anspruch nimmt und im Prozeß obsiegt. Auch bei einer Änderungskündigung ist der Bestand des Arbeitsverhältnis gefährdet *(s. Rz. 217 ff.)*. Die Versetzung allein hingegen berührt den Fortbestand des Arbeitsverhältnisses oder dessen Inhalt nicht.

Eine **Abmahnung** ist allerdings auch **vor einer Versetzung** aus verhaltens- **235** bedingten und steuerbaren personenbedingten Gründen in der Regel **erforderlich, wenn** der Arbeitgeber sie nur mit Hilfe einer **Änderungskündigung** durchsetzen kann, weil eine einvernehmliche Regelung mit dem Arbeitnehmer nicht zustandekommt und sein Weisungsrecht (Direktionsrecht) dafür nicht ausreicht *(Beckerle/Schuster Rz. 63; vgl. auch v. Hoyningen-Huene RdA 1990, 193, 205; zum Abmahnungserfordernis bei einer Änderungskündigung allg. vgl. Rz. 217 ff.)*.

Kraft seines Weisungsrechts konkretisiert der Arbeitgeber einseitig die im **236** Arbeitsvertrag regelmäßig nur rahmenmäßig umschriebene Leistungspflicht des Arbeitnehmers, vor allen Dingen deren Ort, Zeit und näheren Inhalt *(BAG 24.04.1996 EzA § 611 BGB Direktionsrecht Nr. 18; zum Weisungsrecht im einzelnen s. Hromadka DB 1995, 1609 ff. und DB 1995, 2601 ff.; s. auch Rz. 350)*. Das Weisungsrecht kann durch Gesetz, Tarifvertrag, Betriebsvereinbarung oder Einzelarbeitsvertrag eingeschränkt sein. Selbst wenn das Weisungsrecht insoweit keinen Beschränkungen unterliegt, muß der Arbeitgeber dennoch eine Änderungskündigung – und damit auch eine Abmahnung als deren Vorstufe – erwägen, wenn das Direktionsrecht die Grenzen billigen Ermessens i.S.d. § 315 Abs. 3 BGB überschreitet *(vgl. BAG 23.06.1993 AP Nr. 42 zu § 611 BGB Direktionsrecht; BAG 24.04.1996 EzA § 611 BGB Direktionsrecht Nr. 18)*.

Der **Arbeitgeber** kann ansonsten grds. **frei wählen**, ob er bei einer Ver- **237** tragsverletzung des Arbeitnehmers eine Versetzung kraft Direktionsrechts vornimmt oder – sofern deren Voraussetzungen im Einzelfall vorliegen – eine Abmahnung ausspricht. Es bleibt ihm überlassen, wie er auf Konfliktlagen reagiert *(BAG 24.04.1996 EzA § 611 BGB Direktionsrecht Nr. 18)*.

Abmahnung und **Versetzung** sind **wesensverschieden**. Mit der Abmahnung **238** beanstandet der Arbeitgeber nicht nur in einer für den Arbeitnehmer hinreichend deutlich erkennbaren Art und Weise ein pflichtwidriges Verhalten; er verbindet damit auch den Hinweis, im Wiederholungsfall sei der Inhalt oder Bestand des Arbeitsverhältnisses gefährdet *(BAG 26.01.1995 EzA § 1 KSchG Verhaltensbedingte Kündigung Nr. 46).* Eine derartige Warnfunktion ist einer Versetzung selbst dann fremd, wenn der Arbeitnehmer »strafversetzt« wird *(BAG 24.04.1996 EzA § 611 BGB Direktionsrecht Nr. 18; i.Erg. Beckerle/Schuster Rz. 64).*

10. Abmahnung und niedrigere Entlohnung

239 Senkt der Arbeitgeber die Vergütung des Arbeitnehmers, bedarf es vor einer derartigen Maßnahme ebenfalls nur dann regelmäßig einer Abmahnung, wenn der Arbeitnehmer sie nur mit Hilfe einer Änderungskündigung durchsetzen kann und die dafür ursächlichen Umstände auf einem pflichtwidrigen Verhalten des Arbeitnehmers oder einem steuerbaren Eignungsmangel beruhen *(vgl. BAG 28.02.1968 AP Nr. 22 zu § 611 BGB Direktionsrecht; abw. v. Hoyningen-Huene RdA 1990, 193, 205; Pauly NZA 1995, 449, 450).*

240 Eine Änderungskündigung ist z.b. grds. erforderlich:

➤ Bei einer Versetzung des Arbeitnehmers auf einen anderen Arbeitsplatz, der geringer dotiert ist *(BAG 28.02.1968 AP Nr. 22 zu § 611 BGB Direktionsrecht; KR-Rost § 2 KSchG Rz. 42; v. Hoyningen-Huene RdA 1990, 193, 205);*

➤ bei einer tariflich zulässigen Änderung der Tätigkeit, die mit einer Lohnminderung verbunden ist *(LAG Hamburg 15.03.1956 AP Nr. 6 zu § 13 KSchG; KR-Rost § 2 KSchG Rz. 46).*

241 Einer Änderungskündigung und damit auch einer **Abmahnung bedarf** es hingegen **nicht**, wenn eine rechtsgrundlos gezahlte tarifliche Vergütung vom Arbeitgeber nicht mehr gewährt wird, sofern diese Vergütung nicht auch einzelvertraglich abgesichert ist *(BAG 24.04.1982 EzA § 4 TVG Eingruppierung Nr. 1; KR-Rost § 2 KSchG Rz. 46; v. Hoyningen-Huene RdA 1990, 193, 205).* Insoweit scheidet eine Abmahnung auch bereits deshalb aus, weil die Änderung der Vergütung nicht auf einem vom Arbeitnehmer steuerbaren Umstand beruht *(v. Hoyningen-Huene RdA 1990, 193, 205).*

11. Abmahnung und Entzug von Vorteilen

242 Umstritten und – soweit ersichtlich – bisher noch nicht höchstrichterlich geklärt ist, ob eine – erfolglose – Abmahnung auch erforderlich ist, bevor der Arbeitgeber dem Arbeitnehmer einseitig Vorteile entzieht, weil dieser Pflichtverletzungen begangen hat.

243 In der Rechtsprechung der Instanzgerichte wird dies teilweise bejaht. Eine Abmahnung wird z.b. als notwendig angesehen, wenn ein Arbeitgeber eine

Leistungszulage widerruft, weil der Arbeitnehmer die Voraussetzungen für die Gewährung der Zulage nicht mehr erfüllt *(LAG Hamm 17.03.1989 ArbuR 1990, 25; i.Erg. ebenso Pauly NZA 1995, 449, 450)*.

Zieht man wiederum die Rechtsgrundlage der Abmahnung heran, besagt **244** indes der Entzug von Vorteilen allein noch nichts darüber, ob eine vorherige Abmahnung erforderlich ist. Entscheidend ist auch insoweit, ob der Arbeitgeber sie nur durch eine Änderungskündigung oder z.b. durch einen Widerruf beseitigen kann. Allein bei einer Änderungskündigung ist – wie der Rechtsgedanke der §§ 284, 326, 550, 553, 634, 635, 643, 651e Abs. 2, 1053 BGB, zeigt – eine Abmahnung grds. erforderlich *(vgl. Rz. 217 ff.)*.

II. Überprüfung der materiellen Voraussetzungen im Einzelfall

1. Objektive Pflichtwidrigkeit

Eine Abmahnung muß auf **zutreffende Tatsachen** gestützt werden, aus **245** denen sich ein **objektiver Pflichtverstoß** des Arbeitnehmers ergibt *(BAG 12.01.1988 EzA Art. 9 GG Arbeitskampf Nr. 73; KR-Hillebrecht § 626 BGB Rz. 98 f.; Schaub NZA 1997, 1185, 1186; Beckerle/Schuster Rz. 71)*.

Das objektiv **vertragswidrige Verhalten** des Arbeitnehmers kann sich im in- **246** dividuellen oder kollektiven Bereich ereignet haben *(Schaub NZA 1997, 1185, 1186; vgl. ausf. Rz. 452 ff.)*.

Eine objektive Pflichtwidrigkeit, die eine Abmahnung möglich macht, **247** kann auch vorliegen, wenn der Arbeitnehmer sein pflichtwidriges Verhalten mit einer **Gewissensentscheidung** zu rechtfertigen versucht *(LAG Frankfurt/M. 20.12.1994 DB 1995, 1619)*.

Unerheblich ist grds., ob der Arbeitnehmer sein Verhalten für gerechtfertigt **248** halten durfte *(BAG 12.01.1988 EzA Art. 9 GG Arbeitskampf Nr. 73)*. Mitgliedern des Betriebsrats billigt das BAG indes ein derartiges Irrtumsprivileg zu *(BAG 31.08.1994 EzA § 611 BGB Abmahnung Nr. 33; vgl. auch BAG 10.11.1993 EzA § 611 BGB Abmahnung Nr. 29; s. ausf. Rz. 458 f.)*.

2. Verschulden

Die **Pflichtverletzung** muß vom Arbeitnehmer grds. **nicht schuldhaft** be- **249** gangen worden sein, um eine Abmahnung zu rechtfertigen *(BAG 07.09.1988 EzA § 611 BGB Abmahnung Nr. 17; BAG 10.11.1993 EzA § 611 BGB Abmahnung Nr. 29; BAG 31.08.1994 EzA § 611 BGB Abmahnung Nr. 33; BAG 30.05.1996 EzA § 611 BGB Abmahnung Nr. 34; zust. Schaub NZA 197, 1185, 1186; differenzierend v. Hoyningen-Huene RdA 1990, 193, 200 f.; a.A: MünchKomm/Schwerdtner § 622 BGB Anh. Rz. 131; Hunold BB 1986, 2050, 2053; Pauly NZA 1995, 449, 453)*.

250 Unerheblich ist, daß ein Verhalten nur dann geeignet ist, eine Kündigung zu rechtfertigen, wenn der Arbeitnehmer schuldhaft gehandelt hat *(vgl. z.B. BAG 17.05.1984 EzA § 626 BGB n.F. Nr. 90; BAG 25.10.1989 EzA § 1 KSchG Verhaltensbedingte Kündigung Nr. 30)*. An eine **Abmahnung** müssen nicht dieselben **Anforderungen wie** an eine **Kündigung** gestellt werden, da sie diese lediglich vorbereitet *(vgl. v. Hoyningen-Huene RdA 1990, 193, 201; a.A. MünchKomm/Schwerdtner § 622 BGB Anh. Rz. 131; Hunold BB 1986, 2050; 2053; Pauly NZA 1995, 449, 453)*.

251 Auch eine objektive Pflichtverletzung, die der Arbeitnehmer aufgrund eines nicht steuerbaren Verhaltens begangen hat, ist geeignet, Grundlage einer Abmahnung zu sein *(BAG 21.04.1993 EzA § 543 ZPO Nr. 8; KR-Hillebrecht § 626 BGB Rz. 98 f.)*. Die Rüge- und Warnfunktion der Abmahnung geht zwar ins Leere, da der Arbeitnehmer sein Verhalten nicht ändern kann *(v. Hoyningen-Huene RdA 1990, 193, 201; s. Rz. 164)*. Nach Ansicht des BAG wird sie dadurch aber nicht rechtswidrig. Die Frage, ob der Arbeitnehmer sein Verhalten steuern konnte, ist nur für die Frage bedeutsam, ob eine Abmahnung vor einer evtl. Kündigung erforderlich ist *(BAG 21.04.1993 EzA § 543 ZPO Nr. 8; MünchArb/Blomeyer § 133 Rz. 23; vgl. Rz. 154 ff.)*.

3. Verhältnismäßigkeit

252 Nach Ansicht des BAG liegt eine **ordnungsgemäße Abmahnung** nur vor, wenn sie **verhältnismäßig** ist *(BAG 13.11.1991 EzA § 611 BGB Abmahnung Nr. 24; BAG 31.08.1994 EzA § 611 BGB Abmahnung Nr. 33; BAG 30.05.1996 EzA § 611 BGB Abmahnung Nr. 34; zust. Becker-Schaffner BB 1995, 2526, 2527; Fromm 1409, 1415; abw. Heinze S. 63, 86; abl. LAG Schleswig-Holstein 31.07.1986 EzA § 611 BGB Abmahnung Nr. 10; Walker NZA 1995, 601, 605)*.

253 Der Grundsatz der Verhältnismäßigkeit begründet nach Ansicht des BAG danach nicht nur die Obliegenheit des Arbeitgebers, den Arbeitnehmer vor Ausspruch einer Kündigung abzumahnen *(s. Rz. 41)*; er begrenzt auch das Recht des Arbeitgebers zur Abmahnung *(v. Hoyningen-Huene RdA 1990, 193, 198)*.

254 Nach dem **Grundsatz der Verhältnismäßigkeit** ist eine Abmahnung unzulässig, wenn sie dem abgemahnten Arbeitnehmer unverhältnismäßig große Nachteile zufügt und andere weniger schwerwiegende Maßnahmen möglich gewesen wären, die den Interessen des Arbeitgebers ebensogut Rechnung getragen hätten oder ihm zumindest zumutbar gewesen wären *(BAG 13.11.1991 EzA § 611 BGB Abmahnung Nr. 24; BAG 31.08.1994 EzA § 611 BGB Abmahnung Nr. 33)*. Die Abmahnung darf nicht unverhältnismäßig im Vergleich zum beanstandeten Verhalten sein *(BAG 10.11.1993 EzA § 611 BGB Abmahnung Nr. 29; LAG Frankfurt/M. 19.09.1989 LAGE § 611 BGB Abmahnung Nr. 21)*.

Ob eine Abmahnung unverhältnismäßig ist, ergibt sich im **Einzelfall** aus **255** einer **Gewichtung** der durch das Grundgesetz geschützten Rechtspositionen des Arbeitgebers, insbes. seinem Recht auf freie Meinungsäußerung, und den geschützten Rechtspositionen des Arbeitnehmers, insbes. seinem Persönlichkeitsrecht *(vgl. BAG 13.12.1989 RzK 1 Nr. 57; BAG 10.11.1993 EzA § 611 BGB Abmahnung Nr. 29; Fromm DB 1989, 1409, 1414; vgl. auch Rz. 98 f.).*

Eine **Abmahnung** ist demnach **nicht** bereits deshalb **unverhältnismäßig**, weil **256** der Arbeitgeber auch über den erhobenen Vorwurf hätte hinwegsehen können *(BAG 13.11.1991 EzA § 611 BGB Abmahnung Nr. 24; BAG 10.11.1993 EzA § 611 BGB Abmahnung Nr. 29; BAG 31.08.1994 EzA § 611 BGB Abmahnung Nr. 33).* Ansonsten würde der Arbeitgeber zwangsläufig auch gegenüber anderen Mitarbeitern zu erkennen geben müssen, daß er an der Pflichtverletzung des Arbeitnehmers keinen Anstoß nimmt. Weitere Pflichtverletzungen würden durch die unterbliebene Abmahnung geradezu provoziert *(BAG 13.11.1991 a.a.O.; BAG 10.11.1993 a.a.O.).*

Es kommt auch nicht darauf an, ob das abgemahnte Fehlverhalten als **257** Grundlage für eine Kündigung im Wiederholungsfall ausreicht *(BAG 30.05.1996 EzA § 611 BGB Abmahnung Nr. 34; abw. v.Hoyningen-Huene RdA 1990, 193, 198; KR-Hillebrecht § 626 BGB Rz. 98g).* Das Recht des Arbeitgebers auf freie Meinungsäußerung würde ansonsten gegenüber den geschützten Rechtspositionen des Arbeitnehmers zur sehr in den Hintergrund gedrängt.

Eine **Abmahnung** ist ferner regelmäßig **nicht** bereits deshalb **unverhältnis-** **258** **mäßig**, weil durch die Pflichtverletzung des Arbeitnehmers keine konkrete Störung des Arbeitsverhältnisses eingetreten ist *(a.A. Burger DB 1992, 836, 837).* Dies wird von der Rechtsprechung noch nicht einmal generell bei einer verhaltensbedingten Kündigung verlangt *(vgl. nur BAG 16.08.1991 EzA § 1 KSchG Verhaltensbedingte Kündigung Nr. 41; Hueck/v. Hoyningen-Huene § 1 KSchG Rz. 336d).* Erst recht kann eine derartige Störung dann nicht grds. bei einer Pflichtverletzung verlangt werden, die der Arbeitgeber »nur« abmahnen will.

Eine Abmahnung ist indes nicht verhältnismäßig, wenn der Arbeitgeber **259** »Lächerlichkeiten und Kleinigkeiten« *(Sander AuA 1995, 296, 297)* rügt und damit gleichsam mit »Kanonen auf Spatzen« schießt *(LAG Berlin 22.10.1984 DB 1985, 271 »eklatantes Mißverhältnis«; Fromm DB 1989, 1409, 1414).*

Das Recht des Arbeitgebers, durch die Abmahnung seine Meinung zu **260** äußern, tritt dann gegenüber dem Recht des Arbeitnehmers auf freie Entfaltung seiner Persönlichkeit und dem Gebot der Berufsfreiheit zurück *(Fromm DB 1989, 1409, 1414; i.Erg. Kasseler HB/Isenhardt 1.3 Rz. 505;*

Sander AuA 1995, 296, 297; MünchKomm/Schwerdtner § 622 BGB Anh. Rz. 109; Beckerle/Schuster Rz. 206; Hueck/v. Hoyningen-Huene § 1 KSchG Rz. 290; s. auch Rz. 98 f.).

B Beispiele:

Ein Arbeitnehmer kommt einmal zwei Minuten zu spät zur Arbeit; eine Schreibkraft begeht einen Schreibfehler; ein Arbeitnehmer notiert sich während der Arbeitszeit eine private Nachricht; ein Arbeitnehmer unterhält sich während der Arbeitszeit kurz mit einem anderen Mitarbeiter über private Dinge.

261 Es ist dem Arbeitgeber zu empfehlen, bei derartigen Bagatellen dem Arbeitnehmer – wenn überhaupt – lediglich eine Ermahnung zu erteilen *(so auch Kasseler HB/Isenhardt 1.3 Rz. 505; vgl. v. Hoyningen-Huene RdA 1990, 193, 198).*

262 Indes ist nicht zu verkennen, daß auch sehr geringe Pflichtverstöße abmahnungswürdig werden können, wenn sie öfter vom Arbeitnehmer begangen werden und auch nach einer Ermahnung nicht ausbleiben *(i.Erg. Kasseler HB/Isenhardt 1.3 Rz. 505).* Die äußerst geringe Pflichtverletzung stellt sich dann als erstes Glied einer nicht voraussehbaren Kette von Pflichtverletzungen dar *(LAG Hamm 16.04.1992 LAGE § 611 BGB Abmahnung Nr. 32).* Sozialadäquate Verhaltensweisen, z.B. die kurze Unterhaltung mit dem Kollegen, sollen jedoch regelmäßig einer Abmahnung auch dann nicht zugänglich sein, wenn sie mehrmals begangen werden *(Hueck/v. Hoyningen-Huene § 1 KSchG Rz. 290a).*

263 Eine **Abmahnung** kann auch dann **unverhältnismäßig** sein, wenn sie nach Form und Inhalt das **Persönlichkeitsrecht** des Arbeitnehmers **verletzt,** mag der Pflichtverstoß des Arbeitnehmers selbst auch abmahnungswürdig sein *(LAG Köln 12.05.1995 NZA-RR 1996, 204; Burger DB 1992, 836, 837; Beckerle/Schuster Rz. 205 ff.).* In einem derartigen Fall wiegt das Persönlichkeitsrecht und das Recht auf freie Berufswahl des Arbeitnehmers mehr als die Meinungsfreiheit des Arbeitgebers und dessen Recht auf freie unternehmerische Betätigung *(zur Abwägung allg. Rz. 98 f.).*

264 In folgenden Fällen kann nach der Rechtsprechung eine **Abmahnung z.B.** **verhältnismäßig** sein:

➤ Teilnahme an einer politischen Demonstration während der Arbeitszeit *(LAG Schleswig-Holstein 18.01.1995 LAGE § 611 BGB Abmahnung Nr. 39);*

➤ Nichterscheinen bei einer Schulungsveranstaltung trotz Pflichtenkollision *(LAG Baden-Württemberg 24.11.1993 – 12 Sa 51/93 –);*

➤ Weigerung, sich amtsärztlich untersuchen zu lassen *(BAG 25.06.1992 NZA 1993, 81);*

➤ Verstoß gegen die Abmeldepflicht bei einem Mitglied des Betriebsrates *(BAG 15.07.1992 EzA § 611 BGB Abmahnung Nr. 26)*;

➤ Fehlbuchungen einer Kassiererin *(BAG 07.09.1988 EzA § 611 BGB Abmahnung Nr. 17)*;

➤ Hindern eines Vorgesetzten am Verlassen des Dienstzimmers *(LAG Hannover 20.05.1988 ArbuR 1989, 25)*;

➤ Androhen eines »Krankfeierns« bei Nichtgewährung eines Urlaubs *(ArbG Wetzlar 09.05.1988 BB 1988, 1608)*;

➤ politische Betätigung während der Arbeitszeit *(LAG Hamm 17.04.1985 LAGE § 611 BGB Abmahnung Nr. 1)*;

➤ Verstoß gegen Geheimhaltungspflicht *(LAG Düsseldorf 15.10.1981 DB 1982, 1730 -Bankangestellter-)*.

4. Fehlende Sittenwidrigkeit

Eine Abmahnung darf, ebenso wie eine Kündigung, nicht sittenwidrig sein **265** *(vgl. BAG 28.04.1994 RzK I 8k Nr. 8)*. Ob ausnahmsweise eine solche **Sittenwidrigkeit** der Abmahnung vorliegt, welche sie nach § 138 BGB von vornherein unwirksam macht, kann erst aufgrund einer **Gesamtabwägung** aller Umstände festgestellt werden *(vgl. BAG 28.04.1994 RzK I 8k Nr. 8)*.

5. Wiederholungsgefahr

Nach Ansicht des BAG kann eine Abmahnung unwirksam sein, wenn nicht **266** die hinreichende Gefahr besteht, daß der Arbeitnehmer die gerügte Pflichtverletzung noch einmal wiederholt *(BAG 31.08.1994 EzA § 611 BGB Abmahnung Nr. 33; BAG 10.11.1993 EzA § 611 BGB Abmahnung Nr. 29; abl. Walker NZA 1995, 601, 606; KPK-Schiefer Teil G Rz. 31)*.

Für eine **Wiederholungsgefahr** als **Voraussetzung** einer **Abmahnung** ist **267** indes eine Grundlage nicht ersichtlich *(Walker NZA 1995, 601, 606)*. Der u.a. in § 326 BGB enthaltene Rechtsgedanke, welcher das Erfordernis einer Abmahnung vor einer Kündigung auch im Arbeitsrecht begründet *(ausf. s. Rz. 45 ff.)*, läßt diese zusätzliche Voraussetzung nicht erkennen *(Walker NZA 1995, 601, 606)*. Außerdem kann ein Wiederholungsfall nie ganz ausgeschlossen werden, zumal das BAG als Voraussetzung für eine Kündigung nicht eine weitere gleiche, sondern – nur – gleichartige Pflichtverletzung verlangt *(Walker NZA 1995, 601, 606; s. Rz. 468 f.)*.

III. Ausschlußfrist für das Abmahnungsrecht

268 In der betrieblichen Praxis stellt sich gelegentlich die Frage, ob das Recht des Arbeitgebers, eine Abmahnung auszusprechen, durch Zeitablauf »erlöschen« kann. In manchen Fällen kann oder will der Arbeitgeber nicht unverzüglich auf ein pflichtwidriges Verhalten seines Arbeitnehmers mit einer Abmahnung reagieren, weil er z.b. den Sachverhalt noch weiter aufklären will oder er sich über die richtige Reaktion noch nicht im klaren ist.

269 Es gibt **keine** gesetzliche »**Regelausschlußfrist**«, innerhalb derer eine **Pflichtverletzung** vom Arbeitgeber **abgemahnt** werden muß *(BAG 15.01.1986 EzA § 611 BGB Fürsorgepflicht Nr. 39; BAG 14.12.1994 EzA § 4 TVG Ausschlußfristen Nr. 109; zust. Hueck/v. Hoyningen-Huene § 1 KSchG Rz. 288b; MünchArb/Berkowsky § 133 Rz. 34; Beckerle/Schuster Rz. 98 ff.; Falkenberg NZA 1988, 489, 490; Kraft NZA 1989, 777, 780; MünchKomm/Schwerdtner § 622 BGB Anh. Rz. 127; Burger DB 1992, 836, 838; a.A. Tschöpe NZA 1990 Beil. 2 S. 12 f.).*

270 Im Gesetz sind zwar für andere Rechtsinstitute Ausschlußfristen vorgesehen, z.b. in § 626 Abs. 2 BGB für die fristlose Kündigung und in den §§ 121,124 BGB für die Anfechtung. Diese **Ausschlußfristen** können aber nicht – auch **nicht** in entsprechender Anwendung – auf die **Abmahnung** übertragen werden *(BAG 15.01.1986 EzA § 611 BGB Fürsorgepflicht Nr. 39; a.A. Tschöpe NZA 1990 Beil.2 S. 12 f. -§ 61 Abs. 2 HGB).*

271 Dies scheitert daran, daß die Abmahnung kein Gestaltungsrecht ist. Mit ihr übt der Arbeitgeber ein vertragliches Rügerecht aus, mit welchem ein späteres Gestaltungsrecht, die Kündigung, erst vorbereitet werden soll *(MünchArb/Berkowsky § 133 Rz. 34; MünchKomm/Schwerdtner § 622 BGB Anh. Rz. 127).*

272 Auch **tarifvertragliche Ausschlußfristen** sind auf das Recht des Arbeitgebers, eine Abmahnung zu erklären, regelmäßig **nicht anwendbar**, sofern diese lediglich den Verfall von Ansprüchen vorsehen *(BAG 14.12.1994 EzA § 4 TVG Ausschlußfristen Nr. 109 zu § 70 BAT; MünchKomm/ Schwerdtner § 622 BGB Anh. 127).* Das **Recht** des Arbeitgebers, dem Arbeitnehmer eine **Abmahnung** zu **erteilen** und diese zur Personalakte zu nehmen, ist **kein Anspruch**. Der Arbeitgeber übt vielmehr sein vertragliches Rügerecht aus *(BAG 14.12.1994 EzA § 4 TVG Ausschlußfristen Nr. 109; s. Rz. 39).*

273 Wollte man das Recht des Arbeitgebers, eine Abmahnung auszusprechen, an eine bestimmte Frist binden, könnte sich dies letztendlich zum Nachteil des Arbeitnehmers auswirken. Der Arbeitgeber wäre gezwungen, innerhalb der Frist die Abmahnung auszusprechen, obwohl er vielleicht später davon abgesehen hätte *(BAG 15.01.1986 EzA § 611 BGB Fürsorgepflicht Nr. 39).*

Dem Arbeitgeber ist es deshalb z.b. nach einem verlorenen Kündigungs- 274
schutzprozeß noch möglich, das pflichtwidrige Verhalten, welches den
Grund für die Kündigung darstellte, erstmals abzumahnen *(BAG
07.09.1988 EzA § 611 BGB Abmahnung Nr. 17)*.

Dennoch ist dem **Arbeitgeber nicht** zu **empfehlen**, eine Abmahnung erst 275
längere Zeit nach der Pflichtverletzung auszusprechen. Er läuft ansonsten
Gefahr, daß die Warnfunktion der Abmahnung bereits mit ihrer Erklärung
abgeschwächt und eine Kündigung, die auf eine nachfolgende Pflichtverletzung gestützt wird, deshalb unwirksam ist *(vgl. MünchArb/Berkowsky
§ 133 Rz. 35; Burger DB 1992, 836, 838; zur späteren Abschwächung der
Wirkung der Abmahnung s. Rz. 482 f.).* Der erst sehr spät abgemahnte Arbeitnehmer wird sich darauf berufen können, sein Fehlverhalten werde
wohl vom Arbeitgeber nicht als äußerst gravierend angesehen, da er sich
mit der Abmahnung lange Zeit gelassen habe *(MünchArb/Berkowsky
§ 133 Rz. 35; Burger DB 1992, 836, 838).*

IV. Verwirkung des Abmahnungsrechts

Das **Abmahnungsrecht** kann jedoch **verwirkt werden** *(BAG 14.12.1994* 276
*EzA § 4 TVG Ausschlußfristen Nr. 109; LAG Köln 28.03.1988 LAGE
§ 611 BGB Abmahnung Nr. 10; MünchArb/Berkowsky § 133 Rz. 36;
MünchKomm/Schwerdtner § 622 BGB Anh. Rz. 127; Brill NZA 1985,
109; Krasshöfer-Pidde AuA 1993, 137, 141; Beckerle/Schuster Rz. 103).*

Der Arbeitgeber muß dann **längere Zeit** nach der Pflichtverletzung des Ar- 277
beitnehmers von seinem Recht, eine Abmahnung auszusprechen, **keinen
Gebrauch** gemacht haben *(BAG 14.12.1994 EzA § 4 TVG Ausschlußfristen Nr. 109; zust. Krasshöfer-Pidde AuA 1993 137, 141; abw. Brill NZA
1985, 109, 110: zwei Wochen bei fristloser, mindestens ein Monat bei
fristgerechter Kündigung; Hunold BB 1986, 2050, 2051: in der Regel vier
Wochen).*

Neben diesem **Zeitmoment** muß für eine Verwirkung des Rechts, eine Ab- 278
mahnung zu erklären, ein sog. **Umstandsmoment** hinzutreten *(BAG
14.12.1994 EzA § 4 TVG Ausschlußfristen Nr. 109, MünchArb/Berkowsky
§ 133 Rz 36; Krasshöfer-Pidde AuA 1993 137, 141; Brill NZA 1985, 109;
vgl. zur Verwirkung allg. Palandt/Heinrichs § 242 BGB Rz. 93 ff.).* Der Arbeitnehmer muß sich aufgrund des Verhaltens des Arbeitgebers darauf ein-
gerichtet haben, dieser werde sein Abmahnungsrecht nicht mehr geltend
machen. Außerdem muß wegen des geschaffenen Vertrauenstatbestandes
die verspätete Geltendmachung des Abmahnungsrechts als eine mit Treu
und Glauben unvereinbare Härte erscheinen *(vgl. BAG 14.12.1994 EzA § 4
TVG Ausschlußfristen Nr. 109; Palandt/Heinrichs § 242 BGB Rz. 95).*

279 Das LAG Köln hat eine **Verwirkung** des Abmahnungsrechts z. B. bei einem Arbeitgeber angenommen, der nach einem Schreiben, in dem er sich wegen einer Pflichtverletzung weitere Schritte vorbehielt, mit der schriftlichen Abmahnung ein Jahr gewartet hat *(LAG Köln 28.03.1988 LAGE § 611 BGB Abmahnung Nr. 10)*.

280 Eine Verwirkung des Rechts zur Abmahnung tritt indes nicht ein, wenn der Arbeitgeber eine einheitliche Abmahnung, welche er bereits gegenüber dem Arbeitnehmer erklärt hat, durch mehrere Einzelabmahnungen ersetzt, auf welche die einzelnen Vorwürfe verteilt werden *(LAG Köln 16.05.1997 FA 1998, 12 = ARST 1997, 262)*. Dazu kann der Arbeitgeber »gezwungen« sein, wenn sich einer der Vorwürfe, welcher bisher in der einheitlichen Abmahnung enthalten war, nicht nachweisbar und deshalb die gesamte Abmahnung unwirksam ist *(vgl. dazu ausf. Rz. 579)*.

V. Anhörung des Arbeitnehmers

281 Der **Arbeitgeber** ist nach dem Gesetz **nicht verpflichtet, den Arbeitnehmer anzuhören,** bevor er eine Abmahnung ihm gegenüber ausspricht bzw. zu den Personalakten nimmt *(vgl. Burger DB 1992, 836, 837; Beckerle/Schuster Rz. 171; abw. Krasshöfer-Pidde AuA 1993, 137; a.A. Schaub NJW 1990, 872, 876; ders. NZA 1997, 1185, 1187; MünchArb/Blomeyer § 96 Rz. 10; vgl. aber auch BAG 11.03.1986 EzA § 87 BetrVG 1972 Kontrolleinrichtung Nr. 15)*.

282 Insbes. ergibt sich ein derartiges Anhörungsrecht **nicht** aus § 82 Abs. 1 BetrVG *(so aber Schaub NJW 1990, 872, 876; ders. NZA 1997, 1185, 1187; Krasshöfer-Pidde AuA 1993, 137 141)*. Diese Vorschrift bezieht sich nach ihrem eindeutigen Wortlaut lediglich auf betriebliche Angelegenheiten, während es sich bei der **Abmahnung** um ein **individualrechtliches Recht** des Arbeitgebers handelt *(Beckerle/Schuster Rz. 171)*.

283 In einem **Tarifvertrag** kann indes ein **Anhörungsrecht** des Arbeitnehmers vor Ausspruch bzw. Aufnahme einer Abmahnung in die Personalakte **geregelt** werden *(vgl. z.B. § 10 Abs. 2 TVK; für den öffentlichen Dienst § 13 Abs. 2 Satz 1 BAT; Becker-Schaffner DB 1985, 650, 654)*.

284 **Verletzt** der **Arbeitgeber** ein tarifvertraglich geregeltes **Anhörungsrecht** des Arbeitnehmers vor Aufnahme einer Abmahnung in die Personalakte, ist dies i.Erg. **regelmäßig unbeachtlich** *(BAG 21.05.1992 EzA § 1 KSchG Verhaltensbedingte Kündigung Nr. 42 zu § 13 BAT; BAG 15.12.1994 – 2 AZR 251/94 – ; LAG Hamm 09.01.1992 BB 1992, 863 zu § 13 BAT; Beckerle/Schuster Rz. 171; Schaub NJW 1990, 872, 876; Stahlhacke/Preis Rz. 9)*.

Die Abmahnung ist dann zwar formell rechtswidrig und auf entsprechen- **285** den Antrag aus der Personalakte zu entfernen *(BAG 21.05.1992 EzA § 1 KSchG Verhaltensbedingte Kündigung Nr. 42; Becker-Schaffner DB 1985, 650, 654)*. Der Arbeitgeber kann sich in einem nachfolgenden Rechtsstreit, der die Kündigung betrifft, materiell-rechtlich aber dennoch auf das im Abmahnungsschreiben vergeblich gerügte Fehlverhalten und die Warnfunktion berufen, sofern die Abmahnung sachlich berechtigt ist, zumal er die Abmahnung auch mündlich hätte aussprechen können *(BAG 21.05.1992 EzA § 1 KSchG Verhaltensbedingte Kündigung Nr. 42; LAG Hamm 09.01.1992 BB 1992, 863; Stahlhacke/Preis Rz. 9; KR-Hillebrecht § 626 BGB Rz. 96 f.)*.

Der Arbeitnehmer kann unabhängig von der formellen Wirksamkeit der **286** Abmahnung nicht mehr davon ausgehen, daß der Arbeitgeber ein nachfolgendes einschlägiges Fehlverhalten ohne Folgen hinnehmen werde. Er muß trotz eines Verstoßes gegen das Anhörungsrecht mit kündigungsrechtlichen Konsequenzen bei weiteren Pflichtverletzungen rechnen; außerdem ist ihm der Einwand verwehrt, er habe die Pflichtwidrigkeit seines Handelns nicht gekannt *(BAG 21.05.1992 EzA § 1 KSchG Verhaltensbedingte Kündigung Nr. 42)*.

VI. Überprüfung einer Beteiligung des Betriebsrates

Beteiligungsrechte des Betriebsrates sind nach dem BetrVG in verschiede- **287** nen Formen denkbar.

Bei den **echten Mitbestimmungsrechten** kann der Arbeitgeber betriebliche **288** Maßnahmen nur im einvernehmlichen Zusammenwirken mit dem Betriebsrat treffen. Derartige echte Mitbestimmungsrechte sind z.B. in § 87 Abs. 1 BetrVG und § 94 BetrVG geregelt. Kommt eine Einigung zwischen Arbeitgeber und Betriebsrat bei einer Angelegenheit, bei der das Gesetz eine echte Mitbestimmung vorsieht, nicht zustande, muß nach § 76 Abs. 5 BetrVG die Einigungsstelle entscheiden, sofern das Vorhaben nicht fallengelassen wird.

Von den echten Mitbestimmungsrechten sind die **Mitwirkungsrechte** des **289** Betriebsrates zu unterscheiden. **Darunter** fallen die **Informationsrechte** *(z.B. § 80 Abs. 2 BetrVG und § 90 BetrVG)*, die Vorschlags-, Anhörungs- und Beratungsrechte *(z.B. § 102 BetrVG)* sowie **Abberufungsrechte** (z.B. § 98 Abs. 2 BetrVG). Ein **Vetorecht** steht dem **Betriebsrat** gegenüber Maßnahmen des Arbeitgebers **grds. nicht** zu *(im einzelnen Dütz Rz. 795 ff.)*.

1. Mitbestimmungsrecht nach § 87 Abs. 1 Nr. 1 BetrVG

290 Erteilt der Arbeitgeber dem Arbeitnehmer eine **Abmahnung**, besteht **kein Mitbestimmungsrecht** des Betriebsrats nach § 87 Abs. 1 Nr. 1 BetrVG *(BAG 17.10.1989 EzA § 87 BetrVG 1972 Betriebsbuße Nr. 8; BAG 25.06.1992 NZA 1993, 81; H/S/G § 87 BetrVG Rz. 123; D/R § 87 BetrVG Rz. 210; Hueck/v. Hoyningen-Huene § 1 KSchG Rz. 282a; Schaub NJW 1990, 872, 876; Falkenberg NZA 1988, 489, 492 f.).*

291 Gegenstand des Mitbestimmungsrechts nach dieser Vorschrift ist das betriebliche Zusammenleben und Zusammenwirken der Arbeitnehmer *(BAG 08.11.1994 EzA § 87 BetrVG 1972 Betriebliche Ordnung Nr. 21; BAG 13.05.1997 EzA § 37 BetrVG 1972 Nr. 135)*. Die Abmahnung betrifft indes nicht dieses mitbestimmungspflichtige Ordnungsverhalten, sondern das mitbestimmungsfreie vertragsgemäße Verhalten der betroffenen Arbeitnehmer. Der Arbeitgeber macht mit ihr sein Gläubigerrecht auf vertragsgemäßes Verhalten des Arbeitnehmers geltend *(BAG 30.01.1979 EzA § 87 BetrVG 1972 Betriebsbuße Nr. 3; BAG 17.10.1989 EzA § 87 BetrVG 1972 Betriebsbuße Nr. 8; Kasseler HB/Etzel 7.1 Rz. 434; D/R § 87 BetrVG Rz. 210; Falkenberg NZA 1988, 489, 492 f.).*

292 Ein Mitbestimmungsrecht des Betriebsrats nach § 87 Abs. 1 Nr. 1 BetrVG besteht auch dann nicht, wenn der Arbeitgeber mit der Abmahnung einen **Verstoß** des Arbeitnehmers **gegen die betriebliche Ordnung**, z.B. einen Verstoß gegen ein betriebliches Alkoholverbot, rügt *(BAG 17.10.1989 EzA § 87 BetrVG Betriebsbuße Nr. 8; v. Hoyningen-Huene RdA 1990, 193, 202; Schmid NZA 1985, 409, 414; a.A. Becker-Schaffner DB 1985 650, 652)*. Auch ein Verstoß gegen die kollektive betriebliche Ordnung ist ein Verstoß des Arbeitnehmers gegen die Pflichten aus dem Arbeitsvertrag *(BAG 17.10.1989 EzA § 87 BetrVG 1972 Betriebsbuße Nr. 8; Etzel Rz. 520; H/S/G § 87 BetrVG Rz. 123)*. Der Arbeitnehmer schuldet dem Arbeitgeber aufgrund seines Arbeitsvertrages auch, die betriebliche Ordnung zu beachten *(v. Hoyningen-Huene RdA 1990, 193, 202)*.

293 Ist der Arbeitnehmer, der die Pflichtverletzung begangen hat und deshalb eine Abmahnung erhalten soll, Mitglied des Betriebsrates oder der Tarifkommission, wird dadurch ebenfalls kein solches Mitbestimmungsrecht des Betriebsrates begründet *(BAG 19.07.1983 AP Nr. 5 zu § 87 BetrVG 1972 Betriebsbuße; Etzel Rz. 520)*. Im Vordergrund steht auch dann der Verstoß gegen arbeitsvertragliche Pflichten.

294 Etwas anderes ergibt sich indes dann, wenn die »Abmahnung« über die individuelle Rüge hinaus Sanktionen enthält. In Wahrheit kann dann eine **Betriebsbuße** vorliegen, die ihrerseits **mitbestimmungspflichtig** nach § 87 Abs. 1 Nr. 1 BetrVG ist *(vgl. im einzelnen Rz. 54 ff.)*.

2. Anhörung entsprechend § 102 BetrVG

Nach § 102 Abs. 1 BetrVG ist der Betriebsrat vor jeder Kündigung zu **295** hören. Ein **Anhörungsrecht des Betriebsrats** besteht nach dem Wortlaut dieser Vorschrift indes **nicht, wenn** der Arbeitgeber einem Arbeitnehmer eine **Abmahnung** erteilen will.

Diese Vorschrift kann auch nicht entsprechend auf Abmahnungen ausge- **296** dehnt werden. Die Abmahnung unterscheidet sich in ihrer Wirkung von der Kündigung. Während die Kündigung das Arbeitsverhältnis beendet, berührt die Abmahnung dessen Bestand nicht; sie stellt lediglich eine Vorstufe der Kündigung dar *(Adam DB 1996, 476; KPK-Schiefer Teil G Rz. 43; ausf. s. Rz. 28 f., 72)*.

Es ist den Betriebspartnern nicht möglich, durch – freiwillige – Betriebs- **297** vereinbarung das Mitwirkungsrecht des Betriebsrats nach § 102 BetrVG auf Abmahnungen zu erweitern. § 102 Abs. 6 BetrVG ermöglicht lediglich, durch eine freiwillige Betriebsvereinbarung festzulegen, daß eine Kündigung der Zustimmung des Betriebsrats bedarf *(im einzelnen H/S/G § 102 BetrVG Rz. 190)*. Weitere Möglichkeiten eröffnet diese Vorschrift den Betriebspartnern nicht.

3. Beteiligung nach § 99 BetrVG

Zu den personellen Einzelmaßnahmen gehören nach § 99 Abs. 1 BetrVG **298** Einstellungen, Eingruppierungen, Umgruppierungen und Versetzungen. Abmahnungen fallen dagegen nicht unter diese Vorschrift. Nach Ansicht des BAG können die Betriebspartner jedoch vereinbaren, daß auch Abmahnungen als personelle Einzelmaßnahme i.S.d. § 99 BetrVG gelten *(BAG 30.08.1995 EzA § 87 BetrVG 1972 Kontrolleinrichtung Nr. 21; a.A. H/S/G § 99 BetrVG Rz. 10)*.

Von den in § 99 Abs. 2 BetrVG geregelten **Zustimmungsverweigerungs-** **299** **gründen** kann auf Abmahnungen – wenn überhaupt – nur § 99 Abs. 2 Nr. 4 Anwendung finden *(BAG 30.08.1995 EzA § 87 BetrVG 1972 Kontrolleinrichtung Nr. 21)*. Nach dieser Vorschrift besteht für den Betriebsrat die Möglichkeit, seine Zustimmung zu einer personellen Einzelmaßnahme zu verweigern, wenn der betroffene Arbeitnehmer durch die personelle Maßnahme benachteiligt wird, ohne daß dies aus betrieblichen oder in der Person des Arbeitnehmers liegenden Gründen gerechtfertigt ist.

Verweigert der Betriebsrat die Zustimmung, so kann der Arbeitgeber nach **300** § 99 Abs. 4 BetrVG beim Arbeitsgericht beantragen, die Zustimmung zu ersetzen.

Einigen sich die Betriebspartner nicht darauf, das Beteiligungsrecht des **301** § 99 BetrVG auch auf Abmahnungen zu erstrecken, obwohl Arbeitgeber oder Betriebsrat dies wünschen, kann die Einigungsstelle angerufen werden. Die Einigungsstelle darf nach § 77 Abs. 6 Satz 1 BetrVG aber nur tätig werden, wenn beide Seiten, d.h. Arbeitgeber und Betriebsrat, dies beantragen. Nach § 76 Abs. 5 Satz 1 BetrVG reicht der Antrag einer Seite nicht aus. Die Erweiterung des Beteiligungsrechts des Betriebsrats nach § 99 BetrVG auf Abmahnungen stellt keinen gesetzlich geregelten Fall dar, in dem der Spruch der Einigungsstelle die Einigung zwischen Arbeitgeber und Betriebsrat ersetzt.

302 Ferner kann der Spruch der Einigungsstelle die fehlende Einigung zwischen Arbeitgeber und Betriebsrat nur ersetzen, wenn beide Seiten sich dem Spruch im voraus unterworfen haben. Dies ergibt der eindeutige Wortlaut des § 76 Abs. 6 Satz 2 BetrVG *(BAG 30.08.1995 EzA § 87 BetrVG 1972 Kontrolleinrichtung Nr. 21; zust. Hueck/v. Hoyningen-Huene § 1 KSchG Rz. 282).* Weder dem Arbeitgeber noch dem Betriebsrat kann von der Einigungsstelle ein gesetzlich nicht geregeltes Beteiligungsrecht des Betriebsrats aufgedrängt werden *(BAG 30.08.1995 EzA § 87 BetrVG 1972 Kontrolleinrichtung Nr. 21; KPK-Schiefer Teil G Rz. 43).*

4. Informationsanspruch

303 Der **Arbeitgeber** ist regelmäßig nicht verpflichtet, den **Betriebsrat** zu **informieren**, bevor er eine Abmahnung erklärt und zu den Personalakten nimmt *(Kammerer Rz. 77; Etzel Rz. 526).* Insbes. muß er ihm nicht von jeder Abmahnung eine Durchschrift oder Kopie überlassen *(LAG Schleswig-Holstein 27.05.1983 BB 1983, 1282; MünchKomm/Schwerdtner § 622 BGB Anh. Rz. 140; Schaub NJW 1990, 872, 876; Schmid NZA 1985, 409, 414; abw. wohl LAG Niedersachsen 28.02.1984 ArbuR 1985, 99).*

304 Ein Informationsanspruch des Betriebsrates ergibt sich regelmäßig insbes. nicht aus § 80 Abs. 2 Satz 1 BetrVG. Der Bezug zu den Aufgaben des Betriebsrats bildet eine immanente Schranke für den Inhalt und Umfang der Unterrichtungspflicht des Arbeitgebers nach dieser Vorschrift *(D/R § 80 BetrVG Rz. 47; H/S/G § 80 BetrVG Rz. 30).*

305 Macht der Arbeitgeber von seinem Abmahnungsrecht Gebrauch, steht dies grds. in keinem Sachzusammenhang mit einer Überwachungsaufgabe des Betriebsrats *(Kammerer Rz. 77; Etzel Rz. 520).* Eine Abmahnung betrifft in der Regel allein die vertraglichen Beziehungen zwischen Arbeitgeber und Arbeitnehmer. Es muß dem Arbeitnehmer selbst überlassen bleiben, sich gegen eine Abmahnung zur Wehr zu setzen oder sie hinzunehmen *(LAG Schleswig-Holstein 27.05.1983 BB 1983, 1282; zust. MünchKomm/ Schwerdtner § 622 BGB Anh. Rz. 140; Schmid NZA 1985, 409, 414).*

306 Nach Ansicht des LAG Bremen soll ein Informationsanspruch des Betriebsrats aber dann bestehen, wenn der Arbeitgeber auf eine spontane Ar-

beitsniederlegung mehrerer Arbeitnehmer, der eine Demonstration folgt, mit einer Vielzahl von Abmahnungen reagiert *(LAG Bremen 13.10.1983 AiB 1984, 95)*. Nur so könne der Betriebsrat nach § 80 Abs. 2 Satz 1 BetrVG überwachen, ob der Arbeitgeber den Gleichbehandlungsgrundsatz nach § 75 Abs. 1 BetrVG beachtet habe *(LAG Bremen 13.10.1983 AiB 1984, 95)*.

Davon zu unterscheiden ist die Frage, ob der **Arbeitgeber** berechtigt ist, **307** dem **Betriebsrat** von sich aus eine **Kopie** oder Durchschrift der **Abmahnung** zur **Verfügung** zu stellen. Dies kann für ihn von Interesse sein, weil er ihm die Abmahnung bei einer späteren Kündigung, die er z.b. auf verhaltensbedingte Gründe stützt, im Rahmen des Anhörungsverfahrens nach § 102 Abs. 1 Satz 2 BetrVG ohnehin mitteilen bzw. vorlegen muß *(Beckerle/Schuster Rz. 140)*. Denkbar ist auch, daß er das Einverständnis des Betriebsrats zur Abmahnung einholen will, um ihre Akzeptanz beim Arbeitnehmer zu erhöhen *(MünchArb/Berkowsky § 133 Rz. 29)*.

Dem Arbeitgeber ist grds. zu empfehlen, die ausdrücklich erklärte Einwil- **308** ligung des Arbeitnehmers einzuholen, bevor er dem Betriebsrat eine Kopie oder Durchschrift der Abmahnung zuleitet *(vgl. MünchArb/Blomeyer § 96 Rz. 14; a.A. MünchArb/Berkowsky § 133 Rz. 29; MünchKomm/Schwerdtner § 622 BGB Anh. Rz. 140; einschränkend Schmid NZA 1985, 409, 414)*. Die Abmahnung gilt ebenso wie andere für den Arbeitnehmer nachteilige Unterlagen, z.b. über Betriebsbußen, als Teil der Personalakte *(MünchArb/Blomeyer § 96 Rz. 4)*. Für Personalakten und deren einzelne Bestandteile stuft das Gesetz in § 83 Abs. 1 BetrVG das Recht des Arbeitnehmers auf informelle Selbstbestimmung als Unterfall des Persönlichkeitsrechts grds. höher ein als das Interesse des Arbeitgebers an einer frühen Unterrichtung des Betriebsrats *(MünchArb/Blomeyer § 96 Rz. 14; Kammerer Rz. 77; vgl. auch Schmid NZA 1985, 409, 414 Fn. 37)*. Der Betriebsrat bzw. ein Mitglied des Betriebsrats hat ein Einsichtsrecht in die Personalakten nach dieser Vorschrift nur, wenn der Arbeitnehmer dies wünscht *(MünchKomm/Schwerdtner § 622 BGB Anh. Rz. 140)*.

Eine **Einwilligung** des Arbeitnehmers ist indes **keinesfalls erforderlich**, **309** wenn der Arbeitgeber die Abmahnung dem Betriebsrat im Rahmen des Anhörungsverfahrens nach § 102 BetrVG vorlegen will. Kraft Gesetzes tritt bei einer beabsichtigten Kündigung das Recht auf informelle Selbstbestimmung des Arbeitnehmers zurück. § 102 Abs. 1 Satz 2 BetrVG ordnet ausdrücklich an, daß der Arbeitgeber dem Betriebsrat die Gründe für die beabsichtigte Kündigung mitteilen muß.

VII. Abfassung der Abmahnung

1. Form

a. Gesetz

310 Das Gesetz schreibt für die Abmahnung **keine** besondere **Form** vor. Sie kann daher grundsätzlich formlos, d.h. mündlich, ausgesprochen werden *(Hueck/v. Hoyningen-Huene Rz. 288a; KR-Hillebrecht § 626 BGB Rz. 98d)*.

311 Allerdings ist **aus Beweisgründen** dem Arbeitgeber immer eine **schriftliche Abmahnung** zu empfehlen *(Hueck/v. Hoyningen-Huene § 1 KSchG Rz. 288a; KR-Hillebrecht § 626 BGB Rz. 98d; Beckerle/Schuster Rz. 82)*. Auf diese Weise dokumentiert der Arbeitgeber für einen eventuellen späteren Prozeß die Tatsachen, welche die Pflichtwidrigkeit des abgemahnten Verhaltens begründen. Bei einer schriftlichen Abmahnung ist es ihm auch leichter möglich, die sonstigen Voraussetzungen der Abmahnung darzulegen und ggf. zu beweisen.

b. Vertrag

312 Arbeitgeber und Arbeitnehmer können im **Arbeitsvertrag** bestimmen, daß eine **Abmahnung schriftlich** zu erfolgen hat. Zur Wahrung der Form genügt dann gem. § 127 Satz 2 BGB telegrafische Übermittlung, sofern kein anderer Wille der Vertragspartner anzunehmen ist.

313 Obwohl in § 127 Satz 2 BGB nicht erwähnt, wahrt regelmäßig auch eine mittels Kopie versandte Abmahnung die vertraglich vereinbarte Form *(vgl. BGH 22.04.1996 NJW-RR 1996, 866; MünchKomm/Förschler § 127 BGB Rz. 10a)*.

c. Betriebsvereinbarung

314 Eine **Vereinbarung** über eine bestimmte **Form** der Abmahnung ist auch in einer freiwilligen **Betriebsvereinbarung** denkbar *(vgl. H/S/G § 77 BetrVG Rz. 39; GK-Kreutz § 77 BetrVG Rz. 175)*. Eine solche Regelung kann als Inhaltsnorm des gefährdeten Arbeitsverhältnisses angesehen werden. In der Praxis finden sich Regelungen über eine bestimmte Form der Abmahnung allerdings in der Betriebsvereinbarung so gut wie nie.

d. Tarifvertrag

315 Den Parteien eines Tarifvertrages ist es ebenfalls möglich, für die Abmahnung im **Tarifvertrag** ein **Formerfordernis** zu vereinbaren *(Löwisch/Rieble § 1 TVG Rz. 542)*.

Der Tarifvertrag regelt selbst, welchen Inhalt ein Formgebot hat **316**
(Löwisch/Rieble Rz. 543). Haben die Tarifvertragspartner Schriftform vereinbart, müssen die Voraussetzungen der gesetzlichen Schriftform nach
§ 126 BGB erfüllt sein. Ein Tarifvertrag hat den Charakter einer Rechts-
norm *(Löwisch/Rieble § 1 TVG Rz. 543; MünchKomm/Förschler § 126
BGB Rz. 5; vgl. auch BAG 06.09.1972 AP Nr. 2 zu § 4 BAT).*

Den Parteien bleibt es auch überlassen zu regeln, welche **Folgen** ein **Verstoß** **317**
gegen die **vereinbarte Form** haben soll *(Löwisch/Rieble § 1 TVG Rz. 544).*

Sieht der Tarifvertrag eine entsprechende Regelung nicht vor, kommt es auf **318**
den Zweck des Formerfordernisses an, welches für die Abmahnung aufge-
stellt wurde *(Löwisch/Rieble § 1 TVG Rz. 544).* Soll das Formerfordernis,
welches der Tarifvertrag für eine Abmahnung vorsieht, Beweiszwecken
dienen, hat es nur deklaratorische Wirkung *(vgl. Löwisch/Rieble § 1 TVG
Rz. 544).* Die Abmahnung ist auch bei einem Verstoß gegen die tarifvertraglich vorgesehene Form wirksam.

Regelmäßig wird aber eine tarifvertraglich vorgesehene Schriftform nach **319**
dem Willen der Tarifvertragsparteien über die Beweisfunktion hinaus eine
Warnfunktion haben *(Löwisch/Rieble § 1 TVG Rz. 546).* Außerdem muß
die schriftliche Abmahnung zu der Personalakte genommen werden. Sie
entfaltet daher eine weitergehende Wirkung als die nur mündlich ausgesprochene Abmahnung. Diese über den Beweiszweck hinausgehende Funktion der Schriftlichkeit der Abmahnung spricht dafür, daß eine entsprechende Formvorschrift im Tarifvertrag konstitutiv ist. Ein Verstoß gegen
das Formgebot führt dann eine Unwirksamkeit der Abmahnung *(vgl.
Löwisch/Rieble § 1 TVG Rz. 546).*

2. Inhalt

a. Bezeichnung als Abmahnung

Nach der Rechtsprechung muß die Abmahnung nicht ausdrücklich als sol- **320**
che bezeichnet werden *(BAG 29.05.1985 RzK I 1 Nr. 7; BAG 10.11.1993
EzA § 611 BGB Abmahnung Nr. 29; zust. MünchKomm/Schwerdtner
§ 622 BGB Anh. Rz. 120; Krasshöfer-Pidde AuA 1993, 137, 139; Hunold
BB 1986, 2050).* Empfehlenswert ist dies dennoch, da der Arbeitgeber auf
diese Weise einer evtl. falschen Deutung seiner Erklärung zuvorkommt
(Falkenberg NZA 1988, 489, 490; KPK-Schiefer Teil G Rz. 34). Mit einer
eindeutigen Kennzeichnung als »Abmahnung« gibt er zu erkennen, daß er
mit der Erklärung tatsächlich eine Abmahnung und nicht z.B. eine Betriebsbuße aussprechen will *(vgl. ausf. zur Abgrenzung Rz. 54 ff.).*

b. Darstellung des vertragsgerechten Verhaltens

321 Die Abmahnung soll dem Arbeitnehmer Gelegenheit geben, zu einem vertragsgerechten Verhalten zurückzukehren *(s. im einzelnen Rz. 48)*. Obwohl vom BAG nicht ausdrücklich gefordert, ist der Arbeitgeber aufgrund dieses Zwecks der Abmahnung gut beraten, in der Abmahnung das vertragsgerechte Verhalten aufzunehmen, welches der Arbeitnehmer zukünftig zeigen soll *(Tschöpe NZA 1990 Beil. 2 S. 10; Beckerle/Schuster Rz. 65)*.

c. Darstellung der Pflichtverletzung (Rügefunktion)

322 Ordnungsgemäß ist die Abmahnung nur, wenn der Arbeitgeber das **Fehlverhalten** des Arbeitnehmers in ihr möglichst **genau bezeichnet** *(BAG 09.08.1984 EzA § 1 KSchG Verhaltensbedingte Kündigung Nr. 11; BAG 24.03.1988 RzK I 5i Nr. 35; BAG 25.06.1992 NZA 1993, 81:»hinreichend genau«; MünchArb/Berkowsky § 133 Rz. 15; MünchKomm/ Schwerdtner § 622 BGB Anh. Rz. 120; Kammerer Rz. 29)*.

323 Dazu gehört **vor allen Dingen:**

➤ Die **detaillierte Schilderung** des tatsächlichen **Sachverhalts**, der den Pflichtverstoß kennzeichnet, insbes. nach Ort, beteiligten Personen usw. *(BAG 08.12.1988 EzAÜG Nr. 309; LAG Baden-Württemberg 17.10.1990 EzA § 611 BGB Abmahnung Nr. 25)*;

➤ bei Beanstandung einer Arbeitsleistung als mangel- oder fehlerhaft inhaltliche Angaben zur Bezugsgröße der verlangten fehlerfreien Arbeitsleistung *(LAG Baden-Württemberg 17.10.1990 LAGE § 611 BGB Abmahnung Nr. 25; vgl. auch BAG 09.08.1984 EzA § 1 KSchG Verhaltensbedingte Kündigung Nr. 11)*. Im subjektiv-künstlerischen Bereich, z. B. bei einem Orchestermusiker, ist dies allerdings nur eingeschränkt möglich *(BAG 15.08.1984 EzA § 1 KSchG Nr. 40)*;

➤ Angaben dazu, **wann** (Datum) und **zu welcher Uhrzeit** sich der **Pflichtverstoß** ereignet hat *(BAG 28.04.1994 RzK I 8k Nr. 6; ArbG Wetzlar 17.08.1993 EzA § 611 BGB Abmahnung Nr. 27; Becker-Schaffner BB 1995, 2526; a.A. Tschöpe NZA 1990 Beil. 2 S. 10, 11)*;

➤ bei **mehreren Pflichtverletzungen** die genaue Abgrenzung der einzelnen Sachverhalte *(BAG 28.04.1994 RzK I 8k Nr. 6)*;

➤ die **beweisbare Darstellung der Folgen**, z. B. Schäden, die durch die Pflichtverletzung verursacht wurden *(KPK/Schiefer Teil G Rz. 37)*.

324 Entgegen einer in der betrieblichen Praxis weit verbreiteten Meinung ist es somit **nicht ausreichend,** den Pflichtverstoß lediglich **schlagwortartig** zu kennzeichnen *(BAG 15.08.1984 EzA § 1 KSchG Nr. 40; LAG Baden-Württemberg 17.10.1990 EzA § 611 BGB Abmahnung Nr. 25)*. Zu warnen ist insbes. vor pauschalen Angaben und allgemeinen Wertungen wie:»Vertrauensverlust«, »fehlende Bereitschaft zur Zusammenarbeit«, »Störung des Betriebsfriedens«, »Minderleistung«, »untragbares Verhalten« *(ArbG Wetzlar 17.08.1993 EzA § 611 BGB Abmahnung Nr. 27; Becker-Schaffner BB 1995, 2526; vgl. auch MünchArb/Berkowsky § 133 Rz. 15).*

Dem Arbeitgeber ist **nicht** zu empfehlen, die vom Arbeitnehmer begangene **325** Pflichtverletzung (**straf-)rechtlich** zu **werten,** da er auf diese Weise unnötig eine mögliche Fehlerquelle schafft. Mit der Wertung »Betrug« in einer Abmahnung ist z.b. die Tatsachenbehauptung verbunden, der Arbeitnehmer habe den Arbeitgeber mit dem beanstandeten Verhalten in seinem Vermögen geschädigt. Kann der Arbeitgeber eine solche Vermögensschädigung dann nicht darlegen, läuft er Gefahr, daß die Abmahnung bereits aus diesem Grund unwirksam ist *(LAG Rheinland-Pfalz 13.04.1989 LAGE § 611 BGB Abmahnung Nr. 18).*

Sachverhalte, die nur das **Hintergrundgeschehen** für die begangene Pflicht- **326** verletzung schildern sollen, bergen möglicherweise erhebliche Gefahren und sollten daher neben der Darstellung der eigentlichen Pflichtverletzung **nicht** mit **in** die **Abmahnung** aufgenommen werden. Derartige Hintergrundinformationen können aus der Sicht des Arbeitnehmers eigenständige Vorwürfe enthalten, die u.U. vom Arbeitgeber nicht konkretisiert werden können und damit die gesamte Abmahnung unwirksam machen *(Tschöpe NZA 1990 Beil. 2 S. 10, 11).*

Ferner muß der Arbeitgeber die begangene Pflichtverletzung ausdrücklich be- **327** anstanden und den Arbeitnehmer eindringlich auffordern, sich künftig vertragsgerecht zu verhalten *(vgl. BAG 10.11.1988 EzA § 611 BGB Abmahnung Nr. 18; LAG Hamm 30.05.1996 NZA 1997, 1056; KR-Hillebrecht § 626 BGB Rz. 98; Stahlhacke/Preis Rz. 10; Beckerle/Schuster Rz. 71).*

d. Anzahl der Pflichtverletzungen

Enthält eine **Abmahnung** mehrere Pflichtverletzungen des Arbeitnehmers, **328** ist die Abmahnung bereits dann insgesamt **unwirksam,** wenn es dem Arbeitgeber in einem evtl. Rechtsstreit nicht gelingt, jedes gerügte Fehlverhalten darzulegen und ggf. zu beweisen *(vgl. nur BAG 13.03.1991 EzA § 611 BGB Abmahnung Nr. 20; zur Teilunwirksamkeit s. ausf. Rz. 579).*

Deshalb sollte der Arbeitgeber regelmäßig in einer **Abmahnung** nur jeweils **329** **eine Pflichtwidrigkeit** des Arbeitnehmers beanstanden *(vgl. Becker-Schaffner BB 1995, 2526, 2527).*

Ausnahmsweise kann es indes geboten sein, mehrere Pflichtverletzungen in **330** einer Abmahnung zusammenzufassen. Dies sollte geschehen, wenn die einzelne Pflichtverletzung nicht gravierend genug ist, für sich genommen eine Abmahnung zu rechtfertigen, d. h. eine Abmahnung unverhältnismäßig wäre *(s. ausf. Rz. 250 ff.).*

B Beispiel:

Der Arbeitnehmer kommt fünf Minuten zu spät zur Arbeit. Dieses Fehlverhalten wiederholt sich in den nächsten sechs Wochen 20 mal. Eine Verspätung allein rechtfertigt kaum eine Abmahnung. Erst die Vielzahl der geringfügigen Verspätungen macht eine Abmahnung verhältnismäßig. Sie sind daher alle in einer Abmahnung aufzunehmen.

e. Verweis auf Unterlagen oder Gespräche

331 Es kann unschädlich sein, wenn in einer Abmahnung auf Aufzeichnungen eines Vorarbeiters Bezug genommen wird. Es ist zu formalistisch, vom Arbeitgeber zu verlangen, das, was der Vorarbeiter aufgrund eigener Kenntnisnahme des Sachverhalts schriftlich festgehalten habe, nunmehr in eigene Worte zu kleiden, obwohl die Feststellungen des Sachverhalts auf den Wahrnehmungen des Vorarbeiters beruhen.

332 Man wird allerdings dem **Arbeitgeber empfehlen** müssen, in einem solchen Fall den **Wortlaut der Aufzeichnungen,** auf die Bezug genommen wird, in die **Abmahnung** aufzunehmen bzw. die Aufzeichnungen der Abmahnung beizufügen und auf sie im Text zu verweisen. Ansonsten kann die Abmahnung nicht aus sich heraus verständlich sein.

333 Der **Abmahnung fehlt** indes die erforderliche **Eindeutigkeit,** wenn in einer schriftlichen Abmahnung undifferenziert auf ein anderes Schreiben verwiesen wird, in dem neben den beanstandeten Vertragsverletzungen weitere Vorgänge aufgeführt sind, auf die sich die Abmahnung nicht bezieht und auch nicht beziehen soll *(LAG Hamm 01.02.1983 EzA § 611 BGB Fürsorgepflicht Nr. 33).*

334 Ein Rückgriff auf **mündliche Erörterungen** und Gespräche in der Abmahnung ist ebenfalls bedenklich. Die Abmahnung ist dann möglicherweise aus sich heraus nicht verständlich *(ArbG Chemnitz 08.06.1994 BB 1994, 1789; abw. Kammerer Rz. 30; Krasshöfer-Pidde AuA 1993, 137, 139).* Außerdem erfüllt die Abmahnung ihre Dokumentationsfunktion zugunsten des Arbeitgebers nicht. Der Arbeitgeber muß bei einer ggf. später auszusprechenden Kündigung die Gesprächsinhalte rekonstruieren, ohne auf Einzelheiten in der Abmahnung zurückgreifen zu können. Dies kann ihn in erhebliche Darlegungs- und Beweisschwierigkeiten bringen *(Kittner/Trittin Einl. Rz. 118).*

335 Der Arbeitgeber ist auch nicht gut beraten, wenn er in einer **Abmahnung** auf **andere Abmahnungen Bezug** nimmt. Ein »Domino-Effekt« könnte die Folge sein. Ist eine Abmahnung unwirksam, besteht nach Ansicht des BAG die Möglichkeit, daß auch die auf diese Abmahnung verweisenden weiteren Abmahnungen inhaltlich unzutreffend sind *(BAG 03.02.1993 – 5 AZR 200/92 – n.v.).*

f. Darstellung der Folgen (Warnfunktion)

Neben der genauen Darstellung der Pflichtverletzung ist der **Hinweis** auf **336** die **Folgen weiterer Pflichtverletzungen** ein unverzichtbarer Bestandteil der Abmahnung *(BAG 09.08.1984 EzA § 1 KSchG Verhaltensbedingte Kündigung Nr. 11; BAG 10.11.1988 EzA § 611 BGB Abmahnung Nr. 18; KR-Hillebrecht § 626 BGB Rz. 98a; Hueck/v. Hoyningen-Huene § 1 KSchG Rz. 281).* Mit einem solchen Hinweis erfüllt die Abmahnung ihre Warnfunktion *(s. ausf. Rz. 54 f.).*

Es reicht aus, wenn der Arbeitgeber dem Arbeitnehmer unmißverständlich **337** klarmacht, daß im **Wiederholungsfall** der **Inhalt** oder der **Bestand** des **Arbeitsverhältnisses gefährdet** sind *(BAG 18.11.1986 EzA § 611 BGB Abmahnung Nr. 4; BAG 17.02.1994 EzA § 611 BGB Abmahnung Nr. 30; BAG 26.01.1995 EzA § 1 KSchG Verhaltensbedingte Kündigung Nr. 46; KR-Hillebrecht § 626 BGB Rz. 98a).*

Ein **Hinweis** auf **bestimmte** kündigungsrechtliche **Maßnahmen**, z.B. or- **338** dentliche Kündigung, fristlose Kündigung oder Änderungskündigung, ist nicht erforderlich (BAG 18.01.1980 EzA § 1 KSchG Verhaltensbedingte Kündigung Nr. 7; BAG 24.03.1988 RzK I 5i Nr. 35; Schmid NZA 1985, 409, 411).

Ein derartiger **detaillierter Hinweis** ist dem Arbeitgeber auch **nicht** zu **emp- 339 fehlen**. Ansonsten läuft er Gefahr, sich selbst unnötig zu binden *(vgl. Beckerle/Schuster Rz. 79; KPK-Schiefer Teil G Rz. 40).*

🄱 **Beispiel:**

In einer Abmahnung droht ein Arbeitgeber einem Arbeitnehmer ausdrücklich eine fristgerechte Kündigung für den Wiederholungsfall an. Nach einer erneuten Pflichtverletzung sieht er sich gezwungen, eine fristlose Kündigung auszusprechen, da der Arbeitnehmer nach dem einschlägigen Tarifvertrag aufgrund seines Alters und seiner Betriebszugehörigkeit ordentlich nicht mehr kündbar ist. Der Arbeitgeber muß damit rechnen, daß er sich in einem Gerichtsverfahren, welches die fristlose Kündigung zum Streitgegenstand hat, auf die Abmahnung nicht berufen kann. Die Warnfunktion dieser Abmahnung, in welcher lediglich eine fristgerechte Kündigung angedroht wird, bleibt hinter der vom Arbeitgeber gezogenen arbeitsrechtlichen Konsequenz, der fristlosen Kündigung, zurück.

Unschädlich dürfte allerdings sein, in der Abmahnung lediglich eine »Kün- **340** digung« für den Wiederholungsfall anzudrohen, wenn der Arbeitgeber allein diese Folge in Betracht zieht *(KPK-Schiefer Teil G Rz. 40).*

Lediglich »Konsequenzen arbeitsrechtlicher Art« sollte der Arbeitgeber al- **341** lerdings nicht androhen, obwohl dies vom BAG vereinzelt vertreten worden ist *(vgl. BAG 15.07.1992 EzA § 611 BGB Abmahnung Nr. 26; BAG 18.05.1994 EzA § 611 BGB Abmahnung Nr. 31).* Ohne Not riskiert er ansonsten, daß ein Gericht annimmt, die Abmahnung sei aufgrund einer unbestimmten Warnfunktion als Vorstufe einer Kündigung nicht geeignet *(Pauly NZA 1995, 449, 452; a.A. Bock ArbuR 1987, 217, 219).* Mit einer Kündigung muß der Arbeitnehmer bei einer solchen Formulierung nach einer weiteren Pflichtverletzung nicht unbedingt rechnen, da z.b. auch eine Versetzung eine »arbeitsrechtliche Konsequenz« darstellt *(i.Erg. Kasseler HB/Isenhardt 1.3 Rz. 502; Beckerle/Schuster Rz. 76a; Sander AuA 1995, 296, 298).*

VIII. Erklärung der Abmahnung

1. Abmahnungsbefugnis

342 Die **Abmahnung** ist nur wirksam, wenn derjenige, der die Abmahnung erklärt, auch **befugt** ist, sie **auszusprechen** bzw. bei einer schriftlichen Abmahnung sie zu unterzeichnen *(vgl. nur BAG 05.07.1990 EzA § 15 SchwbG 1986 Nr. 3; Kasseler HB/Isenhardt 1.3 Rz. 504).*

a. Kündigungsberechtigte

343 **Abmahnungsbefugt** sind unstr. alle Personen, die eine Kündigung wirksam erklären können *(BAG 18.01.1980 EzA § 1 KSchG Verhaltensbedingte Kündigung Nr. 7; BAG 08.02.1989 ZTR 1989, 314; BAG 05.07.1990 EzA § 15 SchwbG 1986 Nr. 3; LAG Hamm 13.04.1983 DB 1983, 1930; Tschöpe NZA 1990 Beil. 2 S. 10, 12; Kammerer Rz. 36; MünchKomm/ Schwerdtner § 622 BGB Anh. Rz. 123; Pauly NZA 1995, 449, 452).*

344 **Kündigungsberechtigt** und damit abmahnungsbefugt sind in der Regel aufgrund gesetzlicher Vertretungsmacht *(zu den Ausnahmen und zur Gesamtvertretungsmacht s. KR-Hillebrecht § 626 BGB Rz. 243 ff.)* z.B.

➤ bei kaufmännischen oder gewerblichen Betrieben, die von natürlichen Personen geleitet werden, deren Inhaber als Vertragspartner des Arbeitnehmers *(KR-Hillebrecht § 626 BGB Rz. 242);*

➤ der Geschäftsführer bei einer GmbH *(§ 35 Abs. 2 GmbHG);*

➤ der Vorstand bei einer AG *(§ 78 Abs. 2 AktG);*

➤ der Komplementär bei der OHG und KG *(§§ 125 Abs. 1, 161 Abs. 2 HGB).*

345 Der **Arbeitgeber** kann darüber hinaus Personen durch Rechtsgeschäft **bevollmächtigen,** Kündigungen für ihn auszusprechen. Dadurch sind diese gleichzeitig ermächtigt, Abmahnungen zu erklären.

Eine rechtsgeschäftliche Vollmacht kann für eine Kündigung im Einzelfall **346** nach § 167 BGB erteilt werden. Denkbar ist auch, daß die Vollmacht zur Kündigung Teil einer umfassenderen Vollmacht ist, wie z.b. bei der Erteilung einer Prokura *(vgl. §§ 48 ff. HGB).*

Der Bevollmächtigte vertritt den Arbeitgeber. Die vom Bevollmächtigten **347** erklärte Kündigung oder Abmahnung wirkt unmittelbar so, als ob der Arbeitgeber sie persönlich abgegeben hätte, sofern der Bevollmächtigte die ihm erteilte Vertretungsmacht nicht überschreitet und sich zumindest aus den Umständen ergibt, daß der Bevollmächtigte nicht im eigenen, sondern im Namen des Arbeitgebers handelt *(vgl. § 164 BGB).* Zur Kündigung sind regelmäßig z. B. bevollmächtigt:

➤ Generalbevollmächtigte

➤ Prokuristen *(vgl. §§ 50 ff. HGB; vgl. dazu BAG 11.07.1991 EzA § 174 BGB Nr. 9).*

Der Arbeitnehmer kann regelmäßig eine ihm gegenüber von einem durch **348** Rechtsgeschäft Bevollmächtigten erklärte Kündigung nach § 174 Satz 1 BGB unverzüglich zurückweisen, wenn der Bevollmächtigte ihm keine entsprechende Vollmachtsurkunde vorlegt. Die Kündigung ist dann unwirksam. Für die Abmahnung als geschäftsähnliche Handlung wird man dies ebenfalls annehmen müssen. Die rechtsgeschäftlichen Regelungen über die Stellvertretung *(§§ 167 ff. BGB)* sind auch auf geschäftsähnliche Handlungen anwendbar *(BGH 25.11.1982 NJW 1983, 1542; Larenz/Wolf § 22 Rz. 29).*

Dies gilt indes nach § 174 Satz 2 BGB u.a. nicht, wenn der Arbeitgeber den **349** kündigenden Mitarbeiter in eine Stellung beruft, mit der das Kündigungsrecht und damit auch die Abmahnungsbefugnis normalerweise verbunden sind *(BAG 30.05.1972 EzA § 174 BGB Nr. 1).* Dies ist regelmäßig beim Generalbevollmächtigten und beim Prokuristen *(BAG 20.08.1997 NZA 1997, 1343),* aber auch z. B. bei einem Personalleiter der Fall *(BAG 30.05.1972 EzA § 174 BGB Nr. 1).*

b. Sonstige Befugte

Neben den Personen, die eine Kündigung wirksam erklären können, sind **350** **weitere Personen berechtigt**, eine Abmahnung auszusprechen. Nicht die Kündigungsbefugnis allein, sondern das weitergehende **Weisungsrecht** (Direktionsrecht) **entscheidet** über die Befugnis, eine Abmahnung wirksam erklären zu können *(BAG 18.01.1980 EzA § 1 KSchG Verhaltensbedingte Kündigung Nr. 7; BAG 08.02.1989 ZTR 1989, 314; BAG 05.07.1990 EzA § 15 SchwbG 1986 Nr. 3; LAG Hamm 13.04.1983 DB 1983, 1930; zust. Stahlhacke/Preis Rz. 11; Hueck/v. Hoyningen-Huene § 1 KSchG Rz. 288c; Kasseler HB/Isenhardt 1.3 Rz. 504; MünchKomm/Schwerdtner*

*§ 622 BGB Anh. Rz. 123; abw. Schaub NZA 1997, 1185, 1186; a.A.
Adam DB 1996, 476; Kammerer Rz. 36; Pauly NZA 1995, 449, 452).*

Abmahnungsberechtigt sind damit alle Vorgesetzten, die verbindliche Anweisungen hinsichtlich des Ortes, der Zeit sowie der Art und Weise der arbeitsvertraglich geschuldeten Leistung erteilen können *(ausf. zum Weisungsrecht Hromadka DB 1995, 1609 ff. und DB 1995, 2601 ff.).*

351 Abmahnungsberechtigt können daher auch Fachvorgesetzte sein, sofern
der Arbeitgeber ihnen ein Weisungsrecht eingeräumt hat, z.B:

➤ Meister *(LAG Düsseldorf 08.01.1980 BB 1980, 526; zust. Becker-
Schaffner DB 1985, 650, 651; Beckerle/Schuster Rz. 86; vgl. auch LAG
Hamm 13.04.1983 DB 1983, 1930);*

➤ Abteilungsleiter *(Beckerle/Schuster Rz. 86);*

➤ Chefarzt *(BAG 18.01.1980 EzA § 1 KSchG Verhaltensbedingte Kündigung Nr. 7).*

352 Gegen eine Ausdehnung der Abmahnungsbefugnis auf diejenigen Personen
im Unternehmen, denen ein Weisungsrecht eingeräumt worden ist, spricht
insbes. nicht, daß in der Abmahnung eine Beendigung des Arbeitsverhältnisses angedroht werden muß *(so aber: Krasshöfer-Pidde AuA 1993, 137,
139; Pauly NZA 1995, 449, 452; Adam DB 1996, 476).* Die Abmahnung
ist lediglich eine Vorstufe der Kündigung; sie beendet im Gegensatz zur
Kündigung das Arbeitsverhältnis nicht *(v. Hoyningen-Huene RdA 1990,
193, 206; KPK-Schiefer Teil G Rz. 45; vgl. auch Tschöpe NZA 1990 Beil.
2 S. 10, 12).* Mit dem Direktionsrecht delegiert der Arbeitgeber einen Teil
seiner Gläubigerstellung, welche Grundlage seines Rechts zur Abmahnung
ist *(Tschöpe NZA 1990 Beil. 2 S. 10, 12; vgl. auch Rz. 39 f.).*

c. Abmahnungsbefugnis im Leiharbeitsverhältnis

353 Besondere Bedeutung hat die Ausdehnung der Abmahnungsbefugnis auf
Weisungsberechtigte im Leiharbeitsverhältnis. Kündigungsrecht und Abmahnungsbefugnis fallen im Leiharbeitsverhältnis »von Natur aus« aus-
einander.

354 Bei der **gewerbsmäßigen Arbeitnehmerüberlassung** (sog. **unechte Leiharbeit**) überläßt der Arbeitgeber Dritten (sog. Entleihern) Arbeitnehmer (sog.
Leiharbeitnehmer) zur Arbeitsleistung, um damit wirtschaftlichen Gewinn
zu erzielen *(vgl. § 1 Abs. 1 AÜG; ausf. Schüren Einl. Rz. 72 ff.).* Möglich
ist auch, daß Arbeitnehmer, die ansonsten im Betrieb ihres Arbeitgebers
tätig sind, nur **gelegentlich an** einen **Dritten** ausgeliehen werden *(sog. echte
Leiharbeit; Schüren Einl. Rz. 72).* Abweichend zum »normalen« Arbeitsverhältnis erbringt der Leiharbeitnehmer seine Arbeitsleistung sowohl bei
einem echten als auch bei einem unechten Leiharbeitsverhältnis zumindest
zeitweise nicht bei seinem Arbeitgeber, sondern bei einem Dritten.

Kennzeichnend für das Leiharbeitsverhältnis ist die **Delegation** des **Wei-** **355** **sungsrechts** vom Verleiher auf den Entleiher *(vgl. BAG 09.07.1991 NZA 1972, 275; Schüren § 1 AÜG Rz. 162 ff.)*. Mit ihm konkretisiert der Entleiher das ihm durch den Leiharbeitsvertrag nur allgemein eingeräumte Recht, von dem Leiharbeitnehmer eine bestimmte Arbeitsleistung einzufordern *(Schüren § 1 AÜG Rz. 163)*.

Mit dem Weisungsrecht erhält der Entleiher als Gläubiger der Arbeitslei- **356** stung die Befugnis, den Leiharbeitnehmer abzumahnen, wenn dieser seine arbeitsvertraglichen Pflichten verletzt *(vgl. BAG 18.01.1980 EzA § 1 KSchG Verhaltensbedingte Kündigung Nr. 7; BAG 08.02.1989 ZTR 1989, 314; BAG 05.07.1990 EzA § 15 SchwbG 1986 Nr. 3; LAG Hamm 13.04.1983 DB 1983, 1930; Schüren Einl. 243; zum Weisungsrecht s. auch Rz. 347)*. Der Verleiher muß insbes. bei verhaltensbedingten Kündigungen auf die Abmahnungen zurückgreifen, die der Entleiher gegenüber dem Leiharbeitnnehmer erklärt hat. Das Kündigungsrecht indes verbleibt trotz des Leiharbeitsvertrages beim Verleiher, da der Leiharbeitnehmer allein mit ihm einen Arbeitsvertrag geschlossen hat.

d. Folgerungen

Die Ausdehnung der **Abmahnungsbefugnis** auf **Weisungsberechtigte** ist für **357** den Arbeitgeber **nicht ungefährlich** *(vgl. nur Tschöpe NZA 1990 Beil. 2 S. 10, 12; Beckerle/Schuster Rz. 88; MünchKomm/Schwerdtner § 622 BGB Anh. Rz. 123; Adam DB 1996, 476; Hunold BB 1986, 2050, 2051; Burger DB 1992, 836, 837)*.

Mahnt ein Weisungs- aber nicht Kündigungsberechtigter einen Arbeitneh- **358** mer ab, wird dadurch das Kündigungsrecht verbraucht *(BAG 10.11.1988 EzA § 611 BGB Abmahnung Nr. 18; BAG 09.03.1995 BB 1996, 434; s. auch Rz. 464)*. Der Arbeitgeber kann nicht mehr überprüfen, ob nicht eine Pflichtverletzung vorgelegen hat, die ausnahmsweise auch ohne vorherige Abmahnung zur Kündigung berechtigte *(Tschöpe NZA 1990 Beil. 2 S. 10, 12; Pauly NZA 1995, 449, 452)*. Das Kündigungsrecht wird allerdings nicht verbraucht, wenn der Weisungsberechtigte lediglich eine Ermahnung ausspricht, ohne zuvor mit dem Arbeitgeber Rücksprache genommen zu haben *(BAG 09.03.1995 BB 1995, 434; abw. BAG 31.07.1986 RzK I 8c Nr. 10)*.

Außerdem kann der Arbeitgeber regelmäßig nicht sicher sein, daß er oder **359** die Personalabteilung von einer solchen mündlichen oder schriftlichen Abmahnung erfahren. Im Rahmen einer Kündigung kann er dann u.U. mangels Kenntnis nicht auf sie zurückgreifen *(Pauly NZA 1995, 449, 452)*.

Weisungsberechtigte sind ferner oftmals unsicher, wie eine Abmahnung **360** ordnungsgemäß erfolgen muß. Vermeidbare Fehler können daraus entstehen *(vgl. Beckerle/Schuster Rz. 88)*.

361 Beweisschwierigkeiten kommen regelmäßig hinzu. Weisungsberechtigte Vorgesetzte im Bereich der Produktion, z.b. Meister, neigen erfahrungsgemäß aufgrund des geringeren Arbeitsaufwands eher dazu, von einer schriftlichen Abmahnung abzusehen und diese nur mündlich auszusprechen. In einem evtl. Rechtsstreit, der die spätere Kündigung zum Streitgegenstand hat, kann der Arbeitgeber eine solche Abmahnung kaum darlegen und ggf. beweisen *(vgl. Adam DB 1996, 476; Schaub NJW 1990, 872, 873)*.

362 Dem **Arbeitgeber** ist daher dringend **zu empfehlen,** u.a. intern genau zu **regeln,**

➤ wer berechtigt ist, Abmahnungen auszusprechen;

➤ bei welchen Pflichtverletzungen beispielsweise abzumahnen ist;

➤ ob und ggf. wann eine Rücksprache, z.b. mit der Personalabteilung, vor einer Abmahnung erforderlich ist;

➤ in welcher Form abgemahnt werden soll (Schriftform!);

➤ innerhalb welcher Frist eine erteilte schriftliche Abmahnung an die für Personalangelegenheiten zuständige Stelle im Betrieb weiterzuleiten ist.

363 Nicht erforderlich ist, die Abmahnungsbefugnis intern nur Kündigungsberechtigten zu erteilen, wenn klare Regelungen getroffen werden. Der Arbeitgeber engt ansonsten den ihm von der Rechtsprechung eingeräumten Spielraum unnötig ein *(i.Erg. KPK-Schiefer Teil G Rz. 47; Beckerle/Schuster Rz. 88; a.A. MünchKomm/Schwerdtner § 622 BGB Anh. Rz. 123; Hunold BB 1986, 2050, 2051; Burger DB 1992, 836, 837)*.

2. Abgabe

a. Bedeutung der Abgabe

364 Die Abmahnung entfaltet ihre Wirkung, insbes. ihre Warnfunktion, nicht gleichsam automatisch. Als geschäftsähnliche Handlung *(s. Rz. 51 ff.)* liegt die **Abmahnung** »fertig« nach § 130 Abs. 2 BGB erst dann vor, wenn sie **abgegeben** ist *(vgl. Larenz/Wolf § 22 Rz. 29)*. Davon zu unterscheiden ist der **Zugang** der Abmahnung sowie die **Kenntnisnahme** durch den Empfänger. Erst wenn alle drei Voraussetzungen vorliegen, ist die Abmahnung wirksam erklärt.

365 Auf den Zeitpunkt der Abgabe der Abmahnung kommt es z.B. an, wenn die Rechtsfähigkeit oder die Geschäftsfähigkeit des Erklärenden fraglich ist *(vgl. Larenz/Wolf § 26 Rz. 2)*.

b. Mündliche Abmahnung

Eine mündliche Erklärung ist regelmäßig abgegeben, wenn der Erklärende 366
alles bei ihm Liegende getan hat, um seinen Willen zur Abmahnung so zu
äußern, daß an der Endgültigkeit seines Willens keine Zweifel mehr bestehen *(BGH 30.05.1975 BGHZ 65, 13, 14; Palandt/Heinrichs § 130 BGB
Rz. 4; Larenz/Wolf § 26 Rz. 3).*

Da es sich bei der Abmahnung um eine empfangsbedürftige Erklärung han- 367
delt, muß bei ihr allerdings **hinzukommen,** daß der Erklärende sie in Richtung auf den Empfänger in Bewegung setzt und sie damit in den Verkehr
bringt *(vgl. BGH 30.05.1975 BGHZ 65, 13, 14).*

Ob und ggf. wann eine **mündliche Abmahnung** abgegeben wird, läßt sich 368
nicht generell festlegen. Maßgebend ist, ob es sich um eine Erklärung unter
Anwesenden oder Abwesenden handelt.

Besteht ein unmittelbarer zeitgleicher Verständigungskontakt, liegt eine **Er-** 369
klärung unter Anwesenden vor. Eine gleichzeitige körperlicher Anwesen-
heit zweier Personen am selben Ort ist dafür nicht erforderlich. Es reicht
z.b. ein Gespräch am Telefon *(vgl. § 147 Abs. 1 Satz 2 BGB; Larenz/Wolf
§ 26 Rz. 27)* oder ein Dialog zweier Personen an ihrem PC auf elektroni-
schem Wege aus *(Larenz/Wolf a.a.O.).*

Eine mündliche Abmahnung unter Anwesenden ist **abgegeben,** wenn der 370
Erklärende sie in Richtung des Empfängers so ausgesprochen hat, daß die-
ser sie deutlich vernehmen kann *(vgl. BAG 27.08.1982 ZIP 1982, 1467;
Palandt/Heinrichs § 130 BGB Rz. 13).*

Besteht kein unmittelbarer zeitgleicher Verständigungskontakt, insbes. 371
kein Sprech-, Sicht- oder Dialogkontakt zwischen dem die Abmahnung Erklärenden und dem Empfänger, ist eine **Erklärung unter Abwesenden** gegeben *(vgl. Larenz/Wolf § 26 Rz. 12 ff.).*

Unter Abwesenden ist eine **mündliche Abmahnung abgegeben,** wenn der 372
Arbeitgeber sie endgültig in den Verkehr gebracht hat. Dies ist z.B. der Fall,
wenn der Erklärende sie auf den Anrufbeantworter des Arbeitnehmers gesprochen oder einen Boten mit der Weitergabe betraut hat.

Eine Abgabe einer mündlichen Abmahnung ist demnach z.B. dann noch 373
nicht erfolgt, wenn der Arbeitgeber dem Arbeitnehmer erklärt, eine Abmahnung werde **demnächst** erfolgen.

c. Schriftliche Abmahnung

Eine schriftliche Erklärung ist unter Anwesenden dann abgegeben, wenn 374
das Schriftstück dem Empfänger ausgehändigt wird. Die Abfassung der
Abmahnung reicht danach allein nicht aus *(vgl. Larenz/Wolf § 26 Rz. 4).*

375 Eine **schriftliche Abmahnung** kann auch **unter Abwesenden** abgegeben werden *(zum Begriff s. Rz. 368)*. Dies ist **z.B.** der Fall *(vgl. Larenz/Wolf § 26 Rz. 13)* bei

➤ Versenden eines Briefes, der die Abmahnung enthält;

➤ Zusenden der Abmahnung mittels Fax;

➤ Deponieren der Abmahnung mittels E-mail *(vgl. Ultsch NJW 1997, 3007)*.

376 Für die Abgabe einer schriftlichen Abmahnung unter Abwesenden ist erforderlich, daß der Arbeitgeber alle erforderlichen Schritte getan hat, um sie an den Arbeitnehmer gelangen zu lassen *(BGH 30.05.1975 BGHZ 65, 13,14; Larenz/Wolf § 26 Rz. 4)*.

377 Bei einem Brief genügt der Einwurf in den Briefkasten. Eine telegrafische Abmahnung ist dagegen mit der Aufgabe des Telegramms bei der Post abgegeben *(vgl. Larenz/Wolf § 26 Rz. 5)*.

378 Bei **Erklärungen** im Zusammenhang mit der **elektronischen Datenübermittlung**, z.B. in Form eines E-mails, ist von einer Abgabe dann auszugehen, wenn der Arbeitgeber den letzten von ihm auszuführenden Handlungsakt vollzogen hat, um die Abmahnung auf ihre elektronische Reise zu schicken *(vgl. Larenz/Wolf § 26 Rz. 7)*. Der Sendebefehl muß endgültig willentlich erteilt worden sein *(vgl. Ultsch NJW 1997, 3007)*.

379 Wird sie z.b. schriftlich verfaßt, bleibt dann aber z.b. in der Schreibtischschublade des Geschäftsführers liegen, ist sie demnach rechtlich bedeutungslos.

3. Zugang

a. Bedeutung des Zugangs bei der Abmahnung

380 Die Abmahnung ist eine empfangsbedürftige Erklärung *(BAG 09.08.1984 EzA § 1 KSchG 1969 Verhaltensbedingte Kündigung Nr. 11; Beckerle/ Schuster Rz. 89)*. Sie muß daher vom Erklärenden nicht nur abgegeben werden, sondern dem Adressaten auch zugehen *(BAG 09.08.1984 a.a.O.; Hueck/v.Hoyningen-Huene § 1 KSchG Rz. 288; Beckerle/Schuster a.a.O.)*.

381 Ein **Zugang** ist unabhängig davon **erforderlich,** ob die Abmahnung unter Anwesenden *(dazu s. Rz. 366)* oder Abwesenden *(dazu s. Rz. 368)* abgegeben wurde. § 130 BGB, welcher das Erfordernis des Zugangs regelt, ist zwar unmittelbar nur auf Erklärungen unter Abwesenden anwendbar; für Erklärungen unter Anwesenden gilt diese Vorschrift indes entsprechend *(BAG 09.08.1984 EzA § 1 KSchG 1969 Verhaltensbedingte Kündigung Nr. 11; Palandt/Heinrichs § 130 BGB Rz. 13)*.

Fehlt es an einem **Zugang** der Abmahnung oder erfolgt der Zugang nicht 382
rechtzeitig vor der nächsten gleichgelagerten Pflichtverletzung, kann der
Arbeitgeber sich auf sie im Rahmen einer evtl. nachfolgenden Kündigung
nicht wirksam berufen. Dies wiegt um so schwerer, als der Arbeitgeber oftmals vom fehlenden Zugang nicht oder zumindest nicht rechtzeitig Kenntnis erlangt und später in dem Glauben kündigt, sich in einem eventuellen
Prozeß auf eine wirksam zugegangene Abmahnung berufen zu können.

B **Beispiel 1:**

Der Arbeitgeber sendet eine Abmahnung mit der Post an den Arbeitnehmer. Auf dem Postweg geht der Brief verloren. Der Arbeitgeber
glaubt jedoch, der Arbeitnehmer habe die Abmahnung erhalten, und
kündigt dem Arbeitnehmer, nachdem dieser eine weitere Pflichtverletzung begangen hat, welche bereits Gegenstand der Abmahnung war.
In einem späteren Kündigungsschutzprozeß kann sich der Arbeitgeber
nicht auf die Abmahnung berufen, um die Kündigung zu stützen. War
eine Abmahnung erforderlich, wird er in einem eventuellen Rechtsstreit, welcher eine nachfolgende Kündigung betrifft, nicht damit
gehört, er sei »gutgläubig« davon ausgegangen, der Arbeitnehmer
habe die Abmahnung erhalten.

B **Beispiel 2:**

Am 01.04. sendet der Arbeitgeber an den Arbeitnehmer, der eine Arbeitsunfähigkeit entgegen § 5 EFZG nicht rechtzeitig angezeigt hat,
mit einfacher Post eine schriftliche Abmahnung. Die Zustellung verzögert sich, so daß der Brief erst am 22.04. zum Arbeitnehmer gelangt. Bereits am 10.04. hat der Arbeitnehmer wiederum seine Arbeitsunfähigkeit nicht rechtzeitig angezeigt. Der Arbeitgeber kündigt
in dem Glauben, daß der Arbeitnehmer zu diesem Zeitpunkt die Abmahnung bereits erhalten hat. In einem eventuellen späteren Kündigungsschutzprozeß kann sich der Arbeitgeber wiederum nicht auf die
Abmahnung berufen. Sie ist dem Arbeitnehmer nicht vor der erneuten
Pflichtverletzung zugegangen und hat damit ihre Warnfunktion nicht
erfüllt.

b. Zugang unter Abwesenden

aa. Mündliche Abmahnung

Bei einem **Zugang unter Abwesenden** fehlt ein unmittelbarer Kontakt zwi- 383
schen demjenigen, der die Abmahnung mündlich erklärt und dem Adressaten der Abmahnung. Es besteht ein zeitlicher Abstand zwischen der Abgabe der Erklärung, z.B. dem Sprechen auf den Anrufbeantworter, und der
Kenntnisnahme durch den Empfänger, z.B. dem Abhören des Anrufbeant-
worters *(vgl. Larenz/Wolf § 26 Rz. 14)*.

384 Zugegangen ist die **mündliche Abmahnung** unter Abwesenden, wenn sie so in den **Bereich des Empfängers** bzw. eines empfangsberechtigten Dritten gelangt ist, daß der Empfänger unter normalen Verhältnissen die **Möglichkeit** hat, von ihrem Inhalt **Kenntnis** zu nehmen *(vgl. BAG 08.12.1983 EzA § 130 BGB Nr. 13; BAG 11.11.1992 EzA § 130 BGB Nr. 24; Palandt/Heinrichs § 130 BGB Rz. 5; abw. noch BAG 16.12.1980 EzA § 130 BGB Nr. 10).*

385 Wenn für den Empfänger diese Möglichkeit besteht, ist es **unerheblich,** wann er die Erklärung **tatsächlich** zur **Kenntnis** genommen hat oder ob er daran durch Krankheit, zeitweilige Abwesenheit oder andere besondere Umstände zunächst gehindert war; dies gilt auch für eine urlaubsbedingte Abwesenheit *(BAG 02.03.1989 EzA § 130 BGB Nr. 22; BAG 11.11.1992 EzA § 130 BGB Nr. 24; KR-Friedrich § 4 KSchG Rz. 102; Palandt/Heinrichs § 130 BGB Rz. 5).*

386 Bei einer Mitteilung, die auf einen Anrufbeantworter gesprochen wird, ist danach ein Zugang nicht im Moment der Aufnahme durch das Gerät erfolgt *(vgl. Becker-Schaffner BB 1998, 422, der allerdings eine Erklärung unter Anwesenden annimmt).* Üblicherweise ist nicht davon auszugehen, daß der Anrufbeantworter gleichsam jede Stunde, insbes. auch noch nachts, abgehört wird. Entsprechend den üblichen Postlaufzeiten bei einer schriftlichen Abmahnung wird man einen Zugang einer Abmahnung, die auf einen Anrufbeantworter gesprochen wird, erst am nächsten Tag annehmen können, wenn die Abmahnung erst längere Zeit nach der üblichen Postzustellungszeit erfolgt *(vgl. BAG 08.12.1983 EzA § 130 BGB Nr. 13; Larenz/Wolf § 26 Rz. 23; abw. Becker-Schaffner BB 1998, 422).*

387 Nur wenn der Empfänger der mündlichen Abmahnung schon **früher** von ihr **Kenntnis** erlangt, weil er z.B. ausnahmsweise seinen Anrufbeantworter noch spät nachts abhört, ist die Abmahnung schon in diesem Moment zugegangen *(MünchKomm/Förschler § 130 BGB Rz. 10; Larenz/Wolf § 26 Rz. 23).*

bb. Schriftliche Abmahnung

388 Für den **Zugang** einer **schriftlichen Abmahnung** unter Abwesenden gilt entsprechendes wie bei dem Zugang einer mündlich erklärten Abmahnung. Auch die schriftliche Abmahnung ist entsprechend § 130 BGB zugegangen, wenn sie so in den Bereich des Arbeitnehmers gelangt ist, daß dieser üblicherweise von ihr Kenntnis erlangen kann *(BAG 08.12.1983 EzA § 130 BGB Nr. 13; BAG 25.04.1996 NJW 1997, 146; Palandt/Heinrichs § 130 BGB Rz. 6).*

389 Hinsichtlich der einzelnen **Versendungsformen** einer schriftlichen Abmahnung ist wie folgt zu **unterscheiden:**

➤ **Einfacher Brief**

Wird die Abmahnung mit einem einfachen Brief versandt, geht sie dem Empfänger regelmäßig bereits immer dann zu, wenn sie in den Hausbriefkasten geworfen wird *(vgl. BAG 25.04.1996 NJW 1997, 146; MünchKomm/Förschler § 130 BGB Rz. 13)*.

Erfolgt der Einwurf einer Abmahnung in den Hausbriefkasten allerdings erst erhebliche Zeit nach der allgemeinen Postzustellungszeit, wird ein Zugang der Abmahnung erst am nächsten Tag angenommen *(vgl. BAG 08.12.1983 EzA § 130 BGB Nr. 13; Larenz/Wolf § 26 Rz. 21)*. Entscheidend ist in jedem Fall, wann der Hausbriefkasten gewöhnlich geleert wird *(Becker-Schaffner BB 1998, 422, 423 f.; Schaub § 123 II 1 b)*.

Ein früherer Zugang des Abmahnungsschreibens trotz eines Einwurfs erst lange Zeit nach der normalen Postzustellung liegt allerdings dann vor, wenn der Empfänger schon früher den Hausbriefkasten leert und damit auch von der Abmahnung Kenntnis erlangt *(MünchKomm/Förschler § 130 BGB Rz. 10; Larenz/Wolf § 26 Rz. 23)*.

➤ **Übergabe-Einschreiben**

Wird die Abmahnung mit einem Einschreiben versandt, das an den Empfänger vom Postbediensteten übergeben werden muß (sog. Übergabe-Einschreiben), erfolgt der Zugang der Abmahnung, wenn der Postbedienstete sie dem Empfänger -oder einem Empfangsberechtigten – übergibt.

Trifft der Postbedienstete den Adressaten der Abmahnung oder einen Empfangsberechtigten nicht an, wirft er einen Benachrichtigungszettel in den Hausbriefkasten des Adressaten; das Abmahnungsschreiben selbst hinterlegt er bei der Post.

Die Niederlegung des Einschreibens bei der Post und der Einwurf des Benachrichtigungszettels in den Hausbriefkasten ersetzen nicht den Zugang des Einschreibens, d.h. der Abmahnung *(vgl. BGH 26.11.1997 BB 1998, 289)*. Durch den Benachrichtigungszettel wird der Adressat der Abmahnung lediglich in die Lage versetzt, das Einschreiben bei der Post abzuholen *(vgl. BAG 25.04.1996 NJW 1997, 146; KR-Friedrich § 4 KSchG Rz. 113)*. Zugegangen ist das Einschreiben, welches die Abmahnung enthält, erst, wenn das Originalschreiben dem Adressaten der Abmahnung durch die Post ausgehändigt wird *(BAG 15.11.1962 AP Nr. 4 zu § 130 BGB; BAG 25.04.1996 NJW 1997, 146; Becker-Schaffner BB 1998, 422, 424; abw. Larenz/Wolf § 26 Rz. 24; MünchKomm/Förschler § 130 BGB Rz. 13)*.

Holt der Adressat der Abmahnung das Einschreiben, welches die Abmahnung enthält, nicht innerhalb einer Woche bei der Post ab, wird es an den Arbeitgeber mit einem entsprechenden Vermerk zurückgesandt. Ein Zugang ist nicht erfolgt. Dem Arbeitgeber bleibt nur die Möglichkeit, einen weiteren Zustellungsversuch vorzunehmen *(BAG 25.04.1996 NJW 1997, 146)*.

Diese für ihn mißlichen Folgen verhindert der die Abmahnung erklärende Arbeitgeber auch nicht, wenn er das Einschreiben zusätzlich mit Rückschein versendet. Trifft der Postbedienstete niemanden beim Adressaten der Abmahnung an und hinterlegt er das Schreiben deshalb bei der Post, ist auch bei einem Einschreiben mit Rückschein kein Zugang gegeben. Der Rückschein dient lediglich dazu, einen Zugang zu beweisen; einen Zugang herbeiführen kann er nicht.

Entgegen einer in der Praxis weit verbreiteten Ansicht stellt ein Übergabe-Einschreiben, mag es auch zusätzlich mit einem Rückschein versehen sein, keine sicherere Versendungsform als der einfache Brief dar. Das Übergabe-Einschreiben garantiert keinen Zugang der Abmahnung *(MünchKomm/Förschler § 130 BGB Rz. 13)*.

➤ **Einwurf-Einschreiben**

Seit dem 01.09.1997 besteht die Möglichkeit, die schriftliche Abmahnung durch ein sog. Einwurf-Einschreiben zu versenden. Der Postbedienstete wirft dann das Schreiben wie einen einfachen Brief in den Hausbriefkasten des Adressaten der Abmahnung ein. Darüber hinaus hält er die Tatsache des Einwurfs und dessen Zeitpunkt schriftlich fest. Der Absender der Abmahnung kann sich dann nach drei Tagen, gerechnet ab dem Zeitpunkt des Einwurfs, bei einem Sonderdienst der Deutschen Post AG erkundigen, ob und ggf. wann der Einwurf in den Hausbriefkasten – und damit der Zugang – erfolgt ist.

Der Zeitpunkt des Zugangs bestimmt sich bei dem Einwurf-Einschreiben ebenso wie bei einem einfachen Brief *(s. o. Rz. 386)*. Im Gegensatz zum Übergabe-Einschreiben legt der Postbedienstete indes das Einschreiben bei der Post nicht nieder, wenn er beim Adressaten niemanden antrifft. Ein Zugang tritt beim Einwurf-Einschreiben im Gegensatz zum Übergabe-Einschreiben auch dann ein, wenn der Empfänger nicht zugegen ist.

➤ **Telefax**

Eine Abmahnung, die mittels Telefax versandt wird, geht dem Empfänger regelmäßig zu, wenn der Druckvorgang am Empfangsgerät des Adressaten abgeschlossen ist *(vgl. LAG Hamm 13.01.1993 LAGE § 130 BGB Nr. 19; MünchKomm/Förschler § 130 Rz. 13; KR-Friedrich § 4 KSchG Rz. 118b; Ebnet NJW 1992, 2990; im einzelnen s. Burger BB 1995, 222)*.

Derjenige, der sich durch Anschaffung eines Telefaxgerätes diesem Verfahren angeschlossen hat, zeigt gleichzeitig die Bereitschaft, auf diesem Wege Erklärungen entgegenzunehmen *(Ebnet NJW 1992, 2985, 2990; vgl. ArbG Gelsenkirchen 21.10.1988 CR 1989, 823).*

> **Elektronische Post (E-mail)**
> Die Erklärung einer Abmahnung ist ebenso wie durch einen Brief oder durch ein Telefax auch mit elektronischer Post (E-mail) möglich *(vgl. Ernst NJW-CoR 1997, 165; Ultsch NJW 1997, 3007).* Der Arbeitgeber sollte diesen Weg allerdings nur dann wählen, wenn der Arbeitnehmer ihm seine E-mail Adresse mitgeteilt hat. Auf diese Weise hat er dann kundgetan, elektronische Briefe entgegennehmen zu wollen *(vgl. Ernst NJW-CoR 1997, 165, 166; Ultsch NJW 1997, 3007).*
>
> Eine auf elektronischem Wege versandte Abmahnung geht dem Adressaten – sofern Arbeitgeber und Arbeitnehmer mit ihren Rechnern nicht unmittelbar kommunizieren – zu, wenn die Abmahnung in den elektronischen Briefkasten des Empfängers gelangt *(vgl. Ultsch NJW 1997, 3007).* Geht die Abmahnung allerdings erst spätnachts ein, ist – wie bei dem Einwurf eines Briefes in den Hausbriefkasten zu dieser Zeit – ein Zugang erst mit dem folgenden Tage anzunehmen. Es kann üblicherweise nicht davon ausgegangen werden, daß ein Privatmann seinen elektronischen Briefkasten zu jeder Tages- und Nachtzeit leert *(Ernst NJW-CoR 1997, 165, 166; Ultsch NJW 1997, 3007; Larenz/Wolf § 26 Rz. 22; vgl. auch Mehrings MMR 1998, 30, 33).*

Für den Zugang einer Erklärung ist es unerheblich, ob sich der Empfänger **390** sofort von ihrem Inhalt Kenntnis verschaffen kann oder z.b. aufgrund einer urlaubsbedingten Abwesenheit dazu nicht in der Lage ist *(BAG 16.03.1988 EzA § 130 BGB Nr. 16; Schaub § 123 II 1c).*

Umstritten ist, ob eine **mangelnde Kenntnis** der **deutschen Sprache** den Zu- **391** gang einer Erklärung zumindest so lange verzögert, bis der Empfänger für eine Übersetzung hat sorgen können *(so LAG Hamm 05.01.1979 EzA § 130 BGB Nr. 9; Brill BB 1976, 1276).*

Für einen Zugang unabhängig von der Kenntnis der deutschen Sprache **392** spricht, daß ein Zugang nach der Rechtsprechung allein die Möglichkeit der Kenntnisnahme erfordert *(vgl. nur BAG 08.12.1984 AP Nr. 12 zu § 130 BGB; BAG 09.08.1984 EzA § 1 KSchG Verhaltensbedingte Kündigung Nr. 11; Schlüter Anm. zu LAG Hamm 04.01.1979 EzA § 130 BGB Nr. 9; im einzelnen s. Rz. 389 f.).*

Das BAG hat bezüglich des Zugangs einer Abmahnung dazu nicht grund- **393** legend Stellung genommen, sondern einen Zugang unterstellt, weil es bei einer Abmahnung zusätzlich zum Zugang eine tatsächliche Kenntnisnahme des Empfängers von deren Inhalt für erforderlich hält *(BAG 09.08.1984 EzA § 1 KSchG Verhaltensbedingte Kündigung Nr. 11).*

cc. Zugangsersatz

394 Der Zugang der schriftlichen Abmahnung kann nach § 132 Abs. 1 BGB auch durch einen Gerichtsvollzieher bewirkt werden. Dies wird in der betrieblichen Praxis häufig übersehen. Der Arbeitgeber muß sich dazu an die Gerichtsvollzieher-Verteilerstelle des Amtsgerichts wenden, in dessen Bezirk das Unternehmen seinen Sitz hat.

395 Wird ein **Gerichtsvollzieher** eingeschaltet, gilt die **Abmahnung** nach § 132 BGB auch dann als **zugegangen,** wenn weder der Adressat der Abmahnung noch ein sonstiger Empfangsberechtigter zu Hause angetroffen wird *(BGH 03.11.1976 NJW 1977, 194; im einzelnen s. MünchKomm/Förschler § 132 BGB Rz. 3 ff.; KR-Friedrich § 4 KSchG Rz. 116).* Der die Abmahnung Erklärende sichert sich durch die Einschaltung eines Gerichtsvollziehers den Zugang der Abmahnung auch in den Fällen, in denen er bei einem Übergabe-Einschreiben nicht eintritt. Dies unterscheidet die Zustellung durch einen Gerichtsvollzieher von der Versendung mittels Übergabe-Einschreiben.

c. Zugang unter Anwesenden

aa. Mündliche Abmahnung

396 Eine **mündliche Abmahnung** ist unter **Anwesenden** *(zum Begriff s. Rz. 366)* zugegangen, wenn sie der Empfänger wahrnimmt *(vgl. BAG 27.08.1982 ZIP 1982, 1467; Larenz/Wolf § 26 Rz. 29).*

bb. Schriftliche Abmahnung

397 Ist die **Abmahnung schriftlich** verfaßt, geht sie dem Empfänger regelmäßig zu, wenn sie ihm **übergeben** wird. Abgabe *(dazu Rz. 361 ff.)* und Zugang fallen zusammen *(BAG 09.08.1984 EzA § 1 KSchG Verhaltensbedingte Kündigung Nr. 11; MünchKomm/Förschler § 130 BGB Rz. 19).*

398 § 130 BGB ist auf eine unter Anwesenden abgegebene schriftliche Erklärung entsprechend anwendbar *(BAG 09.08.1984 EzA § 1 KSchG 1969 Verhaltensbedingte Kündigung Nr. 11).*

d. Zugang bei Minderjährigen

399 Einem Minderjährigen, d.h. einem Arbeitnehmer, der das 18. Lebensjahr noch nicht vollendet hat, ist eine Abmahnung erst dann wirksam zugegangen, wenn sie dem **gesetzlichen Vertreter,** dies sind in der Regel die Eltern *(§§ 1626 BGBff.),* zugegangen ist. Dies folgt aus § 131 BGB, welcher auf die Abmahnung als geschäftsähnliche Handlung entsprechend anwendbar ist *(Larenz/Wolf § 22 Rz. 29).*

In der Praxis empfiehlt es sich, zusätzlich dem minderjährigen Arbeitneh- **400**
mer ein Abmahnungsschreiben zukommen zu lassen, damit dieser möglichst frühzeitig von der Verletzung der vertraglichen Pflichten in Kenntnis
gesetzt wird und darauf sein künftiges Verhalten einrichten kann.

Die **Abmahnung** muß indes dem **gesetzlichen Vertreter** dann **nicht zugehen,** **401**
wenn sie den Minderjährigen nach § **113 BGB** ermächtigt haben, ein Arbeitsverhältnis einzugehen *(vgl. BGH 17.04.1967 NJW 1967, 1800;
MünchKomm/Förschler § 131 BGB Rz. 4; Palandt/Heinrichs § 131 BGB
Rz. 3)*.

Steht der Minderjährige allerdings in einem **Berufsausbildungsverhältnis,** **402**
muß dem gesetzlichen Vertreter die Abmahnung in jedem Fall zugehen, um
wirksam zu sein. Eine **Ermächtigung** des Minderjährigen durch den gesetzlichen Vertreter nach § 113 BGB ist **nicht möglich,** da diese Vorschrift auf
Berufsausbildungsverhältnisse keine Anwendung findet *(LAG Schleswig-
Holstein 22.12.1982 EzB § 15 Abs. 1 BBiG Nr. 14; ArbG Rheine
31.05.1968 DB 1968, 1363; KR-Weigand §§ 14, 15 BBiG Rz. 110;
MünchKomm/Gitter § 113 BGB Rz. 7; Becker-Schaffner BB 1998, 422,
425; Palandt/Heinrichs § 113 BGB Rz. 2; a.A. Brill DB 1975, 284)*.

e. Zugang durch Mittelsmänner

Nicht immer überbringt derjenige, welcher abmahnungsberechtigt ist *(zur* **403**
Abmahnungsbefugnis s. Rz. 339 ff.) die Abmahnung persönlich. Oftmals
wird auch der Adressat der Abmahnung sie selbst nicht persönlich entge-
gennehmen.

B Beispiel 1:

Der Geschäftsführer bittet kurz vor Feierabend seine Sekretärin, die
von ihm unterschriebene Abmahnung bei dem betroffenen Arbeitnehmer in den Hausbriefkasten zu werfen.

B Beispiel 2:

Der Betriebsleiter, der eine Abmahnung einem Arbeitnehmer über-
bringen will, trifft in dessen Haus nicht diesen persönlich, sondern
den Ehepartner an.

Auf beiden Seiten können Boten als eine Art »Transportmittel« tätig wer- **404**
den *(vgl. Palandt/Heinrichs § 130 BGB Rz. 9; Larenz/Wolf § 26 Rz. 36)*.

Schaltet der Arbeitgeber einen Boten ein, handelt es sich um einen sog. **Er-** **405**
klärungsboten *(Palandt/Heinrichs § 130 BGB Rz. 9)*. Die Abmahnung
geht dem Arbeitnehmer zu, wenn sie ihm tatsächlich vom Boten richtig
übermittelt wird; das Übermittlungsrisiko liegt beim Arbeitgeber *(Pa-
landt/Heinrichs § 130 BGB Rz. 9)*.

406 Wird auf Seiten des Adressaten der Abmahnung ein Bote tätig, spricht man von einem sog. Empfangsboten *(Palandt/Heinrichs a.a.O.).*

407 Empfangsbote ist, wer vom Empfänger zur Entgegennahme von Erklärungen bestellt oder nach der Verkehrsanschauung als ermächtigt angesehen werden kann, Erklärungen für ihn entgegenzunehmen *(BAG 11.11.1992 NJW 1993, 1093, 1094; Becker-Schaffner BB 1998, 422, 423).*

408 Als **Empfangsbote** werden z.B. angesehen *(weitere Beispiele bei KR-Friedrich § 4 KSchG Rz. 106)*:

➤ Ehepartner *(BGH 31.01.1951 NJW 1951, 313; LAG Hamm 28.07.1988 BB 1988, 1789; LAG Hamburg 06.07.1990 LAGE § 130 BGB Nr. 16)*;

➤ in der Wohnung des Adressaten lebende Familienangehörige *(OLG Hamm 27.02.1987 VRS Band 74 Nr. 5)*;

➤ Mitglieder des Haushalts *(OLG Köln 07.12.1989 VersR 1990, 1269)*;

➤ Partner einer nichtehelichen Lebensgemeinschaft *(LAG Bremen 17.02.1988 NZA 1988, 548)*;

➤ die Putzfrau *(OLG Karlsruhe 23.02.1977 VersR 1977, 902)*;

➤ Zimmervermieterin *(BAG 16.01.1976 EzA § 130 BGB Nr. 5).*

409 Wird ein **Empfangsbote** eingeschaltet, **geht** die **Abmahnung** dem Arbeitnehmer in dem Zeitpunkt zu, in dem nach dem regelmäßigen Verlauf der Dinge eine Weiterleitung an ihn zu erwarten ist *(BGH 15.03.1989 NJW-RR 1989, 757).*

410 **Übermittelt** der **Empfangsbote** dem Adressaten die Abmahnung falsch oder überhaupt nicht, geht dies zu Lasten des Arbeitnehmers *(vgl. BAG 13.10.1976 EzA § 130 BGB Nr. 7).*

f. Darlegungs- und Beweislast

411 Derjenige, der die Abmahnung erklärt, trägt die **Darlegungs- und Beweislast** für den – rechtzeitigen – **Zugang** der Abmahnung *(vgl. BGH 13.05.1987 BGHZ 101, 49, 55; KR-Friedrich § 4 KSchG Rz. 133a; Becker-Schaffner BB 1998, 422, 424).*

412 Die Darlegungs- und Beweislast trifft den **Arbeitgeber** unabhängig davon, ob die Abmahnung versandt wird durch

➤ gewöhnlichen Brief *(BGH 18.01.1987 BGHZ 70, 232, 234)*;

➤ eingeschriebenen Brief *(BGH 27.05.1957 BGHZ 24, 309, 312)*;

➤ Telefax *(BGH 07.12.1994 NJW 1995, 665; OLG München 26.06.1992 NJW 1994, 527)*;

➤ E-mail.

Eine **Beweiserleichterung** kommt demjenigen, der die schriftliche Abmah- 413
nung erklärt, weder für normale Postsendungen noch für die sonstigen Versendungsformen zu. Es gibt **keinen Anscheinsbeweis, daß** eine zur Post ge-
gebene Erklärung den Adressaten auch tatsächlich erreicht *(BAG
14.07.1960 NJW 1961, 2132; BGH 24.04.1996 NJW 1996, 2033, 2035;
Palandt/Thomas § 130 BGB Rz. 21; für das Telefax BGH 07.12.1994
NJW 1995, 665).*

g. Zugangsvereitelung – Zugangsverzögerung

Der Adressat der Abmahnung, der deren Zugang verhindert oder verzö- 414
gert, begeht eine **Zugangsvereitelung bzw. -verzögerung** *(BAG 25.04.1996
NJW 1997, 146).*

B Beispiel:

> Der Arbeitgeber sendet mittels Übergabe-Einschreiben *(zum Begriff
> vgl. Rz. 386)* eine Abmahnung. Der Postbedienstete trifft den Arbeit-
> nehmer nicht an. Auf den Benachrichtigungszettel in seinem Briefka-
> sten reagiert der Arbeitnehmer nicht. Er holt das Einschreiben nicht
> unverzüglich von der Post ab.

Nach Ansicht des BAG rechtfertigt eine Verhinderung oder Verzögerung 415
des Zugangs einer Erklärung, welche allein dem Adressaten zuzurechnen
ist, regelmäßig nicht, einen bestimmten Zeitpunkt des Zugangs – etwa den
der frühestmöglichen Abholung des Einschreibebriefs – zu fingieren *(BAG
25.04.1996 NJW 1997, 146; offengelassen für die grundlose Annahme-
verweigerung eines Einschreibebriefs BGH 27.10.1982 NJW 1983, 929).*
Bis zu ihrem Zugang bleibt der Absender der Abmahnung Herr seiner Erklärung. Er kann einen neuen Zustellungsversuch unternehmen oder von
einer Zustellung der Abmahnung ganz absehen *(vgl. BAG 25.04.1996
NJW 1997, 146).*

Unternimmt der Arbeitgeber nichts, wenn er von dem **mißglückten Zustel-** 416
lungsversuch erfährt, ist die Abmahnung nie zugegangen. Sie entfaltet kei-
nerlei Rechtswirkung im Hinblick auf eine spätere Kündigung *(vgl. BAG
25.04.1996 a.a.O.; BGH 26.11.1997 BB 1998, 289; Palandt/Heinrichs
§ 130 BGB Rz. 18; abw. MünchKomm/Förschler § 130 BGB Rz. 27; vgl.
auch BGH 08.12.1970 VersR 1971, 262).*

Der Arbeitgeber muß daher, wenn er z.b. eine mittels Übergabe-Einschrei- 417
ben versandte Abmahnung als nicht zustellbar zurückerhält, erneut versuchen, dem Arbeitnehmer die Abmahnung zugehen zu lassen *(BAG
25.04.1996 EzA § 130 BGB Nr. 27).*

Wenn der erneute Versuch der Zustellung der Abmahnung erfolgreich ist, 418
muß sich der Empfänger so behandeln lassen, als ob ihm diese bereits im

Zeitpunkt des erstmaligen Zustellungsversuches zugegangen ist *(vgl. BAG 18.02.1977 AP Nr. 10 zu § 130 BGB; BAG 09.08.1984 EzA § 1 KSchG Verhaltensbedingte Kündigung Nr. 11; MünchKomm/Förschler § 130 BGB Rz. 27; abw. Becker-Schaffner BB 1998, 422, 426 erneute Zustellung nicht erforderlich)*.

419 Ist dem **Arbeitnehmer** die Verhinderung oder **Verzögerung** des Zugangs der Abmahnung **zuzurechnen** und mußte der Arbeitgeber mit ihr nicht rechnen, kann es dem Arbeitnehmer nach **Treu und Glauben** verwehrt sein, sich auf den fehlenden bzw. verspäteten Zugang der Abmahnung zu berufen *(BAG 18.02.1977 AP Nr. 10 zu § 130 BGB; BAG 09.08.1984 EzA § 1 KSchG Verhaltensbedingte Kündigung Nr. 11)*.

420 **Rechtsmißbräuchlich** handelt z.b. ein Arbeitnehmer, der den Einschreibebrief, welcher die Abmahnung enthält, trotz Erhalt eines Benachrichtigungszettels überhaupt nicht von der Post abholt, obwohl ihm dies möglich ist, weil er mit einer Abmahnung rechnet *(vgl. BAG 25.04.1996 EzA § 130 BGB Nr. 27; Becker-Schaffner BB 1998, 422, 426)*.

421 Dem **Arbeitgeber** obliegt die **Darlegungs- und Beweislast** für eine rechtsmißbräuchliche **Zugangsvereitlung** oder -verzögerung *(MünchKomm/Roth § 142 BGB Rz. 52 m.w.N.)*. Man wird zugunsten des Arbeitgebers hinsichtlich eines Rechtsmißbrauchs nicht die Grundsätze des Anscheinsbeweises heranziehen können, wenn der Arbeitnehmer ein Übergabe-Einschreiben nicht von der Post abholt. Im Benachrichtigungszettel der Post finden sich regelmäßig keine Angaben zum Absender und zum Inhalt des Briefs *(vgl. BGH 26.11.1997 BB 1998, 289)*. In der Praxis wird es dem Arbeitgeber daher schwerfallen, darzulegen und zu beweisen, daß der Arbeitnehmer rechtsmißbräuchlich den Erhalt der Abmahnung verhindert oder verzögert hat.

4. Kenntnisnahme durch den Empfänger

a. Kenntnisnahme

422 Nach Ansicht des BAG wird eine Abmahnung nicht bereits wirksam, wenn sie abgegeben und dem Empfänger zugegangen ist. Zusätzlich ist grundsätzlich **erforderlich**, daß der **Empfänger** der **Abmahnung** von ihrem Inhalt tatsächlich **Kenntnis** erlangt *(BAG 09.08.1984 EzA § 1 KSchG Verhaltensbedingte Kündigung Nr. 11; LAG Hamm 05.01.1979 EzA § 130 BGB Nr. 9; zust. Schaub § 61 V 2b; MünchArb/Berkowsky § 133 Rz. 31; MünchKomm/Schwerdtner § 622 BGB Anhang Rz. 119; a.A. Bickel Anm. zu AP Nr. 12 zu § 1 KSchG 1969 Verhaltensbedingte Kündigung)*.

423 Das BAG leitet dies insbes. aus der Rüge- (Hinweis-) und Warnfunktion der Abmahnung ab *(BAG 09.08.1984 a.a.O.)*.

b. Verhinderung oder Verzögerung der Kenntnisnahme

Es kann indes gegen Treu und Glauben verstoßen, wenn sich der Arbeit- **424**
nehmer darauf beruft, er habe vom Inhalt der Abmahnung überhaupt nicht
oder erst verspätet Kenntnis erlangt *(BAG 09.08.1984 EzA § 1 KSchG
Verhaltensbedingte Kündigung Nr. 11)*. Insoweit entspricht die Rechtslage
derjenigen bei einer Verhinderung oder Verzögerung des Zugangs *(BAG
09.08.1984 a.a.O.; vgl. ausführlich Rz. 411 ff.)*.

Das BAG nimmt eine derartige **rechtsmißbräuchliche Verhinderung oder** **425**
Verzögerung der Kenntnisnahme durch den Empfänger z.b. an, wenn eine
Arbeitnehmerin, welche die deutsche Sprache nicht beherrscht, beim Empfang der Abmahnung nicht umgehend deutlich auf ihre fehlende Lese- und
Sprachkenntnisse hinweist und auch nicht unverzüglich für eine Übersetzung des Schreibens, z.b. durch den Betriebsdolmetscher, sorgt *(BAG
09.08.1984 a.a.O.)*.

c. Darlegungs- und Beweislast

Der **Arbeitnehmer** hat **darzulegen** und gegebenenfalls zu **beweisen**, aus **426**
welchen Gründen die Abmahnung von ihm überhaupt nicht bzw. erst verspätet zur Kenntnis genommen worden ist *(Schaub § 61 V 2b)*.

Der **Arbeitgeber** muß seinerseits die Tatsachen **darlegen** und gegebenenfalls **427**
beweisen, die für eine Verzögerung bzw. Verhinderung der rechtzeitigen
Kenntnisnahme des Inhalts der Abmahnung durch den Arbeitnehmer sprechen und seine Berufung darauf rechtsmißbräuchlich erscheinen lassen
(Schaub a.a.O.).

Gelingt es dem Arbeitgeber, ein derartiges rechtsmißbräuchliches Handeln **428**
des Empfängers darzulegen und ggf. zu beweisen, muß sich der Arbeitnehmer so behandeln lassen, als ob er vom Inhalt der Abmahnung bereits
kurze Zeit nach dem Zugang Kenntnis erlangt hätte. Bei fehlenden Lese-
und Sprachkenntnissen wird von dem Zeitraum auszugehen sein, der für
eine unterstellte unverzügliche Übersetzung der Abmahnung erforderlich
gewesen wäre.

d. Folgerungen für die Praxis

Dem Arbeitgeber ist auf dem Hintergrund der Rechtsprechung des BAG **429**
dringend zu empfehlen, der Abmahnung eine Übersetzung in der Heimat-
sprache des Empfängers beizufügen oder diese gegenüber dem Arbeitnehmer durch einen (Betriebs-) Dolmetscher übersetzen zu lassen, wenn er
auch nur Zweifel an ausreichenden Lese- und Sprachkenntnissen der deutschen Sprache bei dem Empfänger der Abmahnung hat.

Anderenfalls läuft der Arbeitgeber Gefahr, sich in einem eventuellen Pro- **430**
zeß, der eine spätere Kündigung zum Gegenstand hat, nicht auf die Ab-

mahnung berufen zu können, wenn der Arbeitnehmer darlegt und beweist, daß er den Inhalt der Abmahnung mangels ausreichender Sprach- und Lesekenntnisse nicht verstehen konnte.

431 Selbst wenn es dem Arbeitgeber im Einzelfall gelingen sollte, darzulegen und ggf. zu beweisen, daß der Arbeitnehmer die rechtzeitige Kenntnisnahme treuwidrig vereitelt bzw. verzögert hat, kann dies in einem eventuellen Verfahren für ihn von Nachteil sein. Der Zeitpunkt des Zugangs verschiebt sich zumindest um die Zeit, die für eine rechtzeitige Übersetzung des Abmahnungsschreibens erforderlich gewesen wäre *(BAG 09.08.1984 EzA § 1 KSchG Verhaltensbedingte Kündigung Nr. 11)*.

IX. Empfangsbescheinigung

432 Da derjenige, der die Abmahnung erklärt, die **Darlegungs- und Beweislast** für den – rechtzeitigen – **Zugang** der Abmahnung trägt *(s. Rz. 408)*, sollte sich der Arbeitgeber vom Arbeitnehmer den Empfang der Abmahnung schriftlich bestätigen lassen. Eine derartige Empfangsbescheinigung, die vom Arbeitnehmer zu unterzeichnen ist, sollte folgenden Inhalt haben:

B Beispiel:

Hiermit bestätige ich den Empfang der Abmahnung vom ....
(Datum).

....
(Ort, Datum)   (Unterschrift des Arbeitnehmers)

X. Bescheinigung über die Kenntnisnahme durch den Empfänger

433 Die Abmahnung setzt neben einem Zugang voraus, daß der Empfänger der Abmahnung von ihrem Inhalt tatsächlich Kenntnis erlangt *(BAG 09.08.1984 AP Nr. 12 zu § 1 KSchG 1969 Verhaltensbedingte Kündigung; ausf. Rz. 419 f.)*.

434 Der Arbeitgeber muß diese Kenntnisnahme des Arbeitnehmers in einem evtl. gerichtlichen Verfahren u. U. darlegen und ggf. auch beweisen *(s. dazu Rz. 423 ff.)* Er sollte daher bei jeder Abmahnung den Arbeitnehmer befragen, ob er den Inhalt zur Kenntnis genommen hat und sich diese Kenntnisnahme vom Arbeitnehmer dann schriftlich bestätigen lassen.

Eine derartige vom Arbeitnehmer zu unterzeichnende Erklärung könnte z.B. folgenden Inhalt haben:

B **Beispiel:**

Hiermit erkläre ich, daß ich die Abmahnung vom........(Datum) inhaltlich zur Kenntnis genommen habe.

....
(Ort, Datum)   (Unterschrift des Arbeitnehmers)

Diese Erklärung kann mit der Empfangsbescheinigung *(s. Rz. 432)* verbunden werden.

XI. Sonderfälle der Abmahnung

1. Vorweggenommene Abmahnung

Die Abmahnung muß nicht zwingend erst dann erklärt werden, wenn der **435** Arbeitnehmer eine Pflichtverletzung bereits begangen hat. Denkbar ist auch, den Arbeitnehmer bei **bestimmten Pflichtverletzungen** gleichsam **im voraus** darauf **hinzuweisen,** daß ein bestimmtes, eindeutig bezeichnetes pflichtwidriges Verhalten schon dann den Bestand des Arbeitsverhältnisses gefährdet, wenn es zum ersten Mal vom Arbeitnehmer begangen wird *(LAG Hamm 16.12.1982 BB 1983, 1601; vgl. auch LAG Köln 12.11.1993 LAGE § 1 KSchG Verhaltensbedingte Kündigung Nr. 40; zust. Staudinger/Preis § 626 BGB Rz. 120; Becker-Schaffner BB 1995, 2526, 2529; Pauly NZA 1995, 449, 451; a.A. MünchKomm/Schwerdtner § 622 Anh. Rz. 121; krit. auch Beckerle/Schuster Rz. 105 ff.:»nur im Ausnahmefall«).*

B **Beispiel:**

Der Arbeitgeber hängt am Schwarzen Brett des Betriebes ein Schreiben mit folgendem Inhalt aus:» Nach § 5 Abs.1 Satz 1 des Entgeltfortzahlungsgesetzes (EFZG) ist jeder Mitarbeiter verpflichtet, dem Arbeitgeber eine Arbeitsunfähigkeit und deren voraussichtliche Dauer unverzüglich anzuzeigen. Wir haben alle Mitarbeiter daher aufzufordern, bei einer Arbeitsunfähigkeit sich möglichst bereits vor Schichtbeginn, spätestens aber in den ersten Stunden der Schicht, telefonisch bei der Personalabteilung, Tel. ..., zu melden und die Arbeitsunfähigkeit sowie deren voraussichtliche Dauer mitzuteilen. Dieselbe Verpflichtung obliegt dem Mitarbeiter auch, wenn eine Arbeitsunfähigkeit länger dauert als in der Arbeitsunfähigkeitsbescheinigung angegeben. Sollte ein Mitarbeiter gegen diese Anzeigepflicht verstoßen, ist der Bestand seines Arbeitsverhältnisses gefährdet.«

436 Denkbar ist auch, eine solche **vorweggenommene Abmahnung** in den Arbeitsvertrag der Arbeitnehmer aufzunehmen *(LAG Köln 12.11.1993 LAGE § 1 KSchG Verhaltensbedingte Kündigung Nr. 40)*.

437 Das **BAG** hat – soweit ersichtlich – **noch nicht darüber entschieden, ob eine vorweggenommene** Abmahnung rechtlich einer Abmahnung gleichzusetzen ist, die erst als Reaktion auf eine bereits begangene Pflichtverletzung erfolgt.

438 Eine vorweggenommene Abmahnung erfüllt regelmäßig ihre Warnfunktion ebenso wie eine erst nach einer Pflichtverletzung erklärte Abmahnung. Der Arbeitnehmer erkennt auch bei ihr, daß der Arbeitgeber eine näher bezeichnete Pflichtverletzung nicht hinnehmen wird und eine Kündigung droht, wenn er dennoch ein entsprechendes Fehlverhalten zeigt *(zur Warnfunktion s. Rz. 24 f.)*. Allerdings wird nicht bei jeder möglichen Pflichtverletzung eine vorweggenommene Abmahnung in Betracht kommen. Bei Schlecht- oder Minderleistungen wird es dem Arbeitgeber z.b. kaum gelingen, alle denkbaren Vertragsverstöße genau im voraus zu benennen *(vgl. Schaub NJW 1990, 873, 875; ders. § 61 VI 3c)*.

2. Kündigung als Abmahnung

439 Eine **unwirksame Kündigung** kann grds. wie eine **Abmahnung** wirken *(BAG 31.08.1989 EzA § 1 KSchG Verhaltensbedingte Kündigung Nr. 27; BAG 21.05.1992 EzA § 1 KSchG Verhaltensbedingte Kündigung Nr. 42)*. Der Arbeitnehmer ist aufgrund des Vorwurfs, der mit der Kündigung erhoben wird, hinreichend gewarnt. Er muß damit rechnen, daß der Arbeitgeber eine weitere Kündigung ausspricht, wenn er noch einmal diejenige Vertragspflicht verletzt, welche der Arbeitgeber bereits mit der unwirksamen Kündigung ahnden wollte *(BAG 31.08.1989 EzA § 1 KSchG Verhaltensbedingte Kündigung Nr. 27; vgl. auch BAG 21.05.1992 EzA § 1 KSchG Verhaltensbedingte Kündigung Nr. 42)*.

440 Die **Kündigung** darf indes nicht deshalb unwirksam sein, weil es dem Arbeitgeber nicht gelungen ist, die Pflichtverletzung darzulegen und ggf. zu beweisen, die Anlaß der Kündigung gewesen ist. In einem solchen Fall kann die Kündigung **nicht** die **Funktion** einer **Abmahnung** erfüllen, da auch diese eine nachweisbare Pflichtverletzung voraussetzt *(BAG 31.08.1989 EzA § 1 KSchG Verhaltensbedingte Kündigung Nr. 27; Beckerle/Schuster Rz. 221; abw. Hueck/v.Hoyningen-Huene § 1 KSchG Rz. 295a)*. Ist der Arbeitgeber allerdings in dem Rechtsstreit, welcher die Kündigung zum Streitgegenstand hatte, nur deshalb unterlegen, weil dem Arbeitnehmer die von ihm begangene Pflichtverletzung subjektiv nicht vorwerfbar war, verhindert dies die Wirkung der Kündigung als Abmahnung nicht *(BAG 31.08.1989 EzA § 1 KSchG Verhaltensbedingte Kündigung Nr. 27; ArbG Köln 17.12.1993 BB 1994, 580)*. Im Gegensatz zur Kündigung setzt die Abmahnung ein Verschulden des Arbeitnehmers nicht voraus.

Mögliche **Unwirksamkeitsgründe** der **Kündigung**, die einer Wirkung als **441**
Abmahnung nicht entgegenstehen, sind z.b.

➤ fehlende oder nicht ordnungsgemäße Anhörung des Betriebsrates;

➤ fehlendes Verschulden des Arbeitnehmers;

➤ fehlende Abmahnung;

➤ Zugang der fristlosen Kündigung nach Ablauf der in § 626 Abs. 2 BGB
vorgesehenen Ausschlußfrist von zwei Wochen.

Ist das Gericht im Kündigungsverfahren auf die objektive Pflichtverletzung **442**
gar nicht eingegangen, muß der Arbeitgeber allerdings diese u.u. später
darlegen und ggf. beweisen, wenn er nach einer weiteren Pflichtverletzung
des Arbeitnehmers erneut eine Kündigung ausspricht.

Eine Kündigung kann auch dann als **Abmahnung** wirken, wenn sie **einver-** **443**
nehmlich zurückgenommen wird und der objektive Pflichtverstoß des Arbeitnehmers feststeht *(BAG 21.05.1992 EzA § 1 KSchG Verhaltensbedingte Kündigung Nr. 42)*.

Obwohl eine unwirksame Kündigung i.d.R. als Abmahnung wirken kann, **444**
ist es dem Arbeitgeber unbenommen, den Arbeitnehmer wegen des objektiven Pflichtverstoßes, der bereits Grundlage der Kündigung war, noch einmal abzumahnen, sofern die Kündigung nicht an einem fehlenden objektiven Pflichtverstoß gescheitert ist *(BAG 07.09.1988 EzA § 611 BGB
Abmahnung Nr. 17; ArbG Köln 17.12.1993 BB 1994, 580; Hueck/v. Hoyningen-Huene § 1 KSchG Rz. 295)*. Dies kann für den Arbeitgeber von Interesse sein, um gegenüber anderen Arbeitnehmern zu dokumentieren, daß
man bestimmte Pflichtverletzungen nicht unbeanstandet hinnehmen will
(BAG 07.09.1988 EzA § 611 BGB Abmahnung Nr. 17). Außerdem verhindert der Arbeitgeber auf diese Weise, daß der Arbeitnehmer die Ent-
scheidungsgründe im Kündigungsprozeß mißversteht *(BAG 07.09.1988
EzA § 611 BGB Abmahnung Nr. 17)*.

Zumindest sollte der **Arbeitgeber** gegenüber dem Arbeitnehmer **schriftlich** **445**
klarstellen, daß er die aus seiner Sicht erfolglose Kündigung als Abmahnung aufrechterhält *(Beckerle/Schuster Rz. 222)*. Auf diese Weise verhindert er den möglichen Einwand des Arbeitnehmers, aufgrund der aus seiner Sicht unklaren Begründung des Urteils habe er nicht damit rechnen
müssen, daß bei einer künftigen Pflichtverletzung eine weitere Kündigung
droht.

3. Betriebsverfassungsrechtliche Abmahnung

Von der Abmahnung, mit welcher der Arbeitgeber eine Pflichtverletzung **446**
des Arbeitnehmers rügt und für den Wiederholungsfall meistens mit einer
Kündigung droht, ist die **betriebsverfassungsrechtliche Abmahnung** zu un-

terscheiden. Diese wird teilweise für erforderlich gehalten, bevor gegen ein Mitglied des Betriebsrats ein Auflösungs- oder Amtsenthebungsverfahren nach § 23 BetrVG eingeleitet wird *(ArbG Hildesheim ArbuR 1997, 336; Kania DB 1996, 374 ff.)*.

447 Die betriebsverfassungsrechtliche Abmahnung soll **zwei Elemente** enthalten *(vgl. Kania DB 1996, 374)*:

> ➤ Zum einen muß ein Verstoß eines Mitglieds des Betriebsrates bzw. des gesamten Betriebsrates gegen die gesetzlichen Pflichten aus dem BetrVG gerügt werden (Hinweisfunktion);

> ➤ zum anderen muß darauf hingewiesen werden, daß bei einer erneuten Pflichtverletzung ein gerichtliches Verfahren auf Ausschluß des Mitglieds aus dem Betriebsrat bzw. auf eine Auflösung des gesamten Betriebsrates droht (Warnfunktion).

448 Für eine betriebsverfassungsrechtliche Abmahnung gibt es **keine Rechtsgrundlage** *(i.Erg. BAG 05.12.1975 AP Nr. 1 zu § 87 BetrVG Betriebsbuße; LAG Düsseldorf 23.02.1993 LAGE § 23 BetrVG 1972 Nr. 31; LAG Berlin 23.02.1988 DB 1988, 863; Kammerer Rz. 69; KPK-Schiefer Teil G Rz. 4)*. Die §§ 284, 326, 550, 553, 634, 635, 643, 651e Abs. 2, 1053 BGB, welche die rechtliche Grundlage für die individualrechtliche Abmahnung bilden *(vgl. Rz. 48)*, können – auch nicht entsprechend – herangezogen werden. Diese Vorschriften betreffen allein Vertragsverhältnisse; ein irgendwie gearteter kollektiver Bezug ist ihnen fremd.

449 Zudem sprechen **praktische Erwägungen** gegen eine Abmahnung auch im Betriebsverfassungsrecht. Nach § 23 Abs. 1 BetrVG kann u.a. ein Viertel der wahlberechtigten Arbeitnehmer beim Arbeitsgericht den Ausschluß eines Mitglieds aus dem Betriebsrat bzw. die Auflösung des Betriebsrats beantragen. Dementsprechend müßte dieses Viertel – und zwar alle darunterfallenden wahlberechtigten Arbeitnehmer in ihrer Gesamtheit – auch eine entsprechende Abmahnung unterzeichnen bzw. erklären. Der einzelne Arbeitnehmer könnte nicht etwa die Abmahnung gleichsam auch für andere aussprechen. Dies ist kaum praxisgerecht *(KPK-Schiefer Teil G Rz. 4)*.

4. Bedingte Abmahnung

450 Vermutet ein Arbeitgeber lediglich, daß einer seiner Arbeitnehmer eine behauptete und ihm u.U. durch eine entsprechende ärztliche Bescheinigung attestierte Arbeitsunfähigkeit nur vortäuscht und daher arbeitsfähig ist, kann er ihn grds. nicht wirksam abmahnen. Eine Abmahnung erfordert u.a. eine tatsächlich begangene und nicht nur vermutete objektive Pflichtverletzung *(vgl. ausf. Rz. 245 ff.)*.

451 Es wird daher teilweise erwogen, in derartigen Fällen eine **Abmahnung** zuzulassen, die **unter** dem **Vorbehalt** steht, daß eine krankheitsbedingte Arbeitsunfähigkeit tatsächlich nicht vorliegt *(sog. bedingte Abmahnung, Dütz,»Krankfeiern«, S. 75, 84 f.).*

Eine derartige bedingte Abmahnung soll geeignet sein, eine **Verdachtskün- 452 digung** vorzubereiten *(Dütz,»Krankfeiern«, S. 75, 84 f.; zu den einzelnen Voraussetzungen der Verdachtskündigung s. Hueck/v. Hoyningen-Huene § 1 KSchG Rz. 260 ff.).* Erweckt der Arbeitnehmer ein weiteres Mal den Eindruck, eine Arbeitsunfähigkeit nur vorzutäuschen, kann an eine Verdachtskündigung gedacht werden. Die objektive Pflichtverletzung, die in der Abmahnung anhand konkreter Tatsachen dargelegt werden muß, ist das Hervorrufen des Verdachts, lediglich »krankzufeiern« *(Dütz,»Krankfeiern«, S. 75, 85).*

XII. Abmahnung besonderer Arbeitnehmergruppen

1. Leitende Angestellte

In der betrieblichen Praxis wird häufig die Ansicht vertreten, bei sog. lei- 453 tenden Angestellten *(zum Begriff des leitenden Angestellten im KSchG ausf. KR-Rost § 14 KSchG Rz. 23 ff.)* sei eine Abmahnung aufgrund des besonderen Vertrauensverhältnisses, welches zwischen dem Arbeitgeber und dieser Personengruppe besteht, vor Ausspruch einer Kündigung entbehrlich. Zumindest dürften an eine Abmahnung, die gegenüber einem leitenden Angestellten erfolgt, nicht dieselben Anforderungen gestellt werden wie bei einem »normalen« Arbeitnehmer.

Die **Grundsätze,** welche die Rechtsprechung zur **Abmahnung** entwickelt 454 hat, gelten indes **auch für** Kündigungen gegenüber **leitenden Angestellten** *(BAG 30.04.1987 RzK I 11b Nr. 5).* Wie bei Arbeitnehmern, die keine leitende Stellung haben, bedarf auch die Kündigung eines leitenden Angestellten regelmäßig einer vorherigen vergeblichen Abmahnung. Der in den §§ 284, 326, 550, 553, 634, 635, 643, 651e Abs. 2, 1053 BGB enthaltene Rechtsgedanke, den Gläubiger zu warnen, bevor einseitig die Vertragsbeziehung beendet wird, gilt auch für leitende Angestellte *(BAG 30.04.1987 RzK I 11b Nr. 5).*

An den Inhalt einer Abmahnung sind bei einem leitenden Angestellten 455 ebenfalls in der Regel **keine geringeren Anforderungen** zu stellen. Es ist insbes. nicht ausreichend, wenn der Arbeitgeber die objektive Pflichtverletzung nur pauschal rügt. Leistungsmängel müssen z. B. genau bezeichnet werden. Der Arbeitgeber darf sich nicht damit begnügen, lediglich schlagwortartig Gründe wie »mangelndes Durchsetzungsvermögen« oder »fehlende Eigeninitiative« zu nennen *(BAG 30.04.1987 RzK I 11b Nr. 5).*

Dem **besonderen Vertrauensverhältnis,** welches zwischen Arbeitgeber und 456 leitenden Angestellten bestehen muß, hat bereits der Gesetzgeber Rechnung getragen *(BAG 30.04.1987 RzK I 11b Nr. 5; KR-Rost § 14 KSchG Rz. 37)*. Nach § 14 Abs. 2 KSchG kann der Arbeitgeber gegenüber dem in dieser Vorschrift umschriebenen Kreis der leitenden Angestellten die Auflösung des Arbeitsverhältnisses erzwingen, ohne den Antrag begründen zu müssen *(vgl. im einzelnen KR-Rost § 14 KSchG Rz. 37 ff.)*.

2. Mitglieder des Betriebsrates

457 Mitglieder des Betriebsrates können vom Arbeitgeber ebenfalls abgemahnt werden. Ihre betriebsverfassungsrechtliche **Stellung verbietet** eine **Abmahnung** regelmäßig nicht *(vgl. nur BAG 14.10.1986 EzA § 626 n.F. BGB Nr. 105; BAG 15.07.1992 EzA § 611 BGB Abmahnung Nr. 26; BAG 10.11.1993 EzA § 611 BGB Abmahnung Nr. 29; BAG 31.08.1994 EzA § 611 BGB Abmahnung Nr. 33; BAG 11.06.1997 FA 1997, 23 = ZTR 1997, 524; LAG Hamm 03.11.1987 EzA § 611 BGB Abmahnung Nr. 14; LAG Düsseldorf 31.08.1988 ArbuR 1989, 152; Beckerle/Schuster Rz. 146; Hueck/v. Hoyningen-Huene § 1 KSchG Rz. 295b)*.

a. Verstoß gegen arbeitsvertragliche Pflichten

458 Ein Fehlverhalten eines Mitglieds des Betriebsrates kommt als Gegenstand einer Abmahnung allerdings nur in Betracht, wenn zumindest auch ein **Verstoß gegen arbeitsvertragliche Pflichten** vorliegt *(BAG 15.07.1992 EzA § 611 BGB Abmahnung Nr.26; BAG 10.11.1993 EzA § 611 BGB Abmahnung Nr. 29; BAG 31.08.1994 EzA § 611 BGB Abmahnung Nr. 33; H/S/G § 23 BetrVG Rz. 24a; Hueck/v. Hoyningen-Huene § 1 KSchG Rz. 295b; MünchKomm/Schwerdtner § 622 BGB Anh. 110)*.

459 Die **Abmahnung** eines Mitglieds des Betriebsrates ist **unwirksam**, soweit ihm *allein* die **Verletzung von Amtspflichten** vorgehalten wird. Insoweit ist nur die Durchführung eines Ausschlußverfahrens nach § 23 Abs. 1 BetrVG möglich *(BAG 14.10.1986 EzA § 626 n.F. BGB Nr. 105; BAG 15.07.1992 EzA § 611 BGB Abmahnung Nr. 26; BAG 10.11.1993 EzA § 611 BGB Abmahnung Nr. 29; BAG 31.08.1994 EzA § 611 BGB Abmahnung Nr. 33; LAG Düsseldorf 31.08.1988 ArbuR 1989, 152; Hueck/v. Hoyningen-Huene § 1 KSchG Rz. 295b; MünchKomm/Schwerdtner § 622 BGB Anh. Rz. 110)*.

460 Das **Ausschlußverfahren** nach § 23 Abs. 1 BetrVG bedarf seinerseits keiner vorherigen vergeblichen Abmahnung, da eine Rechtsgrundlage für eine derartige betriebsverfassungsrechtliche Abmahnung nicht besteht *(vgl. dazu ausf. Rz. 440 ff.)*.

461 Die **Abgrenzung** zwischen einem alleinigen Verstoß gegen betriebsverfassungsrechtliche Pflichten einerseits und einem Verstoß gegen arbeitsvertragliche Pflichten andererseits kann im Einzelfall schwierig sein. In folgenden Fällen hat das BAG z.b. (auch) einen Verstoß gegen arbeitsvertragliche Pflichten angenommen und eine Abmahnung für berechtigt gehalten:

➤ Verstoß eines nicht freigestellten Betriebsratsmitglieds gegen die Verpflichtung, sich beim Arbeitgeber abzumelden, wenn und soweit es erforderliche Betriebsratsarbeit während seiner Arbeitszeit durchführen will *(BAG 15.07.1992 EzA § 611 BGB Abmahnung Nr. 26; vgl. auch BAG 13.05.1997 AP Nr. 119 zu § 37 BetrVG 1972)*;

➤ unberechtigtes Fernbleiben von der Arbeit *(BAG 31.08.1994 EzA § 611 BGB Abmahnung Nr. 33)*.

Ein Mitglied des Betriebsrats hatte an einem Kündigungsschutzverfahren teilgenommen, weil es annahm, dabei handele es sich um eine erforderliche Betriebsratstätigkeit i.s.d. § 37 Abs. 2 BetrVG;

➤ unberechtigtes Fernbleiben von der Arbeit *(BAG 10.11.1993 EzA § 611 BGB Abmahnung Nr. 29)*.

Ein Betriebsratsmitglied hatte an einem Seminar teilgenommen, obwohl erkennbar war, daß es nicht erforderlich i.s.d. § 37 Abs. 6 BetrVG war. Das Seminar vermittelte keine Grundkenntnisse *(vgl. dazu allg. BAG 06.11.1973 AP Nr. 5 zu § 37 BetrVG 1972; BAG 16.10.1986 EzA § 37 BetrVG 1972 Nr. 87)*. Es war auch nicht zu erwarten, daß die auf dem Seminar erworbenen Kenntnisse seinerzeit oder in naher Zukunft von dem zu schulenden Betriebsratsmitglied benötigt werden würden, damit der Betriebsrat seine Beteiligungsrechte sach- und fachgerecht ausüben konnte *(vgl. dazu BAG 15.05.1986 EzA § 37 BetrVG 1972 Nr. 85)*;

➤ unberechtigtes Fehlen *(BAG 11.06.1997 FA 1997, 23 = ZTR 1997, 524)*.

Ein Mitglied des Betriebsrates hatte an einer Sitzung des Betriebsrates teilgenommen, obwohl dringende betriebliche Gründe möglicherweise entgegenstanden. Das BAG hält es für sachgerecht, daß in einem derartigen Fall ein Ersatzmitglied an der Sitzung teilnimmt, wenn die dringenden betrieblichen Gründe gegenüber den Gründen für die Teilnahme überwiegen. Aus anderen Erwägungen gab es dennoch der Klage des Mitglieds des Betriebsrats statt.

462 In der Abmahnung, die gegenüber dem Mitglied des Betriebsrates erklärt werden soll, darf allerdings nur der Verstoß gegen die arbeitsvertraglichen Pflichten erwähnt werden, mag auch gleichzeitig ein betriebsverfassungsrechtliches Fehlverhalten vorliegen *(vgl. BAG 31.08.1994 EzA § 611 BGB Abmahnung Nr. 33)*.

b. Irrtumsprivileg

463 Das BAG billigt allerdings **Mitgliedern des Betriebsrates** im Gegensatz zu Arbeitnehmern, die diesem Gremium nicht angehören, eine Art **Irrtumsprivileg** zu, um die freie Betätigung in ihrem Amt zu gewährleisten *(BAG 31.08.1994 EzA § 611 BGB Abmahnung Nr. 33; vgl. auch BAG 10.11.1993 EzA § 611 BGB Abmahnung Nr. 29)*. Nicht jede Verkennung der objektiven Rechtslage, namentlich bei schwierigen und ungeklärten Rechtsfragen, soll nachteilige Auswirkungen für das betroffene Betriebsratsmitglied haben *(BAG 31.08.1994 EzA § 611 BGB Abmahnung Nr. 33; zust. MünchKomm/Schwerdtner § 622 BGB Anh. Rz. 110)*.

464 Verkennt das Betriebsratsmitglied, daß es sich bei seiner Tätigkeit nicht um erforderliche Betriebsratstätigkeit handelt, zieht das BAG die Grenze dort, wo aus der Sicht eines **sorgfältig prüfenden Dritten** erkennbar ist, daß es sich nicht (mehr) um die Wahrnehmung von Amtsobliegenheiten handelt *(BAG 10.11.1993 EzA § 611 BGB Abmahnung Nr. 29; BAG 31.08.1994 EzA § 611 BGB Abmahnung Nr. 33)*. Entscheidend ist dabei der Zeitpunkt der Beschlußfassung des Betriebsrats, welche der Freistellung vorausgeht *(BAG 10.11.1993 EzA § 611 BGB Abmahnung Nr. 29)*. Das Betriebsratsmitglied muß die Pflichtwidrigkeit seines Handelns insbes. dann erkennen, wenn nach einer höchstrichterlichen Rechtsprechung die ausgeübte Tätigkeit keine erforderliche Betriebsratstätigkeit darstellt *(BAG 31.08.1994 EzA § 611 BGB Abmahnung Nr. 33)*.

c. Wiederholungsgefahr

465 Das BAG hält eine **Abmahnung**, die gegenüber **einem Mitglied des Betriebsrates** wegen der Verletzung einer arbeitsvertraglichen Pflicht erklärt wird, ferner grds. nur dann für wirksam, wenn eine **Wiederholungsgefahr** besteht *(BAG 10.11.1993 EzA § 611 BGB Abmahnung Nr. 29; BAG 31.08.1994 EzA § 611 BGB Abmahnung Nr. 33)*.

466 Es muß die Gefahr bestehen, daß das Betriebsratsmitglied zukünftig noch einmal den Beurteilungsspielraum überschreitet, der ihm hinsichtlich der Frage zusteht, ob und inwieweit eine Befreiung von seiner beruflichen Tätigkeit nach Art und Umfang des Betriebes zur ordnungsgemäßen Durchführung der Aufgaben des Betriebsrats erforderlich ist *(BAG 10.11.1993 EzA § 611 BGB Abmahnung Nr. 29; BAG 31.08.1994 EzA § 611 BGB Abmahnung Nr. 33)*.

3. Arbeitnehmer mit besonderem Kündigungsschutz

467 Bestimmte Arbeitnehmergruppen werden nicht nur durch das KSchG vor Kündigungen geschützt (sog. allgemeiner Kündigungsschutz). Für sie gilt ein sog. **besonderer Kündigungsschutz**, welcher in besonderen gesetzlichen Bestimmungen geregelt ist. Derartige Regeln finden sich u.a. für:

➤ Mitglieder des Betriebsrates, des Wahlvorstandes und Wahlbewerber *(§ 15 KSchG)*;

➤ Schwangere und Mütter nach der Entbindung *(§ 9 MuSchG)*;

➤ Arbeitnehmer im Erziehungsurlaub *(§ 18 BErzGG)*;

➤ Schwerbehinderte *(§ 15 SchwbG)*;

➤ Auszubildende *(§ 15 Abs. 1 Nr. 1 BBiG)*;

➤ Arbeitnehmer, die durch einen Tarifvertrag, eine Betriebsvereinbarung oder einen Einzelarbeitsvertrag besonders geschützt sind.

Ein **besonderer Kündigungsschutz hindert** den Arbeitgeber **nicht,** gegen- **468** über dem besonders geschützten Arbeitnehmer eine **Abmahnung** auszusprechen. Die Abmahnung stellt keine Kündigung dar, sie ist lediglich deren Vorstufe *(i.Erg. KPK-Schiefer Teil G Rz. 25).*

Der Arbeitgeber muß deshalb auch **vor** einer **Abmahnung nicht** die **Zu-** **469** **stimmung einer Behörde** einholen, die bei bestimmten Gruppen von Arbeitnehmern vorliegen muß, bevor die Kündigung wirksam erklärt werden kann *(vgl. § 15 SchwbG; § 18 Abs. 1 Satz 3 BErzGG; § 9 Abs. 3 MuSchG).*

XIII. Überlegungen vor Ausspruch einer angedrohten Kündigung

1. Erfordernis einer erneuten Pflichtverletzung

Der Arbeitgeber kann eine Pflichtverletzung des Arbeitnehmers, den er ab- **470** gemahnt hat, nicht mehr zum Anlaß einer Kündigung nehmen. **Durch** die Erteilung einer **Abmahnung** ist das **Kündigungsrecht verbraucht** *(BAG 10.11.1988 EzA § 611 BGB Abmahnung Nr. 18; BAG 09.03.1995 BB 1996, 434; LAG Köln 06.11.1987 EzA § 611 BGB Abmahnung Nr. 12; LAG Baden-Württemberg 20.06.1995 BB 1996, 1172; Kasseler HB/Isenhardt 1.3 Rz. 503; Kammerer Rz. 48).* Der Arbeitgeber verzichtet schlüssig auf sein Kündigungsrecht wegen der Gründe, die Gegenstand der Abmahnung sind *(BAG 04.10.1990 EzA § 626 BGB Druckkündigung Nr. 2; BAG 10.12.1992 EzA § 103 BetrVG Nr. 33; Kammerer Rz. 48).*

Dieser Verbrauch des Kündigungsrechts ergibt sich aus der Warnfunktion, **471** die Bestandteil der Abmahnung ist *(s. Rz. 24 f.).* Der Arbeitgeber droht mit einer Beendigung des Arbeitsverhältnisses, wenn der Arbeitnehmer **weitere** Pflichtverletzungen begeht. Für den Arbeitnehmer folgt daraus umgekehrt, daß die abgemahnte Pflichtverletzung nicht (mehr) zur Kündigung führen kann *(BAG 09.03.1995 BB 1996, 434).* Außerdem dokumentiert der Arbeitgeber mit der Abmahnung gegenüber dem Arbeitnehmer, daß dessen Pflichtverletzung als Kündigungsgrund für ihn (noch) nicht ausreichend ist

(BAG 10.11.1988 EzA § 611 BGB Abmahnung Nr. 18; Hueck/v. Hoyningen-Huene § 1 KSchG Rz. 294).

472 Der **Arbeitgeber** muß daher vor einer evtl. **Kündigung prüfen,** ob beim Arbeitnehmer über das abgemahnte pflichtwidrige Verhalten hinaus **weitere** kündigungsrechtlich erhebliche **Umstände** vorliegen, die eine Kündigung rechtfertigen *(BAG 04.10.1990 EzA § 626 BGB Druckkündigung Nr. 2; BAG 10.12.1992 EzA § 103 BetrVG 1972 Nr. 33; Hueck/v. Hoyningen-Huene § 1 KSchG Rz. 294).*

473 Nach Ansicht des BAG sollen regelmäßig auch Gründe für eine Kündigung herangezogen werden können, die zeitlich vor der Abmahnung liegen, dem Arbeitgeber zum Zeitpunkt der Abmahnung aber noch nicht bekannt waren *(BAG 04.10.1990 EzA § 626 BGB Druckkündigung Nr. 2; BAG 10.12.1992 EzA § 103 BetrVG 1972 Nr. 33; ebenso Schaub NZA 1997, 1185, 1187; a.A. wohl BAG 09.03.1995 BB 1996, 434 »künftige ... Pflichtverletzung«).* Mangels Kenntnis konnte der Arbeitgeber auf sie durch die Abmahnung nicht verzichten.

2. Gleichartigkeit der Pflichtverletzung

474 Nicht jede **Pflichtverletzung,** die der Arbeitnehmer **nach** Zugang der **Abmahnung** begeht, reicht nach Ansicht des BAG aus, eine **Kündigung** zu **rechtfertigen.** Sofern die neuerliche Pflichtverletzung nicht allein, z.b. aufgrund ihrer Schwere, geeignet ist, eine Kündigung zu begründen, muß der Pflichtverstoß mit demjenigen, welcher der Abmahnung zugrundeliegt, nach Ansicht der Rechtsprechung »gleichartig« sein *(BAG 23.09.1992 EzA § 1 KSchG Verhaltensbedingte Kündigung Nr. 44; BAG 09.03.1995 BB 1996, 434; LAG Berlin 18.01.1988 LAGE § 626 BGB Nr. 31; ebenso Hueck/v. Hoyningen-Huene § 1 KSchG Rz. 291; KR-Hillebrecht § 626 BGB Rz. 98b; Hunold BB 1986, 2050, 2054 f.; abw. Kammerer Rz. 46; a.A. Sibben NZA 1993, 583 ff.; Walker 1995, 601, 606; Heinze S. 63, 85);* es muß ein »enger sachlicher innerer Zusammenhang« bestehen *(BAG 10.12.1992 EzA § 103 BetrVG 1972 Nr. 33; vgl. auch BAG 16.01.1992 EzA § 123 BGB Nr. 36);* sie müssen »auf einer Ebene« liegen *(LAG Rheinland-Pfalz 05.11.1982 DB 1983, 1554; vgl. Schmid NZA 1985, 409, 411).*

475 Eine **Identität** der abgemahnten mit der zur Kündigung führenden Pflichtverletzung ist indes **nicht erforderlich** *(LAG Berlin 05.12.1995 ZTR 1996, 521; v. Hoyningen-Huene RdA 1990, 193, 208; MünchKomm/Schwerdtner § 622 BGB Anh. Rz. 265; Hunold BB 1986, 2050, 2054 f.).*

476 Diese Rechtsprechung zeigt, daß eine Abmahnung nicht mit einer »gelben Karte« im Sport vergleichbar ist *(Sander AuA 1995, 296, 297; vgl. Rz. 6).* Im Bereich des Sports, z. B. beim Fußball, reicht jeder nicht ganz leichte Regelverstoß für einen Feldverweis aus, wenn der Spieler zuvor die gelbe

Karte als »Abmahnung« erhalten hat. Ein Spieler kann sich nicht erfolgreich darauf berufen, das Foul, welches zur gelben Karte geführt hat, sei mit der nun z.b. begangenen Schiedsrichterbeleidigung nicht gleichartig, beide Regelverstöße lägen nicht auf einer Ebene.

Gleichartig sind nach der Rechtsprechung z.b.: **477**

➤ unberechtigtes Fehlen und berechtigtes, aber nicht angezeigtes Fernbleiben von der Arbeit *(LAG Berlin 05.12.1995 ZTR 1996, 521)*;

➤ verspätete Arbeitsaufnahme und Verletzung der Anzeigepflicht *(BAG 23.09.1992 EzA § 1 KSchG Verhaltensbedingte Kündigung Nr. 44)*;

➤ Verspätung bei Schichtbeginn und Überziehen eines dem Arbeitnehmer gestatteten späteren Dienstantritts *(BAG 17.03.1988 EzA § 626 n. F. BGB Nr. 116)*;

➤ vorzeitiges Verlassen des Arbeitsplatzes und Kartenspielen während der Arbeitszeit *(LAG Berlin 18.01.1988 LAGE § 626 BGB Nr. 31)*.

Demgegenüber sollen ein unberechtigtes Fehlen und Nebenpflichtverstöße **478** anläßlich einer Arbeitsunfähigkeit nicht gleichartig sein *(ArbG Wiesbaden 14.11.1984 BB 1985, 733)*. Ebenso wird eine Gleichartigkeit verneint bei einem verspäteten Einreichen einer Arbeitsunfähigkeitsbescheinigung und Pflichtverletzungen im Leistungsbereich *(BAG 16.01.1992 EzA § 123 BGB Nr. 36)*. Schließlich sollen Arbeitszeitverstöße und Schlechtleistungen nicht gleichartig sein *(v. Hoyningen-Huene RdA 1990, 193, 208; Becker-Schaffner BB 1995, 2526, 2528)*.

Wenn man schon wie die Rechtsprechung nicht jede weitere Pflichtverlet- **479** zung für eine Kündigung ausreichen läßt, wird man an die Beurteilung der Gleichartigkeit der abgemahnten und der erneuten Pflichtverletzung keinen strengen Maßstab anlegen dürfen *(MünchKomm/Schwerdtner § 622 BGB Anh. Rz. 124)*.

3. Zeitraum zwischen Abmahnung und Kündigung

Eine »Bewährungsfrist« muß der **Arbeitgeber** dem Arbeitnehmer grds. **nicht** **480** **einräumen,** wenn er diesen abgemahnt hat. Normalerweise berechtigt die nächste gleichartige Pflichtverletzung zur Kündigung, unabhängig davon, ob der Arbeitnehmer sie einen Tag oder sechs Monate nach Erhalt der Abmahnung begeht *(Hueck/v. Hoyningen-Huene § 1 KSchG Rz. 293a; MünchKomm/Schwerdtner § 622 BGB Anh. Rz. 130)*.

B Beispiel:

Der Arbeitgeber mahnt den Arbeitnehmer mit Schreiben vom 05.03. schriftlich ab, weil dieser seine Arbeitsunfähigkeit entgegen seiner Verpflichtung aus § 5 Abs. 1 EFG am 04.03.nicht angezeigt hat. Am 06.03. erhält der Arbeitnehmer die Abmahnung. Bereits am 11.03. wird der Arbeitnehmer erneut arbeitsunfähig. Wiederum meldet er sich nicht rechtzeitig. Da ein Grund für eine »Bewährungsfrist« bei einem Verstoß gegen die Anzeigepflicht nicht ersichtlich ist, sollte der Arbeitgeber eine Kündigung in Erwägung ziehen, sofern die übrigen Voraussetzungen für eine Kündigung, wie z.b. eine Interessenabwägung zugunsten des Arbeitgebers, dafür sprechen.

481 Eine **Ausnahme** besteht indes dann, wenn der Arbeitnehmer nicht in der Lage ist, sein vertragswidriges Verhalten sofort abzustellen *(Hueck/v. Hoyningen-Huene § 1 KSchG Rz. 293a; Beckerle/Schuster Rz. 123; i.Erg. MünchKomm/Schwerdtner § 622 BGB Anh. Rz. 130).* Hat der Arbeitgeber den Arbeitnehmer z.b. wegen einer Minderleistung abgemahnt, muß er ihm einen gewissen Zeitraum gewähren, in dem der Arbeitnehmer seine Leistung steigern kann *(LAG Hamm 15.03.1983 DB 1983, 1930; MünchKomm/Schwerdtner § 622 BGB Anh. Rz. 130).* Ebenso soll einem Arbeitnehmer, dem in einer Abmahnung mangelnde Qualifikation vorgeworfen wird, Gelegenheit gegeben werden, seine Qualifikation unter Beweis zu stellen *(ArbG Siegen 28.02.1978 -2 Ca 958/77-).*

4. Notwendige Anzahl von Abmahnungen vor Ausspruch einer Kündigung

482 Eine **bestimmte Anzahl** von vergeblichen **Abmahnungen** ist **nicht erforderlich,** bevor eine Kündigung erklärt werden kann *(Hueck/v. Hoyningen-Huene § 1 KSchG Rz. 293; KR-Hillebrecht § 626 BGB Rz. 98c).* Insbes. ist es eine »Legende«, daß eine Kündigung nur dann Aussicht auf Erfolg hat, wenn der Arbeitgeber den Arbeitnehmer zuvor dreimal abgemahnt hat *(Sander AuA 1995, 296, 297).*

483 Bei geringfügigen Pflichtverletzungen wird teilweise eine wiederholte Abmahnung verlangt, bevor eine Kündigung in Betracht kommt *(MünchKomm/Schwerdtner § 622 BGB Anh. Rz. 125).* Bedenklich ist aber, z.b. bei einer Verletzung der Anzeigepflicht, welche nach § 5 Abs. 1 EFG bei einer Arbeitsunfähigkeit besteht, generell mehrere Abmahnungen zu verlangen *(KPK-Schiefer Teil G Rz. 26; a.A. Becker-Schaffner BB 1995, 2526, 2529).*

484 Andererseits kann durch eine nicht gebotene **mehrfache Abmahnung** die **Hinweis- und Warnfunktion** der einzelnen Abmahnung **abgeschwächt** werden *(KR-Hillebrecht § 626 BGB Rz. 98c; Schaub NZA 1997, 1185, 1187 »bei drei oder mehr Abmahnungen«; Hunold BB 1986, 2050, 2051).*

Der **Arbeitgeber** befindet sich damit gleichsam in einer »**Zwickmühle**«. **485** Mahnt er nur einmal ab und kündigt er bei der nächsten gleichartigen Pflichtverletzung, wird ihm u.u. entgegengehalten, es hätte mehrerer Abmahnungen bedurft; spricht er mehrere Abmahnungen aus, sieht er sich möglicherweise dem Einwand ausgesetzt, die Vielzahl der Abmahnungen habe deren Warnfunktion beeinträchtigt.

Der Arbeitgeber sollte daher grds. nach einer Abmahnung und einer weite- **486** ren gleichartigen Pflichtverletzung kündigen, zumal auch eine Vielzahl berechtigter Abmahnungen noch keine Gewähr dafür bietet, daß eine anschließende Kündigung vor Gericht Bestand hat *(i.Erg. Heinze S. 63, 87; vgl. auch MünchKomm/Schwerdtner § 622 BGB Anh. Rz. 108; abw. v. Hoyningen-Huene RdA 1990, 193, 208).*

Entschließt sich ein Arbeitgeber im Einzelfall mehrmals abzumahnen, weil **487** er z.b. nicht sicher beurteilen kann, ob eine Abmahnung durch Zeitablauf unwirksam geworden ist, ist zu empfehlen, die auf die erste Abmahnung **folgenden Abmahnungen** besonders **eindringlich** und damit schärfer zu formulieren, damit beim Arbeitnehmer nicht der Eindruck entsteht, die in den Abmahnungen jeweils angedrohte Kündigung sei vom Arbeitgeber nicht ernst gemeint *(vgl. BAG 23.09.1992 EzA § 1 KSchG Verhaltensbedingte Kündigung Nr. 44 »letzte Abmahnung«; KR-Hillebrecht § 626 BGB Rz. 98c; i. Erg. v. Hoyningen-Huene RdA 1990, 193, 208; KR-Hillebrecht § 626 BGB Rz. 98c).*

5. Verbrauch des Rechts aus der Abmahnung durch Zeitablauf

Eine ordnungsgemäße und deshalb ursprünglich wirksame **Abmahnung** ist **488** nach Ansicht des BAG nicht zeitlich unbefristet geeignet, Vorstufe einer Kündigung zu sein. Sie kann **durch Zeitablauf unwirksam** werden *(BAG 27.01.1988 ZTR 1988, 309; BAG 18.11.1986 EzA § 611 BGB Abmahnung Nr. 4; BAG 07.09.1988 EzA § 611 BGB Abmahnung Nr. 17; ebenso MünchArb/Berkowsky § 133 Rz. 37, 40; Kammerer Rz. 47; Schaub NZA 1997, 1185, 1187 f.; a.A. Eich NZA 1988, 759, 761).* Es bedarf dann grds. einer erneuten abgemahnten Pflichtverletzung, bevor eine Kündigung erwogen wird.

Eine **bestimmte Frist**, nach der die Abmahnung durch Zeitablauf unwirk- **489** sam wird, **gibt es** indes **nicht** *(BAG 18.11.1986 EzA § 611 BGB Abmahnung Nr. 4; BAG 07.09.1988 EzA § 611 BGB Abmahnung Nr. 17; BAG 13.12.1989 RzK I 1 Nr. 57; MünchKomm/Schwerdtner § 622 BGB Anh. Rz. 128; Beckerle/Schuster Rz. 116; a.A. LAG Hamm 14.5.1986 LAGE § 611 BGB Abmahnung Nr. 2: zwei Jahre; Conze DB 1987, 2358, 2359; ders. DB 1987, 889, 890; Hunold BB 1986, 2050, 2052).* Die Länge der Frist ist unter Berücksichtigung aller Umstände des Einzelfalls zu bestimmen *(BAG 21.05.1987 DB 1987, 2367; ebenso MünchArb/Berkowsky § 133 Rz. 38; Tschöpe NZA 1990 Beil. 2 S. 10, 13).*

490 Insbes. können die in der Bundesdisziplinarordnung enthaltenen Fristen *(vgl. § 119 BDO)* nicht auf Abmahnungen übertragen werden, da Abmahnungen im Gegensatz zu den mißbilligenden Äußerungen i.s.d. BDO **keinen Straf- oder Sanktionscharakter** haben *(Eich NZA 1988, 759, 763; v. Hoyningen-Huene RdA 1990, 193, 210; Beckerle/Schuster Rz. 119a; vgl. auch o. Rz. 27; a.A. Conze DB 1987, 2358, 2359; ders. DB 1987, 889, 890).*

491 Ähnliche Erwägungen sprechen dagegen, die in den §§ 45, 46 BRZG für die Tilgung von Verurteilungen geregelten Fristen auf Abmahnungen entsprechend anzuwenden. Während die Verurteilung eine Sanktion des Staates gegenüber dem Bürger bedeutet, betrifft die Abmahnung das individualrechtliche Verhältnis zwischen Arbeitgeber und Arbeitnehmer und stellt keine Sanktion dar *(vgl. LAG Frankfurt 06.11.1986 LAGE § 1 KSchG Verhaltensbedingte Kündigung Nr. 10; Beckerle/Schuster Rz. 118f; a.A. Falkenberg NZA 1988, 489, 492).*

492 **Mögliche Kriterien,** die in die Abwägung, welche Frist im Einzelfall gilt, einfließen können, sind:

➤ Art der in der Abmahnung beanstandeten Pflichtverletzung *(BAG 21.05.1987 DB 1987, 2367; BAG 13.12.1989 RzK I 1 Nr. 57; Heinze S. 63, 82 f.; Pauly NZA 1995, 449, 453);*

➤ Schwere der abgemahnten Vertragsverletzung *(BAG 27.01.1988 ZTR 1988, 309; MünchArb/Berkowsky § 133 Rz. 38; Heinze S. 63, 82 f.; Pauly NZA 1995, 449, 453);*

➤ Verhalten des Arbeitnehmers im Anschluß an die Abmahnung *(BAG 18.11.1986 EzA § 611 BGB Abmahnung Nr. 4: »einwandfreie Führung«; BAG 21.05.1987 DB 1987, 2367; BAG 13.12.1989 RzK I 1 Nr. 57; Heinze S. 63, 82 f.; Pauly NZA 1995, 449, 453);*

➤ unbeanstandete Hinnahme weiterer Pflichtverletzungen bei anderen Arbeitnehmern *(Schaub NZA 1997, 1185, 1188);*

➤ Intensität der Vertrauensbindung *(Heinze S. 63, 82 f.).*

493 Entscheidend ist, wann im Einzelfall eine Kündigung im Wiederholungsfall ohne erneute Abmahnung als unverhältnismäßig angesehen werden muß, weil der Arbeitnehmer bei einer weiteren Pflichtverletzung nicht mehr unbedingt mit einer Kündigung rechnen konnte *(MünchArb/Berkowsky § 133 Rz.40).*

494 Erklärt der Arbeitgeber innerhalb der sich im Einzelfall ergebenden Frist eine weitere Abmahnung, wird die vorhergehende Abmahnung nicht durch Zeitablauf unwirksam *(BAG 27.01.1988 ZTR 1988, 309).* Es muß sich nicht um eine gleiche oder gleichartige Pflichtverletzung handeln *(BAG 27.01.1988 ZTR 1988, 309; a.A. LAG Hamm 14.05.1986 LAGE*

§ 611 BGB Abmahnung Nr. 2). Der Arbeitnehmer kann nach jeder weiteren Abmahnung nicht mehr im Ungewissen sein, wie der Arbeitgeber auf weitere Pflichtverletzungen reagieren wird *(vgl. BAG 21.05.1987 DB 1987, 2367).*

Der Arbeitgeber wird oftmals nur schwer beurteilen können, ob eine Ab- **495** mahnung schon durch Zeitablauf verbraucht ist oder nicht *(Falkenberg NZA 1988, 489, 492).* Es wird daher vorgeschlagen, daß die Tarifvertragsparteien in einem Tarifvertrag oder die Betriebspartner in einer freiwilligen Betriebsvereinbarung *(§ 88 BetrVG)* die Zeiträume festlegen, nach deren Ablauf einer Abmahnung keine kündigungsrechtliche Wirkung mehr zukommt *(MünchKomm/Schwerdtner § 622 BGB Anh. Rz. 128).*

In der Praxis sollte sicherheitshalber davon ausgegangen werden, daß eine **496** Abmahnung regelmäßig nach spätestens zwei Jahren wirkungslos wird, wenn innerhalb dieses Zeitraums keine weitere Abmahnung erfolgt ist.

6. Auswechseln des Abmahnungsgrundes

Der **Arbeitgeber** kann im Einzelfall **gezwungen** sein, eine bereits erteilte **497** Abmahnung zurückzunehmen und eine **neue Abmahnung** zu erteilen, wenn sich herausstellt, daß der Arbeitnehmer nicht die bisher abgemahnte, sondern eine andere Pflichtverletzung begangen hat.

B Beispiel:

Der Arbeitnehmer kommt zwei Tage nicht zur Arbeit. Er meldet sich auch nicht. Der Arbeitgeber nimmt an, daß der Arbeitnehmer ohne rechtfertigenden Grund fehlt und läßt ihm deshalb eine Abmahnung zukommen. Einige Zeit später reicht der Arbeitnehmer eine Arbeitsunfähigkeitsbescheinigung auch für die beiden Tage ein, die Gegenstand der Abmahnung sind.

Der Arbeitgeber muß nun grds. davon ausgehen, daß der Arbeitnehmer ar- **498** beitsunfähig war und damit einen Grund für sein Fehlen hatte. Allerdings hat der Arbeitnehmer zumindest gegen seine Anzeigepflicht nach § 5 Abs. 1 Satz 1 EFG verstoßen. Diese Nebenpflichtverletzung hat der Arbeitgeber indes nicht abgemahnt, während der Arbeitnehmer die abgemahnte Pflichtverletzung nicht begangen hat.

Dem Arbeitgeber ist in einem derartigen Fall zu empfehlen, die ursprüng- **499** lich erteilte Abmahnung zurückzunehmen und unter demselben Datum eine neue Abmahnung zu erteilen, die eine Verletzung der Anzeigepflicht zum Gegenstand hat. Andernfalls läuft er Gefahr, daß ein Gericht ihm in einem späteren Kündigungsprozeß entgegenhält, die erteilte Abmahnung enthalte eine Pflichtverletzung, die der Arbeitnehmer nicht begangen hat und sei daher unwirksam. Unabhängig davon ist der Arbeitgeber gut beraten, bei der Krankenkasse zu erfragen, ob dort eine Arbeitsunfähigkeit des Arbeitnehmers bekannt ist, bevor er eine Abmahnung wegen unberechtigten Fehlens erteilt.

500 In einem Rechtsstreit, der die Abmahnung selbst oder eine auf sie aufbauende Kündigung betrifft, kann der **Abmahnungsgrund**, d.h. die Art der Pflichtverletzung, **nicht** mehr **ausgewechselt** werden *(BAG 17.03.1988 EzA § 626 BGB n.F. Nr. 116; BAG 10.11.1988 EzA § 611 BGB Abmahnung Nr. 18; Kammerer Rz. 49, s. ausf. Rz. 575 f.)*. Der Arbeitgeber muß daher bereits vorher wie beschrieben handeln.

7. Anhörung des Betriebsrates und Abmahnung

501 Der Arbeitgeber muß den Betriebsrat nicht anhören, bevor er eine Abmahnung gegenüber einem Arbeitnehmer erklärt. *(s. Rz. 293 ff.)*. Davon streng zu trennen ist die Bedeutung der Abmahnung in einem Anhörungsverfahren, welches der Kündigung eines Arbeitnehmers nach § 102 BetrVG vorausgehen muß.

502 Ein vorhandener **Betriebsrat** ist nach § 102 Abs. 1 Satz 1 BetrVG vor jeder Kündigung eines Arbeitnehmers, der unter das BetrVG fällt *(vgl. § 5 Betr-VG)*, **zu hören** *(vgl. zu den Einzelheiten H/S/G § 102 BetrVG Rz. 28 ff.)*. Unerheblich ist z.b., ob das KSchG Anwendung findet *(BAG 07.11.1995 EzA § 102 BetrVG 1972 Nr. 88; H/S/G § 102 BetrVG Rz. 42)* oder ob der Arbeitnehmer noch in der Probezeit ist *(BAG 18.05.1994 EzA § 102 Betr-VG 1972 Nr. 85; H/S/G § 102 BetrVG Rz. 13)*. Eine ohne Anhörung des Betriebsrates ausgesprochene Kündigung ist unwirksam *(§ 102 Abs. 1 Satz 2 BetrVG)*.

503 Dem Betriebsrat sind die Kündigungsgründe, die den Arbeitgeber zur Kündigung bewogen haben, in der Regel detailliert und nicht nur schlagwortartig mitzuteilen. Bei einer verhaltensbedingten Kündigung reicht es deshalb nicht, wenn der Arbeitgeber lediglich mitteilt, die Kündigung erfolge »wegen Schlechtleistung« oder »wegen Arbeitsverweigerung« *(BAG 22.09.1994 EzA § 102 BetrVG 1972 Nr. 86; BAG 07.11.1995 EzA § 102 BetrVG 1972 Nr. 88; H/S/G § 102 BetrVG Rz. 31, 33)*.

504 Der Betriebsrat muß anhand der Angaben des Arbeitgebers beurteilen können, ob es sinnvoll ist, Bedenken gegen die beabsichtigte Kündigung anzumelden oder ihr zu widersprechen *(BAG 22.09.1994 EzA § 102 BetrVG 1972 Nr. 86; BAG 07.11.1995 EzA § 102 BetrVG 1972 Nr. 88)*.

505 Bei einer verhaltensbedingten Kündigung oder bei einer personenbedingten Kündigung, der ein beeinflußbares Verhalten des Arbeitnehmers zugrunde liegt, muß der Arbeitgeber daher dem Betriebsrat u.a. auch eine **mündliche Abmahnung** im Wortlaut **mitteilen** bzw. eine **schriftliche Abmahnung aushändigen**, wenn er auf sie seine Kündigung stützen will *(BAG 18.12.1980*

EzA § 102 BetrVG 1972 Nr. 44; H/S/G § 102 BetrVG Rz. 33; D/R § 102 BetrVG Rz. 60).

Auch eine **Gegendarstellung**, die der Arbeitnehmer zur Abmahnung abge- 506
geben und zur Personalakte gereicht hat, muß dem Betriebsrat im Anhörungsverfahren vorgelegt werden *(BAG 31.08.1989 EzA § 102 BetrVG
1972 Nr. 75).*

Unterläßt es der Arbeitgeber, den Betriebsrat von einer Abmahnung und 507
einer Gegendarstellung in Kenntnis zu setzen, führt dies zwar nicht zur **Unwirksamkeit der Kündigung** wegen eines Fehlers im Anhörungsverfahren,
wenn die Abmahnung für den Kündigungsentschluß des Arbeitgebers nicht
maßgebend war *(sog. subjektive Determinierung BAG 22.09.1994 EzA
§ 102 BetrVG Nr. 86; H/S/G § 102 BetrVG Rz. 32; D/R § 102 BetrVG
Rz. 52).* Der Arbeitgeber kann sich in einem evtl. späteren Kündigungsverfahren dann aber nicht auf die Abmahnung berufen, um die Kündigung zu
rechtfertigen *(BAG 08.09.1988 EzA § 102 BetrVG Nr. 73; BAG
22.09.1994 EzA § 102 BetrVG 1972 Nr. 86; H/S/G § 102 BetrVG Rz. 32;
D/R § 102 BetrVG Rz. 52).* Er verliert den Prozeß bereits wegen des »Fehlens« einer Abmahnung, sofern diese vor der Kündigung nicht ausnahmsweise entbehrlich war *(s. dazu Rz. 157 ff. und 173 ff.).*

XIV. Überlegungen bei Vertragsende

1. Abmahnung und Zeugnis

Bei Beendigung des Arbeitsverhältnisses hat der Arbeitnehmer gegen den 508
Arbeitgeber einen Anspruch auf Erteilung eines Zeugnisses *(vgl. §§ 630
BGB; 73 HGB; 113 GewO, 8 BBiG; zum Zeugnis im einzelnen s. Schaub
§ 146).* Im Zeugnis muß der Arbeitgeber die einzelne Abmahnung konkret
nicht erwähnen *(i.Erg. Beckerle/Schuster Rz. 96d).*

Für das sog. **einfache Zeugnis** ergibt sich dies bereits aus dessen notwendi- 509
gem Inhalt. Es erstreckt sich nur auf Art und Dauer der Beschäftigung *(vgl.
nur § 630 Satz 1 BGB).* Das Verhalten und die Leistung des Arbeitnehmers, welche in einer Abmahnung beanstandet werden, werden nicht erwähnt, da sein Zweck allein darin besteht, dem Arbeitnehmer beim Wech-
sel des Arbeitsplatzes einen lückenlosen Nachweis über seine bisherige
fachspezifische Tätigkeit zu ermöglichen *(vgl. Kasseler HB/Haupt 1.2
Rz. 266).*

Dem Arbeitgeber stehen beim einfachen Zeugnis auch keine Bewertungs- 510
möglichkeiten offen, welche eine Abmahnung beeinflussen könnte. Es dokumentiert nur Fakten *(MünchKomm/Schwerdtner § 630 BGB Rz. 11).*

In das sog. **qualifizierte Zeugnis** muß der Arbeitgeber die Abmahnung 511 ebenfalls nicht ausdrücklich aufnehmen. Wenn überhaupt, hat sie insoweit nur eine mittelbare Bedeutung *(i.Erg. Beckerle/Schuster Rz. 96d)*.

512 Das qualifizierte Zeugnis erstreckt sich nicht nur auf die Art und Dauer des Arbeitsverhältnisses, sondern auch auf die Führung und Leistung des Arbeitnehmers *(vgl. § 630 Satz 2 BGB)*. Es ist nur auf ein ausdrückliches Verlangen des Arbeitnehmers zu erteilen *(Schleßmann S.60)*. Die Leistung, die der Arbeitnehmer während der Dauer des Arbeitsverhältnisses erbracht hat, bestimmt sich vorrangig nach dem Arbeitsumfang, der Güte der geleisteten Arbeit, der Arbeitsweise, dem Tempo, der Fachkenntnisse, der Arbeitsbereitschaft usw. *(ausf. Kasseler HB/Haupt 2.1 Rz. 276; Schaub § 146 III 2d)*. Bei der Bewertung der Führung des Arbeitnehmers geht es hauptsächlich um das Sozialverhalten des Arbeitnehmers gegenüber Vorgesetzten, Arbeitskollegen und Dritten *(ausf. Kasseler HB/Haupt 2.1 Rz. 286; Schaub § 146 III 2d)*.

513 In einer Abmahnung wird zwar ein bestimmtes Verhalten oder eine bestimmte Leistung des Arbeitnehmers beanstandet. Einmalige Vorfälle und Umstände, die für den Arbeitnehmer während des gesamten Arbeitsverhältnisses nicht kennzeichnend waren, sind jedoch regelmäßig nicht in das Zeugnis aufzunehmen, da das qualifizierte Zeugnis eine Gesamtbeurteilung enthalten soll *(BAG 18.06.1960 NJW 1960, 1973; Schaub § 146 III 3; MünchKomm/Schwerdtner § 630 BGB Rz. 20)*. Derartige einmalige Vorfälle und Umstände stellen Abmahnungen aber regelmäßig dar *(Beckerle/Schuster Rz. 96d)*.

514 Damit ist indes nicht ausgeschlossen, daß die einzelnen **Abmahnungen** eine **mittelbare Bedeutung** für das qualifizierte Zeugnis haben. Die beanstandeten vertragswidrigen Verhaltensweisen des Arbeitnehmers können die Beurteilung der Führung und Leistung beeinflussen. Ein Arbeitnehmer, der z.B. mehrere Abmahnungen wegen Schlechtleistungen erhalten hat, kann in der Regel nicht mit derselben Beurteilung seiner Leistung rechnen wie ein Arbeitnehmer, der nicht entsprechend abgemahnt wurde.

515 Allerdings muß der Arbeitgeber insoweit beachten, daß das **Zeugnis** nicht nur **wahrheitsgemäß**, sondern auch **wohlwollend** sein muß *(BAG 23.06.1960 AP Nr. 1 zu § 73 HGB; BGH 15.05.1979 AP Nr. 13 zu § 630 BGB; Schaub § 146 III 5; MünchKomm/Schwerdtner § 630 BGB Rz. 17)*. Das Wohlwollen darf aber nicht so weit gehen, daß für den Arbeitnehmer Ungünstiges nicht erwähnt wird. Dem Arbeitnehmer soll lediglich das berufliche Fortkommen nicht unnötig erschwert werden *(Schaub § 146 III 5)*.

2. Verbleib der Abmahnung

516 Die schriftlichen Abmahnungen sind Teil der Personalakte des Arbeitnehmers, sofern der Arbeitgeber sich entschlossen hat, solche zu führen *(vgl. ausf. Rz. 107 ff.)*. Der Arbeitgeber ist nicht verpflichtet, die Personalakten

des Arbeitnehmers nach **Beendigung des Arbeitsverhältnisses** vollständig aufzubewahren *(MünchArb/Blomeyer § 96 Rz. 16; MünchKomm/Müller-Glöge § 611 BGB Rz. 409)*.

Ein berechtigtes Interesse des Arbeitnehmers an einer Aufbewahrung der Abmahnung wird regelmäßig fehlen. Er wird im Gegenteil froh sein, wenn der Arbeitgeber sie vernichtet, kann sie dann doch nicht mehr zu seinem Nachteil, z.b. bei einer späteren neuen Bewerbung, herangezogen werden. 517

Allerdings können **gesetzliche Vorschriften** einer Vernichtung der Abmahnung nach Beendigung des Arbeitsverhältnisses entgegenstehen *(vgl. MünchArb/Blomeyer § 96 Rz. 16)*. Insoweit sind die gesetzlichen Verjährungsvorschriften für den Arbeitgeber von Bedeutung *(Schaub § 150 II 1)*. 518

Eine dem Arbeitnehmer erteilte Abmahnung kann die Beurteilung der Führung und Leistung in einem qualifizierten Zeugnis beeinflussen *(vgl. Rz. 506 ff.)* und sollte daher so lange aufbewahrt werden, wie der Arbeitnehmer ein solches Zeugnis noch verlangen kann *(MünchKomm/Müller-Glöge § 611 BGB Rz. 409; Schaub § 150 II 1)*. 519

Der Anspruch auf Erteilung eines Zeugnisses verjährt zwar erst in 30 Jahren *(§ 195 BGB; Schaub § 150 II 1)*. Weitaus früher dürfte es dem Arbeitgeber aber bereits nicht mehr zumutbar sein, diesen Anspruch erfüllen zu müssen, da bereits nach nur wenigen Jahren die Erinnerung an den Arbeitnehmer und dessen Leistungen und Verhaltensweisen verblaßt *(i. Erg. Schaub § 150 II 1)*. 520

Der Arbeitgeber sollte die Abmahnung auch dann nicht mit der Beendigung des Arbeitsverhältnisses vernichten, wenn der Arbeitnehmer bereits bei seinem Ausscheiden ein qualifiziertes Zeugnis verlangt und erhalten hat. Möglicherweise begehrt er später, das Zeugnis zu berichtigen. Der Arbeitgeber benötigt dann u.U. in einem späteren Gerichtsverfahren, das den Anspruch des Arbeitnehmers auf Berichtigung des Zeugnisses zum Gegenstand hat, die Abmahnungen noch, um die Grundlagen seiner Bewertungen darzulegen und ggf. zu beweisen. 521

B Abmahnung durch den Arbeitnehmer

I. Erforderlichkeit der Abmahnung

Die ordentliche, d.h. **fristgerechte Kündigung** des Arbeitnehmers bedarf **522** keiner vorherigen vergeblichen **Abmahnung** *(BAG 09.09.1992 RzK I 10e Nr. 13; Schaub NJW 1990, 872, 873)*. Der Arbeitgeber ist vor einer derartigen Kündigung nicht geschützt, insbes. gilt das KSchG nur zugunsten des Arbeitnehmers *(BAG 09.09.1992 RzK I 10e Nr. 13)*. Es soll eine generelle Schranke für das freie Kündigungsrecht des Arbeitgebers ziehen und damit das durch Art. 12 GG geschützte Recht des Arbeitnehmers sichern, den einmal gewählten Arbeitsplatz zu behalten *(BAG 09.09.1992 RzK I 10e Rz. 13; Hueck/v. Hoyningen-Huene Einl. Rz. 71; § 1 KSchG Rz. 4aff.; s. ausführlich Rz. 93)*.

Für die **außerordentliche Kündigung**, welche der Arbeitnehmer gegenüber **523** dem Arbeitgeber erklärt, gelten indes die gleichen Grundsätze wie für die außerordentliche Kündigung durch den Arbeitgeber *(LAG Berlin 22.03.1989 BB 1989, 1121; LAG Hamm 18.06.1991 NZA 1992, 314)*. Solange erwartet werden kann, daß der Arbeitgeber als Vertragspartner in Zukunft sein Fehlverhalten abstellt, ist eine fristlose Kündigung durch den **Arbeitnehmer ohne** vorherige **Abmahnung** regelmäßig **nicht rechtmäßig**. *(BAG 19.06.1967 AP Nr. 1 zu § 124 GewO; BAG 08.06.1995 RzK I 6i Nr. 9; LAG Düsseldorf 31.07.1980 BB 1980, 1526; LAG Berlin 22.03.1989 BB 1989, 1121; LAG Hamm 18.06.1991 LAGE § 626 BGB Nr. 59; MünchArb/Wank § 117 Rz. 93; Schaub § 125 VIII Vorbem.).*

Dies ergibt sich auch für eine Abmahnung durch den Arbeitnehmer aus **524** dem Rechtsgedanken, der in den §§ 284, 326 550, 553, 634, 635, 643, 651e Abs. 2, 1053 BGB zum Ausdruck kommt *(s. Rz. 48; a.A. Beckerle/ Schuster Rz. 228 »Treuepflicht«)*.

Der **Arbeitnehmer muß** den Arbeitgeber z.B. **abmahnen**, bevor er nach **525** einer weiteren Pflichtverletzung eine fristlose Kündigung erwägt, wenn

➤ unzumutbare Arbeitsbedingungen vorliegen *(LAG Baden-Württemberg 10.10.1990 BB 1991, 415)*;

➤ der Arbeitgeber ständig unzulässige Mehrarbeit verlangt *(BAG 28.10.1971 EzA § 626 BGB n.F. Nr. 9; LAG Hamm 18.06.1991 BB 1991, 2017; Schaub § 125 VIII 11)*;

➤ der Arbeitgeber den Arbeitnehmer unberechtigt von der Arbeit suspendiert *(vgl. BAG 19.08.1976 EzA § 611 BGB Beschäftigungspflicht Nr. 1; Schaub § 125 VIII 11)*;

➤ der Arbeitgeber das monatliche Gehalt unpünktlich zahlt *(LAG Köln 23.09.1993 LAGE § 626 BGB Nr. 73; MünchArb/Wank § 117 Rz. 96)*;

➤ die Wohnverhältnisse in einer vereinbarten Unterkunft für den Arbeitnehmer nicht zumutbar sind *(BAG 19.06.1967 EzA § 124 GewO Nr. 1; vgl. auch LAG Düsseldorf 24.03.1964 BB 1964, 927)*;

➤ die Ausbildung in einem Umschulungsverhältnis mangelhaft ist *(BAG 08.06.1995 RzK I 6i Nr. 9)*;

➤ der Arbeitgeber Provisionsvorauszahlungen nicht erbringt *(BAG 09.09.1992 RzK I 10e Nr. 13)*;

➤ Schutzvorrichtungen nach § 34 Abs. 5 bzw. 6 ArbStättV für das vom Arbeitnehmer eingebrachte Eigentum fehlen *(Beckerle/Schuster Rz. 230; vgl. auch LAG Hamm 06.12.1989 LAGE § 611 BGB Fürsorgepflicht Nr. 19)*.

526 Eine **Unterlassungsklage** durch den Arbeitnehmer ersetzt eine Abmahnung nicht, da sie nicht die erforderliche Warnfunktion entfaltet *(BAG 02.02.1983 –7 AZR 732/79-)*.

527 Eine vergebliche **Abmahnung** durch den Arbeitnehmer kann – wie eine Abmahnung durch den Arbeitgeber *(vgl. ausf. Rz. 157 ff., 173 ff.)* – z.B. **ausnahmsweise entbehrlich** sein, wenn

➤ die Pflichtverletzung zu einer irreparablen Störung des Vertragsverhältnisses geführt hat und aus objektiver Sicht das Interesse an einer weiteren Vertragsdurchführung entfallen ist *(BAG 08.06.1995 RzK I 6i Nr. 9)*;

➤ auch bei einer unterstellten Abmahnung keine Aussicht besteht, daß der vertragswidrig handelnde Vertragspartner zu einem vertragskonformen Verhalten zurückkehrt *(BAG 08.06.1995 RzK I 6i Nr. 9)*;

➤ der Arbeitgeber zu einem vertragskonformen Verhalten überhaupt nicht in der Lage ist *(BAG 08.06.1995 RzK I 6i Nr. 9)*. Dies kann der Fall sein, wenn der Arbeitnehmer auf Dauer aus krankheitsbedingten Gründen nicht in der Lage ist, die vertraglich geschuldete Leistung zu erbringen, und der Arbeitgeber ihm einen leidensgerechten Arbeitsplatz nicht zur Verfügung stellen kann *(KR-Hillebrecht § 626 BGB Rz. 118; MünchArb/Wank § 117 Rz. 98)*;

➤ Vorgesetzte den Arbeitnehmer sexuell belästigen oder auf andere Weise grob beleidigen *(vgl. MünchArb/Wank § 117 Rz. 95; v. Hoyningen-Huene BB 1991, 2215)*;

➤ der Arbeitgeber ausländerfeindliche Äußerungen macht *(LAG Hamm 27.05.1993 ArbuR 1993, 415)*.

II. Erklärung der Abmahnung

Die Abmahnung, welche der Arbeitnehmer erklärt, weist auch formal und **528** inhaltlich keine Besonderheiten im Vergleich zu der vom Arbeitgeber auszusprechenden Abmahnung auf. Der Arbeitnehmer muß die Pflichtverletzungen konkret beanstanden und dem Arbeitgeber deutlich machen, daß der Bestand des Arbeitsverhältnisses gefährdet ist, wenn der Arbeitgeber nicht zu einem vertragskonformen Verhalten zurückkehrt *(BAG 08.06.1995 RzK I 6i Nr. 9)*.

Der Arbeitnehmer muß auch – wie der Arbeitgeber – dafür sorgen, daß **529** seine Abmahnung dem Arbeitgeber zugeht und er dies ggf. auch darlegen und beweisen kann *(vgl. Rz. 390 ff. bzw. 411 ff.)*.

Teil 4
Beanstandung der erteilten Abmahnung

A Schriftliche Abmahnung

I. Außerprozessuale Rechtsbehelfe

1. Rechtsbehelfe des Arbeitnehmers

Der Arbeitnehmer muß eine aus seiner Sicht nicht gerechtfertigte Abmah- **530** nung nicht ohne weiteres hinnehmen. Ihm stehen **außergerichtlich** mehrere **Reaktionsmöglichkeiten** zur Verfügung.

a. Einsicht in die Personalakte

Ist der Arbeitnehmer nicht sicher, ob und ggf. mit welchem Inhalt eine **531** schriftliche Abmahnung zu seinen Personalakten gelangt ist, kann er in die über ihn geführten **Personalakten** Einsicht nehmen *(§ 83 Abs. 1 Satz 1 BetrVG)*. Dieses **Einsichtsrecht** ist Teil des allgemeinen Persönlichkeitsschutzes im Arbeitsverhältnis *(MünchArb/Blomeyer § 96 Rz. 17)*.

Der Arbeitnehmer kann ein **Mitglied des Betriebsrates** zur Einsichtnahme **532** hinzuziehen *(§ 83 Abs. 1 Satz 2 BetrVG)*.

Das Einsichtsrecht bezieht sich auf sämtliche Personalakten im materiellen **533** Sinne *(MünchArb/Blomeyer § 96 Rz. 17)*.

Wird die **Personalakte elektronisch** geführt, steht dem Arbeitnehmer als **534** Kontrollrecht u.a. der Anspruch zu, **Auskunft** über die zu seiner Person gespeicherten Daten zu verlangen *(§ 34 Abs. 1 Satz 1 Nr. 1 BDSG; zum Verhältnis dieser Vorschrift zu § 83 Abs. 1 Satz 1 BetrVG vgl. MünchArb/Blomeyer § 97 Rz. 44)*.

b. Gegendarstellung

Der **Arbeitnehmer** hat ferner das **Recht, Erklärungen** zum Inhalt der Per- **535** sonalakte **abzugeben** *(§ 83 Abs. 2 BetrVG)*. Er kann den Sachverhalt, den der Arbeitgeber in der Abmahnung als pflichtwidrige Handlung bezeichnet hat, aus seiner Sicht darstellen und diese Gegendarstellung dem Arbeitgeber übergeben. Dieser ist rechtlich verpflichtet, die ihm vom Arbeitnehmer ausgehändigte Erklärung im Zusammenhang mit der Abmahnung, auf die sie sich bezieht, zum Inhalt der Personalakte zu machen *(H/S/G § 83 BetrVG Rz. 23; Etzel Rz. 1398; Hunold BB 1986, 2050, 2054).*

536 Der Arbeitgeber kann dies nicht mit der Begründung unterlassen, die Gegendarstellung enthalte seiner Ansicht nach unrichtige Tatsachenbehauptungen oder unzutreffende Werturteile *(MünchArb/Blomeyer § 96 Rz. 19; Hunold BB 1986, 2050, 2054).* Der Arbeitnehmer kann auch zu einer **rechtmäßigen Abmahnung** eine **Gegendarstellung** abgeben. Das Recht, eine Gegendarstellung abzugeben, sowie das Recht, vom Arbeitgeber zu verlangen, diese Gegendarstellung der Personalakte beizufügen, sind nicht davon abhängig, daß der Inhalt der Personalakte unrichtig ist *(v. Hoyningen-Huene RdA 1990, 193, 209; MünchArb/Blomeyer § 96 Rz. 19).*

537 Ebenso ist **nicht entscheidend,** ob im Betrieb ein **Betriebsrat** besteht, da es sich um ein Individualrecht des Arbeitnehmers handelt *(i.Erg. Münch-Arb/Blomeyer § 96 Rz. 19).* Beleidigt indes der Arbeitnehmer in seiner Gegendarstellung, welche er zu einer Abmahnung abgeben will, den Arbeitgeber, ist dieser nicht verpflichtet, die Gegendarstellung in die Personalakte aufzunehmen *(Kammerer Rz. 89; MünchArb/Blomeyer § 96 Rz. 19).*

538 Der Arbeitgeber darf seinerseits die Gegendarstellung des Arbeitnehmers nicht durch eine weitere, zur Personalakte genommene Stellungnahme entkräften und entwerten *(Kammerer Rz. 89).*

c. Beschwerde an den Arbeitgeber

539 Jeder **Arbeitnehmer** hat das **Recht,** sich bei den zuständigen Stellen des Betriebes **zu beschweren,** wenn er sich vom Arbeitgeber benachteiligt oder ungerecht behandelt oder in sonstiger Weise beeinträchtigt fühlt *(§ 84 Abs. 1 BetrVG).* Es ist Sache des Arbeitgebers, die zuständige Stelle zu bestimmen *(H/S/G § 84 BetrVG Rz. 6).* I.d.R. ist dies der unmittelbare Vorgesetzte *(Etzel Rz. 1404)* oder die Personalabteilung *(v. Hoyningen-Huene RdA 1990, 193, 209).*

540 Dieses Beschwerderecht steht auch dem Arbeitnehmer zu, der sich durch eine schriftliche Abmahnung ungerecht behandelt fühlt, welche ihm der Arbeitgeber erteilt hat *(v. Hoyningen-Huene RdA 1990, 193, 209; Krasshöfer-Pidde AuA 1993, 137, 140; Schmid NZA 1985, 409, 413).*

541 Auf eine solche Beschwerde gegen eine Abmahnung muß der **Arbeitgeber** deren **Berechtigung überprüfen** und entscheiden, ob er an der Abmahnung festhalten will oder sie ändert bzw. ersatzlos aus der Personalakte entfernt *(vgl. Etzel Rz. 1405).* Hält er sie für berechtigt, muß er ihr abhelfen *(§ 84 Abs. 2 BetrVG).*

542 Der **Arbeitgeber** ist **verpflichtet,** dem Arbeitnehmer **mitzuteilen,** zu welchem Ergebnis die Prüfung der Beschwerde geführt hat *(§ 84 Abs. 2*

BetrVG). Für diesen Bescheid ist keine besondere Form vorgeschrieben. Er kann daher schriftlich oder mündlich erfolgen *(H/S/G § 84 BetrVG Rz. 10).* Aus Beweisgründen sollte aber die Schriftform gewählt werden.

d. Beschwerde an den Betriebsrat

Statt an die zuständige betriebliche Stelle kann sich der **Arbeitnehmer** mit   543
seiner **Beschwerde** gegen die Abmahnung auch an den **Betriebsrat** wenden,
wenn ein solcher im Betrieb besteht *(vgl. § 85 Abs. 1 BetrVG).* Der Arbeitnehmer hat die Wahl, welchen Verfahrensweg er einschlägt *(H/S/G § 84
BetrVG Rz. 3).* Er muß sich insbes. nicht erst erfolglos an den Arbeitgeber
gewandt haben, bevor er dem Betriebsrat seine Beschwerde vorträgt bzw.
vorlegt *(Etzel Rz. 1406).*

Der **Betriebsrat** hat die Beschwerde des Arbeitnehmers entgegenzunehmen   544
und zu **prüfen, ob** er sie für **berechtigt** hält *(§ 85 Abs. 1 BetrVG).* Hält der
Betriebsrat die Beschwerde für unberechtigt, hat er dies dem Arbeitnehmer
mitzuteilen *(H/S/G § 85 BetrVG Rz. 7).* Das Verfahren nach § 85 BetrVG
ist dann abgeschlossen. Hält der Betriebsrat indes die Abmahnung für unwirksam und die Beschwerde damit für berechtigt, muß er sich an den Arbeitgeber wenden und darauf hinwirken, daß dieser der Beschwerde abhilft
(vgl. § 85 Abs. 1 BetrVG).

Bestehen zwischen Arbeitgeber und Betriebsrat Meinungsverschiedenhei-   545
ten über die Berechtigung einer Beschwerde, so kann der Betriebsrat grds.
die Einigungsstelle anrufen *(§ 85 Abs. 2 Satz 1 BetrVG).*

Bei einer Beschwerde, welche sich gegen eine Abmahnung durch den Ar-   546
beitgeber richtet, besteht diese Möglichkeit indes nicht *(LAG Mainz
17.01.1985 NZA 1985, 190; LAG Frankfurt/M. 27.03.1990 – 4 TaBV
79/79 -; v. Hoyningen-Huene RdA 1990, 193, 209; Etzel Rz. 1406; H/S/G
§ 85 BetrVG Rz. 9; Krasshöfer-Pidde AuA 1993, 137, 140; abw. Schaub
§ 61 VII 3b; ders. NJW 1990, 872, 876).*

Verlangt der Arbeitnehmer mit seiner Beschwerde, die ihm erteilte Abmah-   547
nung aus der Personalakte zu entfernen, macht er einen **Rechtsanspruch**
geltend, für den die **Einigungsstelle** nach dem ausdrücklichen Wortlaut des
§ 85 Abs. 2 Satz 3 BetrVG **nicht zuständig** ist *(LAG Rheinland-Pfalz
17.01.1985 NZA 1985, 190; LAG Berlin 19.08.1988 LAGE § 98 ArbGG
1972 Nr. 11; LAG Hamm 16.04.1986 BB 1986, 1359; Etzel Rz. 1406; v.
Hoyningen-Huene RdA 1990, 193, 209; abw. Schaub § 61 VII 3b).*

Eine Entscheidung nach § 98 Abs. 1 ArbGG über die Besetzung der Eini-   548
gungsstelle, d.h. die Anzahl der Beisitzer und die Person des unparteiischen
Vorsitzenden, darf das Arbeitsgericht trotz eines entsprechenden Antrags
des Betriebsrates nicht treffen, da die **Einigungsstelle offensichtlich unzu-
ständig** wäre *(LAG Rheinland-Pfalz 17.01.1985 NZA 1985, 190; LAG*

Berlin 19.08.1988 LAGE § 98 ArbGG 1972 Nr. 11; v. Hoyningen-Huene RdA 1990, 193, 209; Beckerle/Schuster Rz. 145; a.A. LAG Köln 16.11.1984 NZA 1985, 191; LAG Hamburg 10.07.1985 BB 1985, 1729). Ein entsprechender Antrag des Betriebsrates wäre nach § 98 Abs. 1 Satz 2 ArbGG zurückzuweisen.

2. Rechtsbehelfe des Arbeitgebers

549 **Außergerichtliche Rechtsbehelfe** sieht das Gesetz zugunsten eines Arbeitgebers, der von einem Arbeitnehmer eine aus seiner Sicht unwirksame Abmahnung erhalten hat, **nicht** ausdrücklich vor. Ihm ist zu empfehlen, dem Arbeitnehmer zu erläutern, aus welchen Gründen seiner Meinung nach die Abmahnung unwirksam ist. Möglicherweise hält er so den Arbeitnehmer von einer späteren unwirksamen fristlosen Kündigung ab, die für ihn als Arbeitgeber nicht von Interesse sein kann, wenn er eine weitere tatsächliche Beschäftigung des Arbeitnehmers wünscht.

II. Prozessuale Rechtsbehelfe

1. Rechtsbehelfe des Arbeitnehmers

a. Allgemeines

550 Ein Arbeitnehmer wird vor Gericht mit einem Antrag, der sich gegen eine ihm erteilte Abmahnung wendet, u.a. nur durchdringen, wenn das Gericht eine solche Klage grds. für möglich hält. Daran bestehen Zweifel, weil der Arbeitnehmer unabhängig davon berechtigt ist, eine Gegendarstellung zur Personalakte zu reichen oder sich in einem evtl. Kündigungsschutzverfahren gegen die Abmahnung zu wehren, welche die Vorstufe der streitgegenständlichen Kündigung ist.

aa. Bestehendes Arbeitsverhältnis

551 Während eines bestehenden Arbeitsverhältnisses kann der **Arbeitnehmer** gegen eine aus seiner Sicht unwirksame schriftliche Abmahnung, die der Arbeitgeber zur Personalakte genommen hat, nach Ansicht der Rechtsprechung **gerichtlich vorgehen** *(vgl. nur BAG 27.11.1985 EzA § 611 BGB Fürsorgepflicht Nr. 38; BAG 13.03.1991 EzA § 611 BGB Abmahnung Nr. 20; BAG 30.05.1996 EzA § 611 BGB Abmahnung Nr. 34; abw. Heinze S. 63, 88).* Eine solche schriftliche Abmahnung ist als mißbilligende Äußerung des Arbeitgebers geeignet, den Arbeitnehmer in seinem beruflichen Fortkommen und seinem Persönlichkeitsrecht zu beeinträchtigen *(BAG 30.05.1996 EzA § 611 BGB Abmahnung Nr. 34; vgl. auch BAG 05.08.1992 EzA § 611 BGB Abmahnung Nr. 25; BAG 10.11.1993 EzA § 611 BGB Abmahnung Nr. 29).*

Die Möglichkeit des Arbeitnehmers, die Abmahnung in einem späteren **552** Kündigungsschutzprozeß überprüfen zu lassen, hindert nach Ansicht des BAG den Arbeitnehmer **nicht**, unabhängig von einem derartigen **Verfahren gegen** die **Abmahnung** vorzugehen *(BAG 05.08.1992 EzA § 611 BGB Abmahnung Nr. 25; BAG 03.02.1993 BuW 1993, 416)*. Die Beeinträchtigung einer Abmahnung liegt nicht nur darin, daß der Bestand des Arbeitsverhältnisses wegen der angedrohten kündigungsrechtlichen Folgen gefährdet sein kann: Eine unberechtigte Abmahnung kann außerdem die Grundlage für eine falsche Beurteilung des Arbeitnehmers sein, wodurch sein berufliches Fortkommen beeinträchtigt werden könnte oder sich andere arbeitsrechtliche Nachteile für ihn ergeben können *(BAG 05.08.1992 EzA § 611 BGB Abmahnung Nr. 25; BAG 03.02.1993 BuW 1993, 416)*.

Eine Klagemöglichkeit des Arbeitnehmers gegen eine Abmahnung scheitert **553** nach Auffassung des BAG auch nicht daran, daß er nach § 83 Abs. 2 BetrVG eine **Gegendarstellung** zu den Akten reichen kann *(BAG 27.11.1985 EzA § 611 BGB Fürsorgepflicht Nr. 38; BAG 13.10.1988 NJW 1989, 2562; BAG 05.08.1992 EzA § 611 BGB Abmahnung Nr. 25; a.A. LAG Hamm 13.06.1991 LAGE § 611 BGB Abmahnung Nr. 30; LAG Hamm 16.04.1992 LAGE § 3 LohnFG Nr. 13; Heinze S. 63, 88)*. Die erfolgreiche Klage auf Entfernung der Abmahnung hat weitreichendere Folgen als die zur Personalakte gelangte Gegendarstellung. Die Gegendarstellung besagt lediglich, daß die Abmahnung nach Ansicht des Arbeitnehmers unberechtigt ist. Selbst wenn die Abmahnung tatsächlich unwirksam sein sollte, wird sie durch die Gegendarstellung nicht neutralisiert. Der Arbeitgeber kann die Abmahnung daher weiter in der Personalakte belassen. Diese Möglichkeit ist ihm nicht gegeben, wenn der Arbeitnehmer in einem Rechtsstreit, der die Entfernung der Abmahnung zum Gegenstand hat, obsiegt *(BAG 27.11.1985 EzA § 611 BGB Fürsorgepflicht Nr. 38; BAG 13.10.1988 NJW 1989, 2562)*.

bb. Beendetes Arbeitsverhältnis

Der Arbeitnehmer kann nach Ansicht des BAG auch **nach Beendigung des** **554** Arbeitsverhältnisses gerichtlich verlangen, eine aus seiner Sicht unwirksame Abmahnung aus der Personalakte zu entfernen. Das **Gericht bejaht** ein **Rechtsschutzbedürfnis** des Arbeitnehmers, da nicht von vornherein ausgeschlossen werden kann, daß ein solches Begehren Erfolg hat *(BAG 04.09.1994 EzA § 611 BGB Abmahnung Nr. 32; zust. Kasseler HB/Isenhardt 1.3 Rz. 507; MünchArb/Blomeyer § 96 Rz. 26; MünchKomm/ Schwerdtner § 622 BGB Anh. Rz. 137; abw. LAG Frankfurt 28.08.1987 LAGE § 611 BGB Abmahnung Nr. 15; LAG Frankfurt 23.09.1988 NZA 1989, 513; ArbG Wetzlar 16.05.1989 ArbuR 1990, 162; Tschöpe NZA 1990, Beil. 2 S. 12, 16)*.

555 In einem derartigen Verfahren wird der Arbeitgeber aber regelmäßig obsiegen. Die Fürsorgepflicht des Arbeitgebers kann zwar auch noch nach Beendigung des Arbeitsverhältnisses Rechte und Pflichten begründen *(BAG 17.01.1956 AP Nr. 1 zu § 611 BGB Fürsorgepflicht; BAG 02.12.1986 AP Nr. 9 zu § 611 BGB Deputat; BAG 14.09.1994 EzA § 611 BGB Abmahnung Nr. 32).* Die Abwägung der Interessen von Arbeitgeber und Arbeitnehmer führt aber nach Beendigung des Arbeitsverhältnisses im Regelfall zu dem Ergebnis, daß dem Arbeitnehmer ein Anspruch auf Entfernung einer zu Unrecht erteilten Abmahnung aus der Personalakte nicht mehr zusteht *(BAG 14.09.1994 EzA § 611 BGB Abmahnung Nr. 32; abw. Kammerer Rz. 103).* Das berufliche Fortkommen bei dem bisherigen Arbeitgeber kann nicht mehr behindert werden. Ebensowenig kann es dort im Regelfall noch arbeitsrechtliche Nachteile geben. Eine Wiedereinstellung wird nur selten in Betracht kommen. Die Abmahnung hat also nach Beendigung des Arbeitsverhältnisses in aller Regel erheblich an Bedeutung verloren *(BAG 14.09.1994 EzA § 611 BGB Abmahnung Nr. 32; abw. Falkenberg NZA 1988, 489, 491; Kammerer Rz. 103).*

556 Der Arbeitnehmer wird indes auch nach Beendigung des Arbeitsverhältnisses **ausnahmsweise** einen **Anspruch auf Entfernung der Abmahnung** aus der Personalakte vor Gericht durchsetzen können, wenn objektive Anhaltspunkte dafür vorliegen, daß die Abmahnung ihm auch noch nach Beendigung des Arbeitsverhältnisses schaden kann *(BAG 14.09.1994 EzA § 611 BGB Abmahnung Nr. 32; zust. Walker NZA 1995, 601, 608; Schaub § 61 VIII 3b; abw. MünchKomm/Schwerdtner § 622 BGB Anh. Rz. 137).* Dafür ist der Arbeitnehmer darlegungs- und beweispflichtig *(BAG 14.09.1994 EzA § 611 BGB Abmahnung Nr. 32; MünchKomm/Schwerdtner § 622 BGB Anh. Rz. 137).*

557 Ein solcher **Schaden droht** dem Arbeitnehmer ausnahmsweise z.b., wenn der Arbeitgeber nachweisbar Dritten Auskünfte erteilt über Abmahnungen, welche der Arbeitnehmer erhalten hat, oder die Abmahnungen innerbetrieblich bekanntmacht *(BAG 14.09.1994 EzA § 611 BGB Abmahnung Nr. 32).*

b. Anspruch auf Entfernung bei rechtswidriger Abmahnung

558 Beantragt der Arbeitnehmer, eine zu seiner Personalakte genommene Abmahnung zu entfernen, muß der Arbeitgeber diese Abmahnung aus der Akte herausnehmen, wenn sie nach Form oder Inhalt den Arbeitnehmer in seiner Rechtsstellung beeinträchtigt und der Arbeitnehmer deshalb vor Gericht obsiegt *(KR-Hillebrecht § 626 BGB Rz. 96 f.; Walker NZA 1995, 601, 608; v. Hoyningen-Huene RdA 1990, 193, 209).*

559 »Entfernen« bedeutet nicht, lediglich auf der Abmahnung, die in der Personalakte verbleibt, einen Vermerk anzubringen, die Vorwürfe würden nicht aufrechterhalten *(BAG 13.03.1991 EzA § 611 BGB Abmahnung Nr. 20; vgl. auch ArbG München 07.05.1987 BB 1987, 2168)*. Es reicht ebenfalls nicht aus, die strittigen Teile einer Abmahnung, die unrichtige Tatsachenbehauptungen enthält, zu überkleben, sie aber bei der Personalakte zu belassen *(LAG Köln 04.01.1988 DB 1989, 636)*. Der Arbeitgeber muß sie vielmehr aus der Personalakte herausnehmen und sie vernichten bzw. dem Arbeitnehmer aushändigen *(Kammerer Rz. 97; MünchArb/Blomeyer § 96 Rz. 27)*.

Oftmals begehrt der Arbeitnehmer zusätzlich, die Abmahnung »ersatzlos« **560** aus der Personalakte zu entfernen *(vgl. BAG 13.04.1988 § 611 BGB Fürsorgepflicht Nr. 47; BAG 21.04.1993 EzA § 543 ZPO Nr. 8; LAG Köln 25.04.1997 FA 1997, 53)*. Nach Ansicht des LAG Köln stellt der Antrag des Arbeitnehmers, eine Abmahnung »ersatzlos« zu entfernen, neben dem Entfernungsantrag einen selbständigen Unterlassungsantrag dar *(LAG Köln 25.04.1997 FA 1997, 53)*. Dieser ist unzulässig, wenn in ihm die Ersatzstücke, gegen die er sich richten soll, nicht hinreichend bestimmt sind *(LAG Köln 25.04.1997 a.a.O.)*. Der Antrag ist unbegründet, wenn er sich gegen alle erdenklichen Schriftstücke wendet, die als Ersatz an die Stelle in der Personalakte treten können, an der sich bisher die angegriffene Abmahnung befand *(LAG Köln a.a.O.)*.

Unzulässig ist die **Klage** eines Arbeitnehmers, die **Unwirksamkeit** einer Ab- **561** mahnung **festzustellen** *(vgl. BAG 17.10.1989 EzA § 87 BetrVG 1972 Betriebsbuße Nr. 8; Schaub § 61 VIII 2)*. Nach § 256 ZPO kann nur die Feststellung eines Rechtsverhältnisses beantragt werden. Mit einem Klageantrag auf Unwirksamkeit einer Abmahnung wird indes nur die Feststellung einer Tatsache angestrebt.

aa. Anspruchsgrundlage

(1) Verletzung der Fürsorgepflicht

Der Anspruch des Arbeitnehmers, eine rechtsunwirksame Abmahnung aus **562** der Personalakte zu entfernen, kann sich nach Ansicht des BAG grds. aus der **Fürsorgepflicht** des Arbeitgebers ergeben, welche auch Bedeutung im Hinblick auf die Führung von Personalakten hat *(BAG 27.11.1985 EzA § 611 BGB Fürsorgepflicht Nr. 38; BAG 12.06.1986 NZA 1987, 153; BAG 31.08.1994 EzA § 611 BGB Abmahnung Nr. 33; zust. Kasseler HB/Etzel 7.1 Rz. 1312; krit. v. Hoyningen-Huene RdA 1990, 193, 210; Pauly NZA 1995, 449, 454)*.

Die Fürsorgepflicht des Arbeitgebers ergibt sich allgemein aus dem in § 242 **563** BGB niedergelegten Gedanken von Treu und Glauben, welcher den Inhalt des Schuldverhältnisses bestimmt *(BAG 07.09.1988 EzA § 611 BGB Abmahnung Nr. 17; BAG 14.09.1994 EzA § 611 BGB Abmahnung Nr. 32)*.

Der **Umfang der Fürsorgepflicht**, welche der Arbeitgeber im Einzelfall bei Abmahnungen zu beachten hat, die er zur Personalakte genommen hat, bestimmt sich aufgrund einer eingehenden **Abwägung der Interessen** von Arbeitgeber und Arbeitnehmer, wobei die Wertentscheidungen, die in den Grundrechten zum Ausdruck kommen, besonders berücksichtigt werden müssen *(BAG 27.11.1985 EzA § 611 BGB Fürsorgepflicht Nr. 38; BAG 15.01.1986 EzA § 611 BGB Fürsorgepflicht Nr. 39; BAG 14.09.1994 EzA § 611 BGB Abmahnung Nr. 32).*

564 Bei der Bestimmung des Umfangs der Fürsorgepflicht im Zusammenhang mit der Führung von Personalakten sind abzuwägen *(vgl. BAG 27.11.1985 EzA § 611 BGB Fürsorgepflicht Nr. 38; BAG 14.09.1994 EzA § 611 BGB Abmahnung Nr. 32):*

➤ das Recht des Arbeitgebers auf freie Meinungsäußerung *(Art. 5 Abs. 1 Satz 1 GG);*

➤ das allgemeine Persönlichkeitsrecht des Arbeitnehmers hinsichtlich seines Ansehens, seiner sozialen Geltung und seines beruflichen Fortkommens;

➤ die sich für Arbeitgeber und Arbeitnehmer aus dem Grundrecht der Berufsfreiheit ergebenden Rechte *(Art. 12 Abs. 1 GG).*

565 Bei einer **unrichtigen Abmahnung** überwiegt das allgemeine Persönlichkeitsrecht des Arbeitnehmers sowie dessen Recht auf freie Berufsausübung, so daß der Arbeitgeber eine solche Abmahnung aus der Personalakte entfernen muß *(vgl. nur BAG 27.11.1985 EzA § 611 BGB Fürsorgepflicht Nr. 38; BAG 14.09.1994 EzA § 611 BGB Abmahnung Nr. 32).*

(2) Verletzung des deliktsrechtlich geschützten Persönlichkeitsrechts

566 Das BAG leitet den Anspruch des Arbeitnehmers, eine unwirksame Abmahnung aus der Personalakte zu entfernen, ferner aus dem sog. **quasinegatorischen Beseitigungsanspruch** ab, welcher sich aus einer entsprechenden Anwendung der §§ 12, 862, 1004 BGB ergibt. Regelmäßig wird in den Entscheidungen des Gerichts allerdings ausdrücklich nur § 1004 BGB erwähnt *(BAG 12.06.1986 NZA 1987, 153; BAG 14.09.1994 EzA § 611 BGB Abmahnung Nr. 32; BAG 30.05.1996 EzA § 611 BGB Abmahnung Nr. 34; i.Erg. auch Bock ArbuR 1987, 217, 221; abl. Heinze S. 63, 92 f.; krit. auch Tschöpe NZA 1990 Beil. 2 S. 10, 16).* Diese Vorschriften schützen den Einzelnen vor widerrechtlichen Persönlichkeitsverletzungen, indem sie in erster Linie einen Anspruch auf Beseitigung der Persönlichkeitsverletzung geben *(vgl. ausf. Larenz/Canaris § 80 II; zur Entwicklung Ehmann JuS 1997, 193 ff.).*

567 Die **Widerrechtlichkeit** der Persönlichkeitsverletzung muß bei einer Verletzung des Persönlichkeitsrechts nach § 1004 BGB jeweils **im Einzelfall** ermittelt werden, um einen Anspruch auf Entfernung der Abmahnung aus der Personalakte zu rechtfertigen *(MünchArb/Blomeyer § 95 Rz. 32)*. Dabei kollidiert das Persönlichkeitsrecht des Arbeitnehmers – wie bei einem Anspruch wegen Verletzung der Fürsorgepflicht nach § 242 BGB *(s. Rz. 556 ff.)* – wiederum mit der Meinungsfreiheit des Arbeitgebers *(zur Kollision des deliktsrechtlichen Persönlichkeitsschutzes mit gegenläufigen Grundrechten allg. Larenz/Canaris § 80 V)*.

Die **Ansprüche** des Arbeitnehmers aus einer **Verletzung** der **Fürsorgepflicht** **568** nach § 242 BGB **und** einer Verletzung des deliktsrechtlich geschützten **Persönlichkeitsrechts** entsprechend § 1004 BGB bestehen **nebeneinander** *(MünchArb/Blomeyer § 96 Rz. 21; v. Hoyningen-Huene RdA 1990, 193, 209; MünchKomm/Müller-Glöge § 611 BGB Rz. 410)*. Beide gesetzlichen Regelungen werden in den einschlägigen Entscheidungen des BAG daher auch oftmals zusammen erwähnt *(vgl. nur BAG 12.06.1986 NZA 1987, 153; BAG 13.10.1988 NJW 1989, 2562; BAG 14.09.1994 EzA § 611 BGB Abmahnung Nr. 32; BAG 30.05.1996 EzA § 611 BGB Abmahnung Nr. 34; s. auch LAG Hamm 21.10.1980 EzA § 611 BGB Fürsorgepflicht Nr. 27)*.

(3) Positive Vertragsverletzung

In der **Literatur** wird teilweise der vertragliche Anspruch auf Entfernung **569** der Abmahnung aus der Personalakte auf eine pVV gestützt *(v. Hoyningen-Huene RdA 1990, 193, 210; Walker NZA 1995, 601, 608; Bock ArbuR 1987, 217, 221; Tschöpe NZA 1990 Beil. 2 S. 12, 16; MünchArb/Berkowsky § 133 Rz. 44)*. Ebensowenig wie der Arbeitnehmer das Eigentum des Arbeitgebers verletzen darf, ist der Arbeitgeber berechtigt, in die Rechtsgüter des Arbeitnehmers einzugreifen, zu denen auch dessen Persönlichkeitsrecht zählt *(v. Hoyningen-Huene a.a.O.)*. Zudem ist der Arbeitgeber verpflichtet, in den Personalakten ein wahrheitsgemäßes Bild des Arbeitnehmers zu dokumentieren *(Walker NZA 1995, 601, 610; MünchArb/Berkowsky § 133 Rz. 44)*.

(4) Einzelfälle

Die vertraglichen und deliktsrechtlichen **Beseitigungsansprüche** nach § 242 **570** BGB bzw. § 1004 BGB weisen zwar erhebliche **Unterschiede** auf. Der deliktsrechtliche Beseitigungsanspruch nach § 1004 BGB setzt im Gegensatz zum vertraglichen Beseitigungsanspruch z.b. kein Verschulden voraus *(BGH 08.03.1990 BGHZ 110, 313; Palandt/Bassenge § 1004 BGB Rz. 10)*. Zudem erfaßt § 1004 BGB Werturteile prinzipiell nicht *(ausf. Larenz/Canaris § 88 I 1)*. Auf diese Unterschiede geht die Rechtsprechung indes regelmäßig nicht ein, sondern bestimmt unter der gleichsam einheitlichen Anspruchsgrundlage der §§ 242, 1004 BGB ergebnisorientiert Fallgruppen, bei denen dem Arbeitnehmer ein Anspruch auf Entfernung der Abmahnung aus der Personalakte zu gewähren ist *(i. Erg. Tschöpe NZA 1990 Beil. 2 S. 10, 15).*

571 Demnach kann eine Abmahnung aus der Personalakte zu entfernen sein, wenn

➤ sie formell nicht ordnungsgemäß ist *(BAG 30.05.1996 EzA § 611 BGB Abmahnung Nr. 34)*;

➤ sie unrichtige Tatsachenbehauptungen enthält *(BAG 13.04.1988 EzA § 611 BGB Fürsorgepflicht Nr. 47; BAG 31.08.1994 EzA § 611 BGB Abmahnung Nr. 33; BAG 30.05.1996 EzA § 611 BGB Abmahnung Nr. 34; zust. v. Hoyningen-Huene RdA 1990, 193, 209)*;

➤ der Arbeitnehmer die ihm vorgeworfene Pflichtverletzung nicht begangen hat bzw. sie ihm nicht nachzuweisen ist *(BAG 23.09.1986 EzA Betriebliche Ordnung Nr. 12; BAG 17.02.1988 – 5 AZR 502/86 –; LAG Hamm 03.11.1987 EzA § 611 BGB Abmahnung Nr. 14; LAG Düsseldorf 17.06.1997 BB 1997, 1902; zust. v. Hoyningen-Huene RdA 1990, 193, 209)*;

➤ sie nur pauschale Vorwürfe enthält *(LAG Baden-Württemberg 17.10.1990 LAGE § 611 BGB Abmahnung Nr. 25; zust. MünchKomm/Schwerdtner § 622 BGB Anh. Rz. 134; Bock ArbuR 1987, 217, 223; Stahlhacke/Preis Rz. 10)*;

➤ sie nicht verhältnismäßig ist *(BAG 13.11.1991 EzA § 611 BGB Abmahnung Nr. 24; BAG 31.08.1994 EzA § 611 BGB Abmahnung Nr. 33)*;

➤ sie auf einer unzutreffenden rechtlichen Bewertung des Verhaltens des Arbeitnehmers beruht *(LAG München 23.03.1988 EzA § 611 BGB Abmahnung Nr. 15: »Vertragsverletzung«; LAG Köln 24.01.1996 NZA 1997, 1290; zust. v. Hoyningen-Huene RdA 1990, 193, 209)*;

➤ sie Werturteile enthält, die über das mit einem Tadel notwendig verbundene Maß hinausgehen *(LAG Köln 12.05.1995 NZA-RR 1996, 204; zust. MünchKomm/Schwerdtner § 622 BGB Anh. Rz. 133; Bock ArbuR 1987, 217, 223)*;

➤ ihr ein widersprüchliches Verhalten des Arbeitgebers zugrunde liegt *(LAG Frankfurt 20.12.1994 LAGE § 611 BGB Abmahnung Nr. 41)*;

➤ Folgen einer Pflichtverletzung, die der Arbeitgeber in der Abmahnung aufgeführt hat – z.B. »ungeheure Beeinträchtigung der kollegialen Zusammenarbeit« – nicht dargelegt und ggf. nicht bewiesen werden können *(LAG Düsseldorf 23.02.1996 LAGE § 611 BGB Abmahnung Nr. 45; ArbG Hamburg 14.08.1995 DB 1995, 2616)*;

➤ die in ihr aufgeführten Tatsachen aus dem Zusammenhang gerissen sind und den tatsächlichen Vorfall verzerren *(ArbG Regensburg 01.04.1987 BB 1988, 138; zust. Kasseler HB/Künzl 2.1 Rz. 763).*

bb. Ausschlußfristen

Das **Recht des Arbeitnehmers**, die Entfernung der Abmahnung aus der Personalakte zu verlangen, wird nach Ansicht des BAG grds. nicht durch tarifliche **Ausschlußfristen** zeitlich begrenzt *(BAG 14.12.1994 EzA § 4 TVG Ausschlußfristen Nr. 109; zust. MünchKomm/Schwerdtner § 622 BGB Anh. Rz. 134; Hueck/v. Hoyningen-Huene § 1 KSchG Rz. 298b; Falkenberg NZA 1988, 489, 491).* 572

Die Beeinträchtigungen, die eine Abmahnung dem Arbeitnehmer verursacht, dauern so lange fort, wie sich die Abmahnung bei der Personalakte befindet *(BAG 14.12.1994 EzA § 4 TVG Ausschlußfristen Nr. 109; Hueck/v. Hoyningen-Huene § 1 KSchG Rz. 298b).* Die Abmahnung kann die weitere berufliche Entwicklung des Arbeitnehmers nachhaltig beeinflussen und zu einer dauerhaften und nachhaltigen Gefährdung seiner Rechtsstellung beitragen. Der Entfernungsanspruch entsteht somit immer neu, solange sich die Abmahnung in der Personalakte befindet. Ein Zeitpunkt, ab dem die tarifliche Ausschlußfrist zu laufen beginnt, läßt sich daher kaum mit Sicherheit bestimmen. Dies ist mit dem Sinn und Zweck von Ausschlußfristen nicht zu vereinbaren, so daß diese nicht anwendbar sind *(BAG 14.12.1994 EzA § 4 TVG Ausschlußfristen Nr. 109).* 573

Die Rechtsprechung des BAG ist zwar zu einer Vorschrift des BAT ergangen. Es spricht jedoch viel dafür, daß die Erwägungen des Gerichts auch für tarifliche Ausschlußfristen in der Privatwirtschaft gelten *(i. Erg. MünchKomm/Schwerdtner § 622 BGB Anh. Rz. 134; Falkenberg NZA 1988, 489, 491; MünchArb/Berkowsky § 133 Rz. 52).* Teilweise haben die Instanzgerichte zwar die gegenteilige Auffassung vertreten *(vgl. nur LAG Berlin 16.11.1990 LAGE § 4 TVG Ausschlußfristen Nr. 21).* Dies geschah allerdings noch im Anschluß an die frühere Rechtsprechung des BAG *(BAG 08.02.1989 ZTR 1989, 314, Geltung einer Ausschlußfrist auch für Abmahnungen),* welche ausdrücklich aufgegeben worden ist *(vgl. BAG 14.12.1994. EzA § 4 TVG Ausschlußfristen Nr. 109).* 574

Einzelvertraglich vereinbarte **Ausschlußfristen** greifen ebenfalls nicht zu Lasten des Arbeitnehmers ein *(MünchArb/Berkowsky § 133 Rz. 53).* 575

cc. Verwirkung

Geht der Arbeitgeber gegen eine ihm erteilte Abmahnung nicht vor, z.B. gerichtlich oder durch eine Gegendarstellung, entstehen für ihn nach Auffassung des BAG grds. dadurch keine Nachteile. Er kann sich insbes. in einem 576 späteren Kündigungsschutzprozeß noch darauf berufen, die der Abmahnung zugrundeliegenden Tatsachen seien unrichtig und die Abmahnung daher nicht geeignet, die streitgegenständliche Kündigung zu stützen *(BAG 13.03.1987 EzA § 611 BGB Abmahnung Nr. 5; zust. Kasseler HB/Isenhardt 1.3 Rz. 508; MünchKomm/Schwerdtner § 622 BGB Anh. Rz. 138; Falkenberg NZA 1988, 489, 493; v. Hoyningen-Huene RdA 1990, 193, 211. a. A. LAG Frankfurt 22.12.1983 DB 1984, 1355; ArbG Berlin 08.10.1984 DB 1985, 1140; Tschöpe NZA 1990 Beil. 2 S. 10, 17 f.; Hunold BB 1986, 2050, 2054).*

577 Es soll nicht der Interessenlage der Parteien des Arbeitsvertrages entsprechen, den Arbeitnehmer gleichsam zu zwingen, gegen eine ihm erteilte Abmahnung vorgehen zu müssen. Für den Arbeitnehmer hätte ein kündigungsschutzrechtlich gebotener Prozeß über die Berechtigung der Abmahnung möglicherweise eine faktische Gefährdung des Arbeitsverhältnisses zur Folge. Der Arbeitgeber soll ebenfalls kein Interesse daran haben, die Rechtmäßigkeit der Abmahnung bereits vor einer Kündigung klären zu lassen *(BAG 13.03.1987 EzA § 611 BGB Abmahnung Nr. 5; MünchKomm/Schwerdtner § 622 BGB Anh. Rz. 138; v. Hoyningen-Huene RdA 1990, 193, 211).*

578 Teilt der Arbeitnehmer dem Arbeitgeber indes nach Erhalt der Abmahnung und vor einem Kündigungsschutzprozeß mündlich oder schriftlich mit, er erhebe gegen die ihm erteilte Abmahnung in tatsächlicher Hinsicht keine Einwände, wird man davon ausgehen müssen, daß der Arbeitnehmer im späteren Kündigungsschutzprozeß sein **Recht verwirkt** hat, die Tatsachen, die der Abmahnung zugrundeliegen, zu bestreiten *(LAG Köln 16.05.1997 FA 1998, 12; Falkenberg NZA 1988, 489, 493; vgl. auch Heinze S. 63, 94).* Zumindest wird man eine Umkehr der Beweislast zu seinen Ungunsten annehmen müssen *(Heinze S. 63, 94; vgl. auch BAG 13.03.1987 EzA § 611 BGB Abmahnung Nr. 5).*

579 Diese für den Arbeitgeber günstige Rechtsfolge dürfte allerdings nicht bereits eintreten, wenn der Arbeitgeber in der Abmahnung darauf hinweist, bei einem fehlenden Widerspruch des Arbeitnehmers innerhalb einer bestimmten Frist gehe er davon aus, daß der Arbeitnehmer die Abmahnung inhaltlich akzeptiere *(Tschöpe NZA 1990 Beil. 2 S. 10, 19).* Schweigen stellt im Zivilrecht regelmäßig keine Zustimmung dar *(vgl. ausf. Larenz/Wolf § 28 Rz. 47).* Der Arbeitgeber ist daher gut beraten, wenn er bei jeder Abmahnung den Arbeitnehmer befragt, ob diese inhaltlich zutreffend ist. Die Antwort sollte er dann dokumentieren oder sich vom Arbeitnehmer schriftlich geben lassen *(Heinze S. 63, 94; Tschöpe NZA 1990 Beil. 2 S. 10, 19).* Eine entsprechende Erklärung des Arbeitnehmers, die mit der Empfangsbescheinigung bzw. der Erklärung über die Kenntnisnahme *(s. Rz. 429 ff.)* verbunden werden kann, sollte wie folgt aussehen:

B Beispiel:

Hiermit erkläre ich, daß die Abmahnung vom.......(Datum) inhaltlich zutreffend ist.

....

(Ort, Datum)   *(Unterschrift des Arbeitnehmers)*

dd. Nachschieben von Gründen

Verlangt ein Arbeitnehmer vom Arbeitgeber, eine ihm erteilte Abmahnung 580
aus der Personalakte zu entfernen, kann der **Arbeitgeber** nach Auffassung
des LAG Berlin einen **Abmahnungsgrund nachschieben,** wenn es ihm nicht
gelingt, die ursprünglich abgemahnte Pflichtverletzung darzulegen und ggf.
zu beweisen *(LAG Berlin 21.08.1989 LAGE § 611 BGB Abmahnung Nr.
19; a.A. ArbG München 06.11.1984 NZA 1985, 221; Leisten ArbuR
1991, 206, 207 ff.; Kasseler HB/Isenhardt 1.3 Rz. 510; Beckerle/Schuster
Rz. 190c; Schaub NJW 1990, 872, 874; Pauly NZA 1995, 449, 453; vgl.
auch v. Hoyningen-Huene RdA 1990, 193, 210 »Scheinproblem«).*

Diese Möglichkeit besteht für den Arbeitgeber nach Ansicht des LAG Ber- 581
lin allerdings nur insoweit, als der **neue Abmahnungsgrund vor** dem **Ausspruch** der **Abmahnung entstanden** ist, dem Arbeitgeber zum Zeitpunkt
der Abmahnung noch **nicht bekannt** war und mit dem bereits abgemahnten Pflichtverstoß **gleichartig** ist. Abmahnungsgründe können damit im selben Umfang wie Kündigungsgründe im Prozeß nachgeschoben werden
*(LAG Berlin 21.08.1989 LAGE § 611 BGB Abmahnung Nr. 19; a.A.
ArbG München 06.11.1984 NZA 1985, 221; Leisten ArbuR 1991,
207 ff., Kasseler HB/Isenhardt 1.3 Rz. 510; Beckerle/Schuster Rz. 190c;
Schaub NJW 1990, 872, 874; allg. zum Nachschieben von Kündigungsgründen vgl. BAG 04.06.1997 NZA 1997, 1158; ausf. KR-Hillebrecht
§ 626 BGB Rz. 128 ff.).*

Trotz der Rechtsprechung des LAG Berlin ist dem Arbeitgeber zu empfeh- 582
len, die ursprünglich erteilte Abmahnung aus der Personalakte zu nehmen
und dem Arbeitnehmer eine neue Abmahnung zu erteilen, wenn er bereits
im Vorfeld einer Klage des Arbeitnehmers erfährt, daß sich zwar der ursprünglich erhobene Vorwurf nicht halten läßt, der Arbeitnehmer aber eine
andere – ihm als Arbeitgeber bisher nicht bekannte – Pflichtverletzung begangen hat. Er vermeidet im Prozeß den Streit u.a. darüber, ob ein Nachschieben von Gründen möglich ist und ob der nachgeschobene Abmahnungsgrund ggf. mit dem abgemahnten gleichartig ist.

Dem Arbeitgeber ist es allerdings immer möglich, den eigentlichen **Ab-** 583
mahnungsgrund näher zu **konkretisieren,** wenn die für eine Abmahnung
geltenden Mindestvoraussetzungen eingehalten sind *(vgl. Schaub NJW
1990, 872, 874).*

ee. Teilunwirksamkeit

584 Werden in einer Abmahnung **mehrere Pflichtverletzungen** gleichzeitig gerügt und treffen davon nur einige zu, so muß das Abmahnungsschreiben auf Antrag des Arbeitnehmers vollständig aus der Akte entfernt werden *(BAG 13.03.1991 EzA § 611 BGB Abmahnung Nr. 20; BAG 15.07.1992 EzA § 611 BGB Abmahnung Nr. 26; LAG Köln 12.03.1986 LAGE § 611 BGB Abmahnung Nr. 3; LAG Düsseldorf 18. 11. 1986 LAGE § 611 BGB Abmahnung Nr. 7; LAG Hamm 03. 11. 1987 LAGE § 611 BGB Abmahnung Nr. 9; Kasseler HB/Isenhardt 1.3 Rz. 507; MünchKomm/Schwerdtner § 622 BGB Anh. Rz. 133).* Die Abmahnung kann nicht teilweise aufrechterhalten bleiben. Das Gericht ist auch nicht berechtigt, die Abmahnung neu zu formulieren *(BAG 13.03.1991 EzA § 611 BGB Abmahnung Nr. 20).*

585 Die Abmahnung muß selbst dann aus der Personalakte genommen werden, wenn die dem Arbeitnehmer gemachten Vorwürfe **teilweise nicht konkret** beschrieben sind. Auch eine solche Abmahnung kann nicht teilweise, d.h. eingeschränkt, aufrechterhalten bleiben *(ArbG Karlsruhe 07.05.1987 BB 1987, 2168).*

586 Der **Arbeitgeber** ist indes in derartigen Fällen befugt, dem Arbeitnehmer eine **neue Abmahnung** auszuhändigen, die sich auf die zutreffenden Pflichtverletzungen beschränkt *(BAG 13.03.1991 EzA § 611 BGB Abmahnung Nr. 20; Kasseler HB/Isenhardt 1.3 Rz. 507; Beckerle/Schuster Rz. 214a).*

587 Aufgrund dieser Rechtsprechung ist dem **Arbeitgeber** zu **empfehlen,** in einer Abmahnung nur jeweils eine Pflichtverletzung zu rügen, sofern nicht ausnahmsweise die Abmahnung durch mehrere kleinere Pflichtverstöße, z.B. mehrere Verspätungen von jeweils einigen Minuten, erst verhältnismäßig wird oder ein einheitlicher Lebensvorgang vorliegt *(Münch-Komm/Schwerdtner § 622 BGB Anh. Rz. 139; Kammerer BB 1991, 1926, 1930; s. auch Rz. 250 ff.).* Er riskiert andernfalls, daß die gesamte Abmahnung unwirksam ist, wenn nur eine der in ihr aufgeführten Pflichtverletzungen nicht nachgewiesen werden kann.

ff. Darlegungs- und Beweislast

588 Beantragt der Arbeitnehmer, eine ihm erteilte Abmahnung aus seiner Personalakte zu entfernen, muß der **Arbeitgeber darlegen,** daß die **Abmahnung ordnungsgemäß** ist *(BAG 27.06.1980 – 7 AZR 451/78 – n.v.; BAG 13.03.1987 NZA 1987, 518; LAG Berlin 06.03.1992 LAGE § 611 BGB Abmahnung Nr. 31; LAG München 22.12.1982 – 9 Sa 740/81 – n.v.; Falkenberg NZA 1988, 489; 493; Tschöpe NZA 1990 Beil. 2 S. 10, 19; abw. Bock ArbuR 1987, 217, 223).*

589 Der **Arbeitgeber** muß **substantiiert Tatsachen vortragen,** aus denen sich die

Pflichtverletzung des Arbeitnehmers ergibt *(LAG Bremen 06.03.1992 LAGE § 611 BGB Abmahnung Nr. 31; LAG Frankfurt 31.10.1986 LAGE § 611 BGB Abmahnung Nr. 5; Bader NZA 1997, 909, 913; MünchKomm/Schwerdtner § 622 BGB Anh. Rz. 135; Schaub § 61 VIII 3e).* Dazu gehört insbes. auch, den **Ort** und den **Zeitpunkt** der Pflichtverletzung anzugeben *(Bader NZA 1997, 909, 913; Hueck/v. Hoyningen-Huene § 1 KSchG Rz. 303).* Kommt es z.b. bei einer vom Arbeitnehmer begangenen Beleidigung auf den **Wortlaut** einer Erklärung des Arbeitnehmers an, hat der Arbeitgeber auch diesen darzulegen. Außerdem muß der Arbeitgeber darlegen, wer die Abmahnung erklärt hat und ob arbeitsrechtliche **Konsequenzen** in ausreichender Weise angedroht wurden *(Bader NZA 1997, 909, 913).*

Bestreitet der Arbeitnehmer, daß die Darlegungen des Arbeitgebers zutreffend sind, muß der Arbeitgeber sie, z.b. durch Zeugen, beweisen. Es empfiehlt sich daher, geeignete **Beweismittel** bereits in der Abmahnung zu dokumentieren, um in einem späteren Prozeß noch auf sie zurückgreifen zu können *(MünchArb/Berkowsky § 133 Rz. 42; vgl. zur Dokumentationsfunktion im einzelnen Rz. 21 f.).* Gelingt es ihm nicht, das Gericht zu überzeugen, verliert er den Prozeß und muß die Abmahnung aus der Personalakte nehmen. **590**

Steht die Pflichtverletzung fest und beruft sich der Arbeitnehmer im Gegenzug darauf, sein Verhalten sei, z.b. aufgrund einer Erlaubnis eines Vorgesetzten, gerechtfertigt gewesen, muß er substantiiert die Tatsachen vortragen, aus denen sich die Rechtfertigung ergibt *(LAG Bremen 06.03.1992 LAGE § 611 BGB Abmahnung Nr. 31; Tschöpe NZA 1990 Beil. 2 S. 10, 20; Schaub § 61 VIII 3e).* Trägt er nicht ausreichend vor, verliert er seinerseits den Prozeß. Die Abmahnung verbleibt in der Personalakte. Sind seine Darlegungen ausreichend, liegt es beim Arbeitgeber, diese zur Rechtfertigung vorgetragenen Tatsachen zu widerlegen. Er trägt insoweit die Beweislast *(vgl. BAG 19.12.1991 RzK I 6e Nr. 82; Bader NZA 1997, 909, 913).* **591**

Ferner hat der Arbeitgeber darzulegen und ggf. zu beweisen, daß die Abmahnung dem Arbeitnehmer zugegangen ist *(s. Rz. 408 ff. und 429)* und bei evtl. fehlenden Kenntnissen der deutschen Sprache bzw. bei fehlenden Lesefähigkeiten von dem Arbeitnehmer inhaltlich zur Kenntnis genommen wurde *(s. Rz. 423 ff. und 430).* **592**

gg. Gütliche Beendigung

In einem Rechtsstreit, der die Entfernung einer Abmahnung zum Streitgegenstand hat, ist das Gericht wie in jedem anderen arbeitsgerichtlichen Urteilsverfahren von Gesetzes wegen verpflichtet, eine gütliche Einigung anzustreben. Der Versuch einer solchen gütlichen Einigung ist mit der erfolglosen Durchführung der Güteverhandlung nicht abgeschlossen **593**

(Grunsky § 57 ArbGG Rz. 9). Das **Gericht** soll während des ganzen Verfahrens, und damit auch noch in der Berufungs- und Revisionsinstanz, schlichtend tätig werden *(vgl. § 57 Abs. 2 ArbGG; § 64 Abs. 7 ArbGG, § 72 Abs. 6 ArbGG).*

594 In **Abmahnungsstreitigkeiten schlägt** das **Gericht** den Parteien oftmals **vor,** die Abmahnung noch einige Zeit in der Personalakte zu belassen, sie dann aber zu entfernen *(Beckerle/Schuster Rz. 222a).* Ein derartiger **Vergleich** ist für den Arbeitgeber nicht immer von Vorteil. Der Arbeitnehmer erkennt die Abmahnung regelmäßig nicht als begründet an, wenn er mit dem Arbeitgeber einen Prozeßvergleich schließt, in dem allein vorgesehen ist, daß der Arbeitgeber die Abmahnung nach Ablauf einer bestimmten Zeit, z.b. einem Jahr, gerechnet ab dem Zeitpunkt ihrer Erteilung, aus der Personalakte entfernt *(LAG Hamm 05.02.1990 LAGE § 611 BGB Abmahnung Nr. 20; Schaub § 61 VIII 2).* Der Arbeitnehmer kann in einem späteren Kündigungsschutzprozeß die in der Abmahnung gerügte Pflichtverletzung weiter bestreiten.

595 Diese Möglichkeit ist ihm indes verwehrt, wenn in den Vergleich **ausdrücklich aufgenommen** wird, daß der Arbeitnehmer die Abmahnung als begründet anerkennt *(LAG Hamm 05.02.1990 LAGE § 611 BGB Abmahnung Nr. 20; i.Erg. Beckerle/Schuster Rz. 222d).* Der Arbeitgeber sollte daher zumindest versuchen, eine entsprechende Formulierung im Vergleich zu erreichen *(i.Erg. Beckerle/Schuster Rz. 222c f.)*

596 In manchen Verfahren regt das Gericht auch an, die dem Arbeitnehmer erteilte **Abmahnung** in eine **Ermahnung umzuwandeln** *(Burger DB 1992, 836, 839).* Bevor der Arbeitgeber einen entsprechenden Vergleich schließt, sollte er bedenken, daß eine Ermahnung im Gegensatz zu einer Abmahnung nicht geeignet ist, eine Kündigung vorzubereiten (s. Rz. 70 f.). Ein derartiger Vergleich ist daher nur zu empfehlen, wenn die Abmahnung offensichtlich unwirksam ist.

hh. Streitige Beendigung

597 Kommt keine gütliche Beendigung des Rechtsstreits in Betracht und nimmt der Arbeitnehmer seine Klage auch nicht zurück, muß das Gericht evtl. nach einer Beweisaufnahme ein Urteil verkünden *(vgl. dazu § 60 ArbGG).*

598 Das Gericht weist entweder die Klage ab oder verurteilt den Arbeitgeber, die Abmahnung aus der Personalakte zu entfernen.

599 Ein **Teilurteil,** in welchem über einen von mehreren in der Abmahnung enthaltenen Pflichtverstöße entschieden wird, ist unzulässig *(LAG Düsseldorf 13.08.1987 LAGE § 611 BGB Abmahnung Nr. 8).* Eine Abmahnung ist nicht teilbar *(vgl. Rz. 579 ff.).*

Ebensowenig kann das Gericht ohne einen entsprechenden Antrag den Ar- **600** beitgeber bei einer **Teilunwirksamkeit der Abmahnung** im Urteil für berechtigt erklären, erneut schriftlich abzumahnen *(BAG 14.12. 1994 NZA 1995, 461; Schaub § 61 VIII 2; Beckerle/Schuster Rz. 214b; a.A. Kammerer BB 1991, 1926, 1928 ff.).* Dies würde gegen § 308 Abs. 1 Satz 1 ZPO verstoßen, wonach es einem Gericht nicht möglich ist, einer Partei etwas zuzusprechen, was diese nicht beantragt hat.

Dem Arbeitgeber ist daher zu raten, eine Widerklage zu erheben, mit wel- **601** cher er beantragt festzustellen, daß er berechtigt ist, dem Arbeitnehmer eine geänderte Abmahnung zu erteilen, oder die streitgegenständliche Abmahnung zurückzunehmen und dem Arbeitnehmer eine neue auszuhändigen *(Beckerle/Schuster Rz. 215 ff.).*

ii. Rechtsmittelstreitwert

Die unterlegene Partei wird oftmals in Betracht ziehen, gegen das Urteil des **602** ArbG **Berufung** einzulegen *(vgl. § 64 Abs. 1 ArbGG).* Ein derartiges Rechtsmittel ist allerdings nicht ohne weiteres zulässig.

Der **Streit**, der die Entfernung einer Abmahnung aus der Personalakte zum **603** Gegenstand hat, ist **vermögensrechtlicher Art** *(vgl. § 64 Abs. 2 ArbGG; BAG 24.02.1982 EzA § 64 ArbGG 1979 Nr. 7; BAG 28.09.1989 EzA § 64 ArbGG 1979 Nr. 28; Hauck § 64 ArbGG Rz. 5; MünchKomm/ Schwerdtner § 622 BGB Anh. Rz. 141; Ascheid Rz. 1096).* Eine vermögensrechtliche Streitigkeit ist immer gegeben, wenn ein Anspruch aus einem vermögensrechtlichen Rechtsverhältnis hergeleitet wird oder wenn sie selbst eine vermögensrechtliche Leistung beinhaltet *(Ascheid Rz. 1096; Germelmann/Matthes/Prütting § 64 ArbGG Rz. 17).*

Die **Berufung** ist daher nur **zulässig**, wenn sie in dem Urteil des Arbeitsge- **604** richts – ausnahmsweise *(vgl. § 64 Abs. 3 ArbGG)* – zugelassen wurde oder der Wert des Beschwerdegegenstandes 800,- DM übersteigt *(§ 64 Abs. 2 ArbGG).*

Dieser **Beschwerdewert** stimmt im Abmahnungsprozeß regelmäßig mit **605** dem sog. (Rechtsmittel-)Streitwert überein, der vom ArbG im Urteil nach § 61 Abs. 1 ArbGG festzusetzen ist *(vgl. ausf. Ascheid Rz. 1098 f.; Hauck § 61 ArbGG Rz. 5 ff.).*

Der Streitwert für ein Verfahren, das die Entfernung einer Abmahnung **606** zum Gegenstand hat, wird in der Rechtsprechung **nicht einheitlich** bestimmt. Ein **Regelstreitwert**, z.B. in Höhe eines oder eines halben Monatsentgelt, hat sich bisher **nicht herausgebildet** *(LAG Schleswig-Holstein 07.06.1994 – 6 Ta 28/94 –; MünchKomm/Schwerdtner § 622 BGB Anh. Rz. 141; a.A. Beckerle/Schuster Rz. 225: ein Bruttomonatsgehalt).* Folgende Ansichten werden u.a. vertreten:

➤ halbes Monatseinkommen *(LAG Rheinland-Pfalz 02.07.1982 EzA § 64 ArbGG 1979 Nr. 9)*;

➤ i.d.R. ein Bruttomonatsverdienst *(LAG Bremen 05.03.1983 ARST 1983, 141; LAG Hamm 16.08.1989 NZA 1990, 328; LAG Hamburg 12.08.1991 LAGE § 12 ArbGG 1979 Streitwert Nr. 94; LAG Frankfurt/M. 01.03.1988 EzA § 12 ArbGG 1979 Streitwert Nr. 60; LAG Rheinland-Pfalz 20.12.1993 ARST 1994, 137; LAG Niedersachsen 08.11.1996 NdsRpfl. 1997, 35; zust. Beckerle/Schuster Rz. 225)*;

➤ zwei Monatseinkommen *(LAG Düsseldorf 05.01.1989 JurBüro 1989, 954)*;

➤ 500,- DM sind nicht zu beanstanden *(LAG Baden-Württemberg 21.05.1990 JurBüro 1990, 1333)*;

➤ ein Drittel des Streitwerts eines fiktiven Kündigungsrechtsstreits *(LAG Schleswig-Holstein 07.06.1995 LAGE § 12 ArbGG 1979 Streitwert Nr. 103)*.

607 Werden **mehrere Abmahnungen** angegriffen, soll entscheidend sein, welcher Zeitraum zwischen den Abmahnungen liegt. Liegt zwischen zwei Abmahnungen ein Zeitraum von mindestens drei Monaten, so ist der Streitwert auf ein Monatseinkommen des Arbeitnehmers festzusetzen *(LAG Düsseldorf 04.09.1995 NZA-RR 1996, 391)*. Bei einem unter drei Monate liegenden Zeitraum ist der Wert auf ein Drittel des auf diesen Zeitraum fallenden Einkommens zu bestimmen, wobei der Betrag für eine einzelne Abmahnung ein Drittel eines Monatseinkommens nicht unterschreiten soll *(LAG Düsseldorf 04.09.1995 NZA-RR 1996, 391)*.

608 Da der Streitwert regelmäßig vom **Einkommen des** klagenden **Arbeitnehmers** abhängt, ist die Berufung bei Teilzeitbeschäftigten mit geringem Einkommen, z.B. bei geringfügig Beschäftigten i.S.d. § 8 Abs. 1 Nr. 1 SGB IV, regelmäßig nicht statthaft.

609 Die unterlegene Partei kann nicht darauf vertrauen, daß das Berufungsgericht von einem Streitwert in Höhe von mehr als 800,- DM ausgeht, wenn das ArbG in seiner Festsetzung unter diesem Betrag geblieben ist. Das Berufungsgericht ist an die Festsetzung des Streitwerts durch das ArbG grds. gebunden und muß von ihr ausgehen, wenn es zu beurteilen hat, ob der Wert des Beschwerdegegenstandes i.S.v. § 64 Abs. 2 ArbGG 800,- DM übersteigt und deshalb die Berufung statthaft ist *(BAG 02.03.1983 EzA § 64 ArbGG 1979 Nr. 12; BAG 11.06.1986 EzA § 64 ArbGG 1979 Nr. 17; BAG 13.01.1988 NZA 1988, 705; Grunsky § 64 ArbGG Rz. 6; a.A. Ascheid Rz. 1097)*.

610 An den vom ArbGG festgesetzten **Streitwert** ist das **LAG** als Berufungsgericht **ausnahmsweise** dann **nicht gebunden**, wenn das ArbG den Streitwert offensichtlich unrichtig festgesetzt hat *(vgl. nur BAG 11.06.1986 EzA § 64 ArbGG 1979 Nr. 17)*. Eine offensichtlich, d.h. auf den ersten Blick erkennbar unrichtige Festsetzung wird allerdings nur angenommen, wenn sie in jeder Beziehung unverständlich und unter keinem vernünftigem Gesichtspunkt zu rechtfertigen ist *(BAG 11.06.1986 EzA § 64 ArbGG 1979 Nr. 17)*. Diese Voraussetzung dürfte nicht zuletzt aufgrund der in der Rechtsprechung vertretenen Bandbreite möglicher Streitwerte nur äußerst selten vorliegen.

Aus denselben Gründen wird sich der Berufungsbeklagte kaum erfolgreich **611** darauf berufen können, daß ArbG habe den Streitwert nicht auf über 800,- DM festsetzen dürfen, die Berufung sei daher nicht statthaft. Das BAG hat z.b. einen vom ArbG auf 2000.- DM festgesetzten Streitwert im Gegensatz zur Vorinstanz nicht für offensichtlich unrichtig gehalten *(BAG 13.01.1988 NZA 1988, 705)*.

jj. Zwangsvollstreckung

Weigert sich der **Arbeitgeber**, die Abmahnung aus der Personalakte zu ent- **612** fernen, obwohl er im Abmahnungsprozeß unterlegen ist oder sich in einem Vergleich zur Herausnahme der Abmahnung aus der Personalakte verpflichtet hat, muß der Arbeitnehmer die **Zwangsvollstreckung** betreiben.

Der Anspruch auf Entfernung von Abmahnungen aus einer Personalakte **613** ist nach den Grundsätzen der **Vollstreckung über unvertretbare Handlungen** durchzusetzen, welche in § 888 ZPO geregelt sind *(LAG Frankfurt/M. 19.02.1993 ZTR 1994, 83; LAG Frankfurt/M. 09.06.1993 LAGE § 888 ZPO Nr. 32; Germelmann/Matthes/Prütting § 62 ArbGG Rz. 48; Grunsky § 62 ArbGG Rz. 13)*. § 888 ZPO ist über § 62 Abs. 2 ArbGG auch im arbeitsgerichtlichen Verfahren anwendbar. Eine Ersatzvornahme, d.h. Herausnahme der Abmahnung durch einen Dritten, ist nicht möglich, da allein der Arbeitgeber über die Personalakten verfügen kann *(LAG Frankfurt/M. 09.06.1993 LAGE § 888 ZPO Nr. 32; Germelmann/Matthes/Prütting § 62 ArbGG Rz. 48)*.

Auf Antrag des Arbeitnehmers hat das **Prozeßgericht des ersten Rechtszu-** **614** ges, d.h. das ArbG, zu erkennen, daß der Arbeitgeber als Schuldner zur Vornahme der Handlung durch Zwangsgeld und für den Fall, daß dieses nicht beigetrieben werden kann, durch Zwangshaft anzuhalten ist *(vgl. § 888 Abs. 1 ZPO; vgl. ausführlich Germelmann/Matthes/Prütting § 62 ArbGG Rz. 46 f.)*.

Eine Vollstreckung nach § 888 ZPO kommt indes dann nicht in Betracht, **615** wenn der Arbeitnehmer noch in dem Verfahren, das die Entfernung der Abmahnung zum Gegenstand hat, beantragt, den Arbeitgeber zur Zahlung einer vom ArbG nach freiem Ermessen festzusetzenden Entschädigung zu verurteilen, wenn der Arbeitgeber die Abmahnung nicht binnen einer bestimmten Frist aus der Personalakte entfernt hat *(vgl. § 61 Abs. 2 ArbGG; s. Hauck § 61 ArbGG Rz. 6 ff.).*

c. Anspruch auf Entfernung bei rechtmäßiger Abmahnung

616 Eine rechtmäßige Abmahnung kann nach Auffassung des BAG durch Zeitablauf wirkungslos werden. Es gibt allerdings keine Regelfrist; entscheidend sind die Umstände des Einzelfalls *(s. ausf. Rz. 482 ff.).*

617 Das BAG neigt zumindest dazu, im Einzelfall dem Arbeitnehmer einen **Anspruch auf Entfernung** einer solchen **durch Zeitablauf wirkungslos gewordenen Abmahnung** einzuräumen *(BAG 13.04.1988 EzA § 611 BGB Fürsorgepflicht Nr. 47; BAG 08.02.1989 ZTR 1989, 236; zust. Münch-Arb/Berkowsky § 133 Rz. 46; Schmid NZA 1985, 409, 413; Krasshöfer-Pidde AuA 1993, 266, 267; Kasseler HB/Künzl 2.1 Rz. 763; a.A. Heinze S. 63, 89 f.; Walker NZA 1995, 601, 607 f.; Schaub § 61 VIII 3c; Beckerle/Schuster Rz. 120d; Eich NZA 1988, 759, 761 ff.).*

618 Auch bei einer durch Zeitablauf wirkungslos gewordenen Abmahnung soll das **Interesse des Arbeitnehmers,** eine solche Abmahnung zu entfernen, gegenüber dem Interesse des Arbeitgebers an einem Verbleib der Abmahnung in der Personalakte überwiegen können *(BAG 13.04.1988 EzA § 611 BGB Fürsorgepflicht Nr. 47; Schmid NZA 1985, 409, 413; Krasshöfer-Pidde AuA 1993, 266, 267; a.A. Walker NZA 1995, 601, 607 f.; Schaub § 61 VIII 3c; Beckerle/Schuster Rz. 120d; vgl. auch Heinze S. 63, 89 f., Eich NZA 1988, 759, 763).*

619 Das BAG hat dies z.b. angenommen, wenn mit der Abmahnung dokumentiert wird, daß ein Arbeitnehmer einmalig an einem Warnstreik teilgenommen hat, dieser Vorfall schon länger zurückliegt und der Arbeitgeber die Abmahnung nicht mehr benötigt, um einen Zahlungsanspruch des Arbeitnehmers abzuwehren *(BAG 13.04.1988 EzA § 611 BGB Fürsorgepflicht Nr. 47).* Gegen die Ansicht des BAG spricht insbes., daß eine durch Zeitablauf unwirksam gewordene Abmahnung zwar ihre kündigungsrechtliche Wirkung verloren hat, sie für die weitere Beurteilung des Arbeitnehmers aber noch eine Rolle spielen kann *(v. Hoyningen-Huene RdA 1990, 193, 211).*

d. Klage auf Rücknahme

620 Begehrt der Arbeitnehmer lediglich, eine Abmahnung zurückzunehmen, spricht vieles dafür, daß dieser **Antrag nicht** die nach § 253 Abs. 2 Nr. 2 ZPO **erforderliche Bestimmtheit** besitzt und die Klage daher unzulässig ist. Es ist aus dem Antrag nicht ersichtlich, ob die Abgabe einer Erklärung oder die Vornahme einer Handlung begehrt wird *(vgl. Schunck NZA 1993, 828, 831).* Zumindest dürfte das **Rechtsschutzbedürfnis** fehlen, da der Arbeitnehmer auf Entfernung klagen kann *(ArbG Berlin 25.01.1979 DB 1979, 2378).*

Oftmals beantragt der Arbeitnehmer nicht nur, eine näher bezeichnete Ab- **621** mahnung aus der Personalakte zu entfernen, sondern auch, die Abmahnung zurückzunehmen *(vgl. nur BAG 27.11.1985 EzA § 611 BGB Fürsorgepflicht Nr. 38; BAG 16.11.1989 EzA § 611 BGB Abmahnung Nr. 19; BAG 31.08.1994 EzA § 611 BGB Abmahnung Nr. 33).*

Ein solcher **Antrag** ist **auszulegen** *(BAG 12.01.1988 EzA Art. 9 GG Ar-* **622** *beitskampf Nr. 73; BAG 07.09.1988 EzA § 611 BGB Abmahnung Nr. 17; LAG Köln 24.02.1994 – 6 Sa 1223/93 –; Bock ArbuR 1987, 217, 222).* Diese Auslegung ergibt regelmäßig, daß der Arbeitnehmer nur die Entfernung der Abmahnung aus der Personalakte erreichen will und keinen formellen Widerruf neben der Entfernung begehrt *(BAG 12.01.1988 EzA Art. 9 GG Arbeitskampf Nr. 73; BAG 07.09.1988 EzA § 611 BGB Abmahnung Nr. 17; LAG Köln 24.02.1994 – 6 Sa 1223/93 – n.v.; abw. LAG München 22.12.1982 – 9 Sa 740/81 – n.v.).* Eine eigene prozessuale Bedeutung hat der Antrag auf Rücknahme folglich in der Regel nicht *(Schunck NZA 1993, 828, 831).*

e. Klage auf Widerruf

Beantragt der Arbeitnehmer, den Arbeitgeber zu verurteilen, die Abmah- **623** nung zu **widerrufen**, oder ist ein Antrag auf Rücknahme, der zusammen mit einem Entfernungsbegehren gestellt wird, ausnahmsweise dahin auszulegen, daß auch ein Widerruf verlangt wird, ist die Klage **oftmals unbegründet** *(vgl. Bock ArbuR 1987, 217, 222; Tschöpe NZA 1990 Beil. 2 S. 10, 16).*

Voraussetzung eines Widerrufs ist u.a., daß die unrichtige Tatsachenbe- **624** hauptung nicht nur dem Arbeitnehmer, sondern auch **Dritten bekanntgemacht** wurde *(BGH 17.06.1953 BGHZ 10, 104; BGH 14.06.1977 NJW 1977, 1681; Bock ArbuR 1987, 217, 222; Kammerer Rz. 100).* Regelmäßig wird die Abmahnung aber nur dem betroffenen Arbeitnehmer mitgeteilt *(Bock ArbuR 1987, 217, 222; abw. Kammerer Rz. 100).* Eine **Ausnahme** besteht indes z.b., wenn die Abmahnung vom Arbeitgeber im Betrieb veröffentlicht wird, indem er sie z. B. zur Abschreckung anderer Arbeitnehmer am »Schwarzen Brett« ausgehängt hat *(vgl. Kammerer Rz. 100; D/R § 87 BetrVG Rz. 281).*

f. Klage auf Unterlassung

Hat der Arbeitgeber die unwirksame Abmahnung noch nicht zur Personal- **625** akte des betroffenen Arbeitnehmers genommen, beabsichtigt er dies aber, kann der Arbeitnehmer beantragen, den Arbeitgeber zu verurteilen, die näher zu bezeichnende Abmahnung zu unterlassen *(vgl. BAG 18.01.1996 EzA § 242 BGB Auskunftspflicht Nr. 5).*

g. Folgen einer erfolgreichen Beanstandung

626 Eine schriftliche Abmahnung, die zu den Personalakten genommen wurde, aber nach der höchstrichterlichen Rechtsprechung unwirksam und daher wieder zu entfernen ist, kann nach Ansicht des BAG grds. **nicht als mündliche Abmahnung** ihre kündigungrechtliche Wirkung behalten *(BAG 05.08.1992 EzA § 611 BGB Abmahnung Nr. 25; BAG 03.02.1993 EEK I/1115; zust. Bahntje ArbuR 1996, 250, 251 ff.; a.A. LAG Köln 03.05.1996 – 11 Sa 42/96 – n.v.).*

627 Dies soll selbst dann gelten, wenn die Abmahnung auf Verlangen des Arbeitnehmers nur deshalb vollständig aus der Akte entfernt wurde, weil in dem Abmahnungsschreiben mehrere Pflichtverletzungen gleichzeitig gerügt wurden, von denen nur einige (aber nicht alle) zutreffen. Eine Abmahnung kann nicht teilweise schriftlich aufrechterhalten bleiben *(BAG 13.03.1991 EzA § 611 BGB Abmahnung Nr. 20)*. Das BAG hält es daher auch für bedenklich, daß eine solche teilunwirksame schriftliche Abmahnung als mündliche Abmahnung ihre Wirkung behält und damit Vorstufe einer Kündigung sein kann *(BAG 05.08.1992 EzA § 611 BGB Abmahnung Nr. 25; BAG 03.02.1993 EEK I/1115; Bahntje ArbuR 1996, 250, 251 ff.; offengelassen von BAG 28.04.1994 RzK I 8k Nr. 6; a. A. LAG Hamm 01.02.1983 EzA § 611 BGB Fürsorgepflicht Nr. 33; Schunck NZA 1993, 828, 829 ff.)*. Es soll dem **Arbeitgeber überlassen** sein, ob er statt dessen eine auf die zutreffenden Pflichtverletzungen beschränkte **neue Abmahnung** aussprechen will *(BAG 13.03.1991 EzA § 611 BGB Abmahnung Nr. 20; BAG 03.02.1993 EEK I/1115)*.

628 Eine **Ausnahme** macht das BAG indes dann, wenn die **Abmahnung** nur **formell nicht ordnungsgemäß** ist *(BAG 21.05.1992 EzA § 1 KSchG Verhaltensbedingte Kündigung Nr. 42; s. a. Rz. 285)*. Das Fehlen eines formellen Erfordernisses kann zwar die Rechtmäßigkeit der Abmahnung beeinflussen. Ihre kündigungsrechtliche Warnfunktion behält sie aber, wenn der Arbeitnehmer sie einmal zur Kenntnis genommen hat und sie materiell wirksam ist *(Bahntje ArbuR 1996, 250, 254)*.

h. Kündigungsschutzprozeß

629 Der Arbeitnehmer muß nicht gegen eine ihm gegenüber erklärte Abmahnung »isoliert« vorgehen. Er kann sich auch erst in einem späteren gerichtlichen Verfahren, welches eine Kündigung zum Gegenstand hat, darauf berufen, die Abmahnung, welche die Kündigung stützen soll, sei unwirksam *(vgl. Rz. 570 f.)*.

630 In einem Verfahren, welches eine Kündigung des Arbeitnehmers zum Gegenstand hat, muß der **Arbeitgeber darlegen** und ggf. **beweisen**, daß der Arbeitnehmer wirksam abgemahnt wurde, wenn die Abmahnung Wirksam-

keitsvoraussetzung der Kündigung ist *(BAG 29.05.1985 RzK I 1 Nr. 7; BAG 13.03.1987 EzA § 611 BGB Abmahnung Nr. 5; Heinze S. 63, 93)*. Die Darlegungslast ist abgestuft.

Der Arbeitgeber genügt seiner Darlegungslast zunächst, wenn er vorträgt, **631** daß er den Arbeitnehmer wegen bestimmter Leistungs- oder Verhaltensmängel unter Hinweis auf die Inhalts- oder Bestandsgefährdung seines Arbeitsverhältnisses abgemahnt hat *(KR-Etzel § 1 KSchG Rz. 391)*. Bestreitet der Arbeitnehmer dies, muß der Arbeitgeber Tatsachen darlegen, aus denen sich eine ordnungsgemäße Abmahnung ergibt *(KR-Etzel § 1 KSchG Rz. 391)*. Er hat im einzelnen vorzutragen, zu welchem Zeitpunkt und wegen welcher Leistungsmängel bzw. welcher Pflichtwidrigkeit der Arbeitnehmer unter Hinweis auf die Bestands- oder Inhaltsgefährdung seines Arbeitsverhältnisses abgemahnt wurde *(BAG 29.05.1985 RzK I 1 Nr. 7; KR-Etzel § 1 KSchG Rz. 391)*. Es ist daher dringend zu empfehlen, die Abmahnung schriftlich zu erklären und diese Einzelheiten zu dokumentieren *(Becker-Schaffner BB 1995, 2526 f.)*. Es reicht – auch bei einer mündlichen Abmahnung – nicht aus, den Sachverhalt, der die Pflichtverletzung darstellt, nur schlagwortartig, z.b.»unzureichende Arbeitsleistung« oder »wiederholte Unpünktlichkeit«, vorzutragen *(Becker-Schaffner BB 1995, 2526 f.; KR-Etzel § 1 KSchG Rz. 391)*.

Bestreitet der **Arbeitnehmer** diese vom Arbeitgeber vorgetragenen Tatsa- **632** chen, muß der **Arbeitgeber** sie **beweisen**. Dazu kann er sich z. B. auf Zeugen berufen. Auch diese Beweismittel sollten daher bereits in der Abmahnung dokumentiert werden, damit der Arbeitgeber sich später noch an sie erinnert.

Die Darlegungs- und Beweislast trägt der Arbeitgeber auch, wenn er sich **633** darauf berufen will, daß eine Abmahnung vor der Kündigung ausnahmsweise nicht erforderlich war *(BAG 08.06.1995 RzK I 6i Nr. 9; BAG 29.05.1985 RzK I 1 Nr. 7; KR-Etzel § 1 KSchG Rz. 391)*.

Diese Verteilung der Darlegungs- und Beweislast gilt nicht nur bei einer **634** fristgerechten, sondern auch bei einer fristlosen Kündigung, die vom Arbeitgeber erklärt wird *(BAG 24.11.1983 EzA § 626 BGB n.F. Nr. 88)*.

Hat der **Arbeitnehmer** seinerseits **fristlos gekündigt** und wendet sich der **635** Arbeitgeber gerichtlich gegen diese Kündigung, muß der Arbeitnehmer darlegen und ggf. beweisen, daß er den Arbeitgeber ordnungsgemäß abgemahnt hat. Der Arbeitnehmer muß ggf. auch darlegen und beweisen, daß eine Abmahnung ausnahmsweise entbehrlich war *(BAG 08.06.1995 RzK I 6i Nr. 9)*. Er trägt damit das Risiko, die Rechtslage falsch zu beurteilen.

2. Rechtsbehelfe des Arbeitgebers

a. Abmahnung durch den Arbeitgeber

636 In der Literatur wird dem **Arbeitgeber** teilweise das Recht **eingeräumt,** seinerseits **gerichtlich klären** zu lassen, **ob** die **Abmahnung,** welche er gegenüber dem Arbeitnehmer erklärt hat, **wirksam** ist, wenn der Arbeitnehmer nicht die Berechtigung der Abmahnung anerkannt hat *(Tschöpe NZA 1990 Beil. 2 S. 10, 18 f.; a.A. Schaub § 61 VIII 3d; Jurkat DB 1990, 2218 ff.).* Der Arbeitgeber soll auf Feststellung klagen können, daß eine näher bezeichnete Abmahnung wirksam ist *(Tschöpe NZA 1990 Beil. 2 S. 10, 19).* Das **Feststellungsinteresse** für eine derartige Klage soll sich aus den Beweisschwierigkeiten ergeben, die für den Arbeitgeber entstehen können, wenn er die der Abmahnung zugrundeliegenden Tatsachen erst geraume Zeit nach Erteilung der Abmahnung in einem späteren Kündigungsschutzprozeß darlegen und beweisen muß *(Tschöpe NZA 1990 Beil. 2 S. 10, 19).*

637 Es muß bezweifelt werden, ob das Feststellungsinteresse für eine derartige Klage gegeben ist, zumal der Arbeitgeber durch eine schriftliche Abmahnung, welche die Einzelheiten der Pflichtverletzung nebst Beweismitteln enthält, eventuellen späteren Beweisschwierigkeiten zumindest zum Teil begegnen kann *(i.Erg. Schaub § 61 VIII 3d; Jurkat DB 1990, 2220 f.).*

b. Abmahnung durch den Arbeitnehmer

638 Bisher – soweit ersichtlich – nicht durch die Rechtsprechung geklärt ist, ob der Arbeitgeber gegen eine schriftliche Abmahnung gerichtlich vorgehen kann, welche der Arbeitnehmer ihm gegenüber erklärt hat, weil er als Arbeitgeber z.B. mit der Zahlung des Arbeitsentgelts in Verzug ist *(s. Rz. 519).*

639 Billigt man, wie das BAG, dem Arbeitnehmer eine entsprechende Klagemöglichkeit zu, wenn der Arbeitgeber ihm eine schriftliche Abmahnung erteilt hat *(s. Rz. 545 ff.),* wird man auch umgekehrt dem Arbeitgeber eine solche Klagemöglichkeit nach §§ 242, 1004 BGB nicht absprechen können, wenn er vom Arbeitnehmer eine schriftliche Abmahnung erhält. Sein Recht auf freie unternehmerische Betätigung (Art. 12 GG) kann mehr wiegen als die Meinungsfreiheit des Arbeitnehmers und dessen Recht auf freie Berufswahl (Art. 5 und 12 GG).

640 Die schriftliche Abmahnung bleibt im Gedächtnis des Arbeitnehmers und kann daher auch noch nach einiger Zeit den Arbeitnehmer nach einer weiteren vermeintlichen Pflichtverletzung des Arbeitgebers zur fristlosen Kündigung veranlassen. Dies benachteiligt den Arbeitgeber insbes. dann erheblich, wenn die Frist für die ordentliche Kündigung des Arbeitnehmers sehr lang wäre. Außerdem entsteht bei anderen Arbeitnehmern, die möglicherweise von der Abmahnung erfahren, der Eindruck, der Arbeitgeber sei unzuverlässig, weil er z.B. das Arbeitsentgelt nicht oder zumindest nicht rechtzeitig zahle. Dies könnte sie ihrerseits veranlassen, das Arbeitsverhältnis fristgerecht zu kündigen, wodurch dem Arbeitgeber ein erheblicher Schaden entstehen kann, wenn er auf dem Arbeitsmarkt nicht oder nicht rechtzeitig geeignete Ersatzkräfte erhält.

B Mündliche Abmahnung

I. Außerprozessuale Rechtsbehelfe

1. Arbeitnehmer

Ein Recht auf **Gegendarstellung** nach § 83 Abs. 2 BetrVG steht dem Arbeitnehmer bei einer nur **mündlich erklärten Abmahnung** regelmäßig nicht zu, da diese nicht zur Personalakte gelangt *(vgl. Rz. 529ff.)*. Etwas anderes muß indes dann gelten, wenn der Arbeitgeber über die mündlich erklärte Abmahnung einen Vermerk zur Personalakte genommen hat, da die Abmahnung dann verkörpert ist. **641**

Ist der Arbeitnehmer nicht sicher, ob und ggf. mit welchem Inhalt ein entsprechender Vermerk über eine mündliche Abmahnung zu seinen Personalakten gelangt ist, kann er in die über ihn geführten Personalakten nach § 83 Abs. 1 Satz 1 BetrVG **Einsicht** nehmen *(vgl. Rz. 525 ff.)*. **642**

Dem Arbeitnehmer steht ferner auch bei einer mündlichen Abmahnung nach § 84 Abs. 1 BetrVG das Recht zu, sich bei der zuständigen Stelle des Betriebes zu **beschweren,** wenn er sich vom Arbeitgeber durch die mündliche Abmahnung benachteiligt oder ungerecht behandelt oder in sonstiger Weise beeinträchtigt fühlt *(vgl. Schmid NZA 1985, 409, 413; Krasshöfer-Pidde AuA 1993, 137, 140)*. Gegenstand der Beschwerde des Arbeitnehmers kann nahezu jede Angelegenheit sein, durch die er sich beeinträchtigt fühlt. Unerheblich ist daher, in welcher Form die Abmahnung erklärt wird *(vgl. H/S/G § 84 BetrVG Rz. 4)*. **543**

Statt an die zuständige betriebliche Stelle kann sich der Arbeitnehmer mit seiner **Beschwerde** gegen die mündliche Abmahnung auch **an den Betriebsrat** wenden, wenn ein solcher im Betrieb besteht *(vgl. § 85 Abs. 1 BetrVG)*. Der Arbeitnehmer hat auch bei einer ihm gegenüber erklärten mündlichen Abmahnung die Wahl, welchen Verfahrensweg er einschlägt *(vgl. H/S/G § 84 BetrVG Rz. 3)*. **644**

2. Arbeitgeber

645 Einem Arbeitgeber, der von einem Arbeitnehmer eine Abmahnung erhält, ist zu empfehlen, dem Arbeitnehmer den Sachverhalt aus seiner Sicht zu schildern, wenn er die Abmahnung für unwirksam hält. Auf diese Weise hindert er den Arbeitnehmer möglicherweise an einer – unwirksamen – fristlosen Kündigung. Die Arbeitskraft des Arbeitnehmers bleibt ihm dann möglicherweise ohne langwierige prozessuale Auseinandersetzungen zumindest bis zum Ablauf der ordentlichen Kündigungsfrist, welche der Arbeitnehmer einzuhalten hat, erhalten *(vgl. bereits Rz. 634).*

II. Prozessuale Rechtsbehelfe

1. Arbeitnehmer

646 Ein gerichtlich durchsetzbarer Anspruch, eine nur **mündlich ausgesprochene Abmahnung** zu widerrufen bzw. zurückzunehmen, steht dem Arbeitnehmer regelmäßig nicht zu *(BAG 30.01.1979 EzA § 87 BetrVG 1979 Nr. 3; BAG 13.03.1987 EzA § 611 BGB Abmahnung Nr. 5; BAG 07.09.1988 EzA § 611 BGB Abmahnung Nr. 17; MünchKomm/Schwerdtner § 622 BGB Anh. Rz. 134; Schunck NZA 1993, 828, 830 f.; a.A. Tschöpe NZA 1990 Beil. 2 S. 10, 17; Kammerer Rz. 102).* Im Gegensatz zur schriftlichen Abmahnung **überwiegt** bei der nur mündlichen Abmahnung das **Recht des Arbeitgebers**, seine Meinung zu äußern, gegenüber dem Recht des Arbeitnehmers auf Achtung seiner Persönlichkeit *(i. Erg MünchKomm/Schwerdtner § 622 BGB Anh. Rz. 134)* Die mündliche Abmahnung gelangt nicht zur Personalakte. Außerdem entfaltet sie keine Dauerwirkung hinsichtlich des beruflichen Fortkommens des Arbeitnehmers *(MünchKomm/Schwerdtner § 622 BGB Anh. Rz. 134; Schmid NZA 1985, 409, 413; a. A. Kammerer Rz. 102).*

647 **Ausnahmsweise** wird man dem Arbeitnehmer einen solchen Anspruch indes dann zubilligen müssen, wenn die mündliche Abmahnung ihn nach Form oder Inhalt über das notwendige Maß hinaus in seinem Persönlichkeitsrecht beeinträchtigt *(i.Erg. Schmid NZA 1985, 409, 413; Schunck NZA 1993, 828, 830 f.).* Dies ist z.B. der Fall, wenn sie beleidigende Formulierungen enthält und Dritte von ihr erfahren. Der Arbeitnehmer kann dann entsprechend § 1004 BGB verlangen, die mündliche Abmahnung zu widerrufen *(Schunck NZA 1993, 828, 831; vgl. Tschöpe NZA 1990 Beil. 2 S. 10, 17).*

2. Arbeitgeber

648 Überträgt man die Grundsätze, welche die Rechtsprechung für den Rechtsschutz des Arbeitnehmers gegen eine ihm erteilte Abmahnung entwickelt hat *(vgl. Rz. 544 ff.)*, kann der Arbeitgeber gegen eine ihm gegenüber erklärte mündliche Abmahnung ebenfalls nicht gerichtlich vorgehen.

Dem **Arbeitgeber** verbleibt allerdings die **Möglichkeit, gegen** die **fristlose** **649** **Kündigung** des Arbeitnehmers zu **klagen,** wenn er der Ansicht ist, diese Kündigung hätte einer vorherigen Abmahnung bedurft oder eine vom Arbeitnehmer erklärte Abmahnung sei unwirksam und deshalb als Vorstufe der fristlosen Kündigung nicht geeignet *(vgl. BAG 20.03.1986 NZA 1986, 714; BAG 09.09.1992 RzK I 10e Nr. 13).*

Der Arbeitgeber kann beantragen festzustellen, daß das Arbeitsverhältnis **650** zwischen den Parteien nicht vor dem genau zu bezeichnenden Datum des Ablaufs der ordentlichen Kündigungsfrist sein Ende gefunden hat *(BAG 09.09.1992 RzK I 10e Nr. 13).* Das BAG bejaht für eine solche Klage grds. ein **Feststellungsinteresse** *(BAG 09.09.1992 a.a.O.; vgl. auch BAG 20.3.1986 NZA 1986, 714).* Der Arbeitgeber kann durch eine fristlose Kündigung des Arbeitnehmers in seinem Ansehen betroffen sein *(BAG 20.03.1986 NZA 1986, 714).* Außerdem ist das korrekte Enddatum des Arbeitsverhältnisses z.b. für die Erstellung des Zeugnisses, das Ausfüllen der Arbeitspapiere von Bedeutung *(BAG 09.09.1992 RzK I 10e Nr. 13).* Die begehrte Feststellung ist für den Arbeitgeber außerdem von Interesse, weil er z.b. eine evtl. vereinbarte Vertragsstrafe sowie weitere Ansprüche realisieren kann, wenn das Gericht die Unwirksamkeit der fristlosen Kündigung des Arbeitnehmers und damit den Fortbestand des Arbeitsverhältnisses bis zum Ablauf der ordentlichen Kündigungsfrist festgestellt hat *(vgl. BAG 09.09.1992 a.a.O.).*

Hat der Arbeitnehmer das Arbeitsverhältnis fristlos gekündigt, ohne zuvor **651** eine erforderliche Abmahnung auszusprechen, kann er seinerseits einen Schadensersatzanspruch nach § 628 Abs. 2 BGB nicht durchsetzen. Die Kündigung ist nicht durch ein vertragswidriges Verhalten des Arbeitgebers veranlaßt worden *(BAG 08.06.1995 RzK I 6i Nr. 9; LAG Düsseldorf 31.07.1980 BB 1980, 1526).*

Teil 5
Checklisten und Muster

Checkliste

A. Erfordernis einer Abmahnung:

Grundsatz: Abmahnung vor verhaltensbedingter und personenbedingter Kündigung erforderlich

Ausnahme: Abmahnung grds. entbehrlich, wenn

- ➤ das KSchG nicht eingreift;

- ➤ eine besonders schwere Pflichtverletzung vorliegt;

- ➤ der Wille zu einem vertragstreuen Verhalten fehlt;

- ➤ mit einer Wiederherstellung des Vertrauens nicht zu rechnen ist;

- ➤ die Steuerungsfähigkeit fehlt;

- ➤ bereits zumindest eine Abmahnung vorliegt, die eine gleichartige Pflichtverletzung betrifft.

aber: Sonderregeln in Tarifvertrag, Betriebsvereinbarung, Arbeitsvertrag oder durch einseitige Bindung beachten.

B. Vorliegen einer objektiven Pflichtwidrigkeit

C. Verhältnismäßigkeit der Abmahnung

D. Fehlende Sittenwidrigkeit der Abmahnung

E. Wiederholungsgefahr (umstr.)

F. Erklärung der Abmahnung kurz nach der Pflichtverletzung

G. Abfassung der Abmahnung:

- ➤ Aus Beweisgründen Schriftform;

- ➤ Bezeichnung als Abmahnung;

- ➤ Darstellung des vertragsgerechten Verhaltens;

- ➤ detaillierte Darstellung des Sachverhalts, der den Pflichtverstoß kennzeichnet unter Angabe von

- Ort

- Datum

- Zeitpunkt

- beteiligten Personen

- Darstellung der Folgen der Pflichtverletzung, wenn beweisbar

➤ eindringliche Aufforderung zu künftigem vertragsgerechten Verhalten;

➤ eindeutige Ankündigung der Folgen weiterer Pflichtverletzungen (z.b. Kündigung).

H. Erklärung der Abmahnung

➤ Abmahnungsbefugnis

➤ Abgabe

➤ Zugang

- persönlich oder

- durch Boten oder

- Einwurf-Einschreiben oder

- Gerichtsvollzieher

- Empfangsbescheinigung

➤ Kenntnisnahme

- Beifügen einer Übersetzung bei Arbeitnehmern, die der deutschen Sprache nicht ausreichend mächtig sind;

- Vorlesen bei Arbeitnehmern, die möglicherweise nicht lesen können;

- Bescheinigung des Empfängers über Kenntnisnahme.

Muster I

Abmahnung wegen unberechtigten Fehlens

Abmahnung

Sehr geehrte(r) Frau/Herr ....,

aufgrund Ihres Arbeitsvertrages sind Sie verpflichtet, die von Ihnen ge-schuldete Arbeitsleistung zu erbringen. Gegen diese Verpflichtung haben Sie verstoßen, so daß wir Ihnen hiermit eine Abmahnung erteilen müssen.

Zu unserem Bedauern müssen wir zur Kenntnis nehmen, daß Sie am .... (Datum) gefehlt haben, ohne daß dafür ein Grund vorgelegen hat, der Ihr Verhalten rechtfertigt.

.

Wir haben Sie aufzufordern, zukünftig die von Ihnen geschuldete Arbeits-leistung zu erbringen.

Sollte sich eine derartige oder ähnliche Pflichtverletzung wiederholen, sehen wir uns leider gezwungen, Ihr Arbeitsverhältnis zu kündigen.

Eine Durchschrift dieses Briefes werden wir zu Ihren Personalakten neh-men.

Ort, Datum, Unterschrift

Muster II

Abmahnung wegen verspäteter Arbeitsaufnahme

Abmahnung

Sehr geehrte(r) Frau/Herr ....,

aufgrund Ihres Arbeitsvertrages sind Sie verpflichtet, die von Ihnen geschuldete Arbeitsleistung zu den im Betrieb geltenden Zeiten zu erbringen. Gegen diese Verpflichtung haben Sie verstoßen, so daß wir Ihnen hiermit eine Abmahnung erteilen müssen.

Zu unserem Bedauern müssen wir zur Kenntnis nehmen, daß Sie am .... (Datum) erst um .... (Uhrzeit) ihre Arbeit aufgenommen haben, obwohl Ihre Schicht bereits um .... (Uhrzeit) begann.

Wir haben Sie aufzufordern, zukünftig Ihre Arbeit pünktlich mit Schichtbeginn aufzunehmen.

Sollte sich eine derartige oder ähnliche Pflichtverletzung wiederholen, sehen wir uns leider gezwungen, Ihr Arbeitsverhältnis zu kündigen.

Eine Durchschrift dieses Briefes werden wir zu Ihren Personalakten nehmen.

Ort, Datum, Unterschrift

Muster III

Abmahnung wegen Schlechtleistung

Abmahnung

Sehr geehrte(r) Frau/Herr ....,

aufgrund des mit Ihnen geschlossenen Anstellungsvertrages sind Sie verpflichtet, die von Ihnen geschuldete Arbeitsleistung ordnungsgemäß zu erbringen. Gegen diese Verpflichtung haben Sie zu unserem Bedauern verstoßen, so daß wir Ihnen hiermit eine Abmahnung erteilen müssen.

Am .... (Datum) sind Sie von Ihrer/Ihrem Vorgesetzten, Frau/Herrn .... (Name) angewiesen worden, die neu eingegangene Ware mit Preisen auszuzeichnen. Hierzu war Ihnen von Frau/Herrn .... (Name) eine Liste überreicht worden, aus der sich Artikel und Preis ersehen ließen.

Zu unserem Bedauern mußten wir heute feststellen, daß alle Artikel ».........« (Name) mit einem falschen Preis versehen worden sind. Statt »DM 10,99« war ein Preis von »DM 8,99« auf den genannten Artikel angebracht. Diese Artikel sind, wie uns Frau/Herr .... wissen ließ, von Ihnen ausgezeichnet worden.

Durch diesen Verstoß gegen Ihre arbeitsvertraglichen Pflichten ist es zu negativen Folgewirkungen gekommen. An den Kassen kam es zu einem verzögerten Kundendurchlauf, da eine Vielzahl von Kunden darauf bestand, lediglich den ausgezeichneten Preis zu bezahlen. Teilweise ließen Kunden ihren gesamten Einkaufswagen empört an der Kasse stehen und verließen das Geschäft, ohne etwas zu erwerben. Herr/Frau .... (Name) hat diese Ware wieder eingeräumt.

Wir haben Sie aufzufordern, zukünftig dafür Sorge zu tragen, daß die von Ihnen auszuzeichnenden Artikel den zutreffenden Preis erhalten.

Sollte sich eine derartige oder ähnliche Pflichtverletzung wiederholen, sehen wir uns leider gezwungen, Ihr Arbeitsverhältnis zu kündigen.

Eine Durchschrift dieses Briefes werden wir zu Ihren Personalakten nehmen.

Ort, Datum, Unterschrift

Muster IV

Abmahnung wegen Arbeitsverweigerung

Abmahnung

Sehr geehrte(r) Frau/Herr ....,

aufgrund Ihres Arbeitsvertrages sind Sie verpflichtet, den Anweisungen Ihrer Vorgesetzten Folge zu leisten. Zu unserem Bedauern müssen wir feststellen, daß Sie diese Pflicht verletzt haben. Wir müssen Ihnen deshalb eine Abmahnung aussprechen.

Am .... (Datum) wies Sie Ihr(e) Vorgesetzte(r), Frau/Herr ...., an, Ihre Webmaschinen abzustellen, damit dringend notwendige Reparaturen vorgenommen werden konnten. Sie weigerten sich, dies zu tun, weil Sie der Ansicht waren, die Reparaturen könnten auch nachts durchgeführt werden. Erst die nochmalige Aufforderung des herbeigerufenen Betriebsleiters, Herr ...., befolgten Sie.

Wir haben Sie aufzufordern, zukünftig den Anweisungen Ihrer Vorgesetzten unverzüglich Folge zu leisten.

Sollte sich eine derartige oder ähnliche Pflichtverletzung wiederholen, werden wir Ihr Arbeitsverhältnis kündigen.

Eine Durchschrift dieses Schreibens werden wir zu Ihren Personalakten nehmen.

Ort, Datum, Unterschrift

Muster V

Abmahnung wegen Alkoholkonsum

Abmahnung

Sehr geehrte(r) Frau/Herr ....,

aufgrund einer Betriebsvereinbarung vom .... (Datum) besteht in unserem Betrieb ein striktes Alkoholverbot. Dieses Alkoholverbot gilt nicht nur für den Genuß von Alkohol am Arbeitsplatz; es ist ferner untersagt, im alkoholisierten Zustand zur Arbeit zu erscheinen. Gegen dieses Verbot haben Sie verstoßen, so daß wir Ihnen einen Abmahnung erteilen müssen.

Am .... (Datum) mußten wir zu unserem Bedauern feststellen, daß Sie alkoholisiert an Ihrem Arbeitsplatz, einer Schermaschine, erschienen sind und dort noch aus einer Dose Bier tranken. Sie konnten sich kaum auf den Beinen halten. Ferner war bei Ihnen eine »Fahne« deutlich zu riechen. Außerdem konnten Sie keine deutlichen Sätze formulieren. Ihr alkoholisierter Zustand wurde um .... (Uhrzeit) von Ihrem Vorgesetzten, Frau/Herrn .... (Name), bemerkt.

Wir sahen uns zu Ihrem eigenen Schutz und zum Schutz Ihrer Mitarbeiter gezwungen, Sie nach Hause transportieren zu lassen.

Sie haben folglich durch Ihr Verhalten gegen Ihre arbeitsvertraglichen Pflichten verstoßen. Wir haben Sie aufzufordern, künftig nüchtern zur Arbeit zu kommen und an Ihrem Arbeitsplatz keinen Alkohol zu sich zu nehmen.

Sollte sich ein derartiges oder ähnliches Fehlverhalten wiederholen, werden wir das Arbeitsverhältnis kündigen. Eine Durchschrift dieses Schreibens werden wir zu Ihren Personalakten nehmen.

Ort, Datum, Unterschrift

Muster VI

Abmahnung wegen verspäteter Vorlage der Arbeitsunfähigkeitsbescheinigung

Abmahnung

Sehr geehrte(r) Frau/Herr ....,

nach § 5 Abs. 1 Satz 2 Entgeltfortzahlungsgesetz (EFZG) sind Sie verpflichtet, uns als Ihrem Arbeitgeber bei einer Arbeitsunfähigkeit, welche länger als drei Kalendertage dauert, eine ärztliche Bescheinigung über das Bestehen der Arbeitsunfähigkeit sowie deren voraussichtliche Dauer spätestens an dem darauffolgenden Arbeitstag vorzulegen. Gegen diese Verpflichtung haben Sie verstoßen, so daß wir Ihnen hiermit zu unserem Bedauern eine Abmahnung erteilen müssen.

Am .... (Datum) meldeten Sie sich telefonisch bei Ihrer/Ihrem Vorgesetzten .... (Name) und teilten mit, daß Sie krank seien und deshalb Ihre Arbeit nicht aufnehmen könnten. Ferner wiesen Sie darauf hin, daß diese Arbeitsunfähigkeit voraussichtlich eine Woche, d.h. bis zum .... (Datum) andauern würde.

Eine Arbeitsunfähigkeitsbescheinigung haben wir bis heute, d.h. sechs Tage nach Ihrem Anruf, noch nicht erhalten. Damit haben Sie gegen die Ihnen nach § 5 EFZG obliegende Nachweispflicht verstoßen.

Wir haben Sie daher aufzufordern, zukünftig bei einer Arbeitsunfähigkeit, die länger als drei Kalendertage dauert, spätestens am darauffolgenden Arbeitstag eine entsprechende Bescheinigung beizubringen.

Sollte sich eine derartige oder ähnliche Pflichtverletzung wiederholen, sehen wir uns leider gezwungen, Ihr Arbeitsverhältnis zu kündigen.

Eine Durchschrift dieses Schreibens werden wir zu Ihren Personalakten nehmen.

Ort, Datum, Unterschrift

Muster VII

Abmahnung bei verspäteter Anzeige der Arbeitsunfähigkeit

Abmahnung

Sehr geehrte(r) Frau/Herr ....,

nach § 5 Abs. 1 Satz 1 Entgeltfortzahlungsgesetz (EFZG) sind Sie verpflichtet, uns als Ihrem Arbeitgeber eine Arbeitsunfähigkeit und deren voraussichtliche Dauer unverzüglich mitzuteilen. Gegen diese Pflicht haben Sie verstoßen, so daß wir Ihnen hiermit eine Abmahnung erteilen müssen.

Am .... (Datum) erschienen Sie nicht zur Arbeit, ohne daß uns ein Grund dafür bekannt war oder von Ihnen an diesem Tag mitgeteilt wurde. Auch am darauf folgenden Tag, dem .... (Datum), blieben sie der Arbeit fern, ohne daß wir den Grund Ihrer Abwesenheit erfuhren. Erst am .... (Datum) erhielten wir eine Arbeitsunfähigkeitsbescheinigung, aus welcher wir ersehen können, daß Sie an den genannten Tagen, an denen Sie nicht zur Arbeit gekommen sind, arbeitsunfähig waren.

Durch Ihr Verhalten haben Sie die Ihnen nach § 5 EFZG obliegende Anzeigepflicht im Krankheitsfalle verletzt.

Wir haben Sie aufzufordern, in Zukunft bei einer Arbeitsunfähigkeit unverzüglich, d.h. regelmäßig bereits vor Beginn Ihrer Schicht, Ihrem Vorgesetzten, Frau/Herrn .... oder der Personalabteilung, Frau/Herrn .... mitzuteilen, daß Sie arbeitsunfähig sind und wie lange diese Arbeitsunfähigkeit voraussichtlich dauern wird.

Sollte sich eine derartige oder gleichartige Pflichtverletzung wiederholen, werden wir Ihr Arbeitsverhältnis leider kündigen müssen.

Eine Durchschrift dieses Schreibens werden wir zu Ihrer Personalakte nehmen.

Ort, Datum, Unterschrift

Muster VIII

Abmahnung wegen verspäteter Anzeige der Fortdauer der Arbeitsunfähigkeit

Abmahnung

Sehr geehrte(r) Frau/Herr ………,

Leider müssen wir feststellen, daß sie gegen die Ihnen nach § 5 Abs.1 EFZG obliegende Anzeigepflicht im Krankheitsfall verstoßen haben, so daß wir Ihnen hiermit eine Abmahnung erteilen müssen.

Sie haben uns eine Arbeitsunfähigkeitsbescheinigung vorgelegt, welche am ……… (Datum) ausgestellt wurde und mit der Ihnen Ihr behandelnder Arzt bescheinigt, voraussichtlich bis zum ……… (Datum) arbeitsunfähig zu sein. Sie hätten folglich am ……… (Datum) Ihre Arbeit wieder aufnehmen müssen.

Am ……… (Datum) kamen Sie jedoch nicht zur Arbeit, ohne daß uns ein Grund hierfür bekannt war bzw. von Ihnen an diesem Tag mitgeteilt wurde. Erst am ……… (Datum) meldeten Sie sich telefonisch und teilten uns mit, daß Sie weiter – und zwar voraussichtlich bis zum ……… (Datum) – arbeitsunfähig sind

oder:

Erst am ……… (Datum) erhielten wir eine weitere Arbeitsunfähigkeitsbescheinigung, aus der hervorgeht, daß Ihre bisher bestehende Arbeitsunfähigkeit voraussichtlich bis zum ……… (Datum) andauert.

Durch Ihr Verhalten haben Sie Ihre Anzeigepflicht im Krankheitsfalle verletzt. Dauert eine Arbeitsunfähigkeit länger als in der Arbeitsunfähigkeitsbescheinigung angegeben, sind Sie verpflichtet, die Tatsache der Verlängerung der Arbeitsunfähigkeit und deren voraussichtliche weitere zeitliche Dauer unverzüglich mitzuteilen.

Wir haben Sie aufzufordern, zukünftig Ihrem Vorgesetzten, Frau/Herrn ………, oder der Personalabteilung, Frau/Herrn ……… unverzüglich, d.h. regelmäßig noch vor Schichtbeginn, mitzuteilen, daß Sie weiter arbeitsunfähig sind und wie lange diese Verlängerung der Arbeitsunfähigkeit voraussichtlich dauert.

Sollte sich eine derartige oder gleichartige Pflichtverletzung wiederholen, werden wir das Arbeitsverhältnis kündigen.

Eine Durchschrift dieses Schreibens werden wir zu Ihrer Personalakte nehmen.

Ort, Datum, Unterschrift

Muster IX

Delegation der Berechtigung zur Abmahnung

Sehr geehrte(r) Frau/Herr ....,

als Abteilungsleiter (oder Meister etc.) sind Sie berechtigt, Mitarbeiter abzumahnen, deren Vorgesetzter Sie sind.

Eine Abmahnung sollte von Ihnen immer dann vorgenommen werden, wenn der Mitarbeiter nicht nur geringfügig gegen ihm obliegende Pflichten verstoßen hat. Sie kommt insbes. in Betracht, wenn der Mitarbeiter seine vertraglich geschuldete Arbeitsleistung nicht ordnungsgemäß erbracht hat, er eine Arbeitsunfähigkeit oder deren Fortdauer nicht unverzüglich angezeigt oder unpünktlich zur Arbeit erschienen ist.

Bei besonders schweren Pflichtverletzungen, z.b. Diebstahl, Tätlichkeiten oder Fehlleistungen, die zu einem erheblichen finanziellen Schaden geführt haben, bitten wir Sie dringend, vor Ausspruch einer Abmahnung die Personalabteilung einzuschalten, damit geprüft werden kann, ob ausnahmsweise eine Kündigung ohne vorherige Abmahnung in Betracht kommt.

Sofern eine Abmahnung von Ihnen erteilt wird, bitten wir, bestimmte Formalien einzuhalten, die für die Wirksamkeit der Abmahnung entscheidend sind. Das zu rügende Fehlverhalten muß so genau wie möglich, d.h. insbes. nach Ort, Datum und Uhrzeit, dargestellt werden. Schlagwörter wie z.b. »häufige Unpünktlichkeit« oder »geringe Arbeitsleistung« reichen nicht aus. Es empfiehlt sich außerdem, evtl. Zeugen namentlich zu benennen, um bei evtl. Streitigkeiten auf sie zurückgreifen zu können.

Außerdem muß dem Mitarbeiter unmißverständlich deutlich gemacht werden, daß der Bestand oder der Inhalt des Arbeitsverhältnisses gefährdet sind, wenn er eine weitere gleiche oder gleichartige Pflichtverletzung begeht. Es empfiehlt sich, ausdrücklich eine Kündigung anzudrohen, ohne sich auf die Art der Kündigung – fristlose oder fristgerechte Kündigung – festzulegen.

Darüber hinaus sollte die Abmahnung aus Beweisgründen unbedingt schriftlich abgefaßt und als solche auch ausdrücklich bezeichnet werden. Sie sollte in einem unmittelbaren zeitlichen Zusammenhang mit der begangenen Pflichtverletzung erfolgen, um ihre Wirkung nicht abzuschwächen.

Wir bitten Sie, von jeder Abmahnung, die Sie erklären, noch am selben Tag eine Kopie an die Personalabteilung zu übersenden, damit sie zur Personalakte des abgemahnten Mitarbeiters gelangt.

Ort, Datum, Unterschrift

Stichwortverzeichnis

Die Ziffern beziehen sich auf die am Seitenrand abgedruckten Randziffern.